Vom Todesstreifen zur Lebenslinie

Natur und Kultur
am Grünen Band
Hessen-Thüringen

Reiner Cornelius

Mit freundlicher Unterstützung
des Vereins

Naturerlebnis

Das
Grüne
Band®

Herausgeber:

Bund für
Umwelt und
Naturschutz
Landesverband
Hessen

BUND
FREUNDE DER ERDE

Impressum

Text und Karten: Reiner Cornelius

Herausgeber: Bund für Umwelt- und Naturschutz
BUND Landesverband Hessen

Copyright 2006 Auwel-Verlag
Schützenweg 9, 36272 Niederaula

Alle Rechte vorbehalten
3. Auflage

Druck: Glockdruck, Bad Hersfeld

ISBN 3-00-016017-5

Inhaltsverzeichnis

Vorwort

Liebe Leserinnen, liebe Leser,

die innerdeutsche Grenze war ein martialischer Eingriff für Mensch und Natur. Ob Wald, Feld oder Dorf – unterschiedslos durchschnitt sie auf 1393 km das Land. Bei Philippsthal, an der hessisch-thüringischen Grenze, verlief die Demarkationslinie sogar mitten durch ein Haus. Für die Menschen war die Grenze ein schwerer Schicksalsschlag. Familienbande wurden auseinander gerissen, die Bewegungsfreiheit war stark eingeschränkt und die wirtschaftliche und kulturelle Entwicklung der Grenzregionen hinkte hüben wie drüben, abgeschlagen vom „Rest" der Republik, weit hinterher.

Die Natur kam mit dem Eingriff weit besser zurecht als die Menschen. In dem makabren Schutz von Wachtürmen und Stahlgitterzäunen konnte sie sich über vier Jahrzehnte ungestört entfalten. Als 1989 die Grenzbefestigungen fielen, hatte sich von der Ostsee bis zum Erzgebirge ein grünes Band entwickelt, an dem der ehemalige Grenzraum Hessen-Thüringen einen Anteil von 270 km hat. Der Todesstreifen hatte sich zu einer Linie des Lebens und der Vielfalt gewandelt, die, in Verbindung mit den Eigenarten der Rhön und des Werraberglandes, mittlerweile zum Besten gehört, was unsere heimische Natur zu bieten hat.

Der Bund für Umwelt und Naturschutz Deutschland (BUND) erkannte die Chancen und die Herausforderung, die in dem Erhalt und der Entwicklung dieses einzigartigen Biotopverbundes liegen, und hat ein Großprojekt initiiert, für das kein Geringerer als Michael Gorbatschow die Schirmherrschaft übernommen hat. Im Rahmen dieses Projektes engagiert sich der BUND Hessen gemeinsam mit seinen Freunden in Erfurt, Eisenach und Meiningen für die Natur am Grünen Band Hessen-Thüringen. Unser Einsatz zielt jedoch nicht allein auf den Schutz bedrohter Tiere und Pflanzen ab, sondern hat auch die Entwicklung lebensfähiger ländlicher Räume und die Stärkung der regionalen Identität im Fokus. Und da man nur das zu schützen pflegt, was man kennt, geht es uns auch darum, die Naturerfahrung zu fördern.

In diesem Sinne präsentieren wir Ihnen einen Wander- und Radführer, in dem die ehemalige Grenzregion mit ihren Naturschätzen dargestellt ist. Neben Wissenswertem über Tiere, Pflanzen und Biotope werden dort landschaftstypische Besonderheiten herausgestellt, wir gehen auf das kulturelle Erbe beiderseits der ehemaligen Grenze ein und geben Tipps zu Kulinarischem sowie zum Erwerb von regionalen Produkten. Naturschutz ist schließlich auch den Regionen verpflichtet, muss all denen Mut machen, die das Land lebendig erhalten. Wenn die Möglichkeit besteht, regionale Produkte wie Lammfleisch, Apfelmost oder Ahle

Wurscht vor Ort mit einer hohen Wertschöpfung zu vermarkten, dann wird es möglich sein, die Bewirtschaftung der für den Artenschutz relevanten Flächen aufrecht zu erhalten.

Ein BUND-Projekt, das diesen Ansprüchen gerecht wird, ist unser Schafprojekt in Wüstensachsen in der Rhön. Dort betreut Schäfer Weckbach eine große Herde der alten Rhönschafrasse, beweidet ökologisch hochwertige Flächen im Biosphärenreservat Rhön und trägt mit unserer Unterstützung dazu bei, dass Arnika, Silberdistel und Birkwild in der Rhön eine Zukunft haben.

Werden Sie zum Entdecker! Erschließen Sie sich das Land an der ehemaligen Grenze zu Fuß und mit dem Rad! Sie engagieren sich damit automatisch für den Schutz der Tiere und Pflanzen, die am Grünen Band Zuflucht gefunden haben. Verbringen Sie einen Urlaub, ein Wochenende in der Hohen Rhön, in Waldhessen, im thüringischen Obereichsfeld oder im Werrabergland! Helfen Sie uns bei der Umsetzung unserer Naturschutzziele und lassen Sie sich einfangen von der landschaftlichen Eigenart des Grünen Bandes Hessen-Thüringen! Wir, der BUND, laden Sie dazu recht herzlich ein.

Jörg Nitsch   Reiner Cornelius
BUND-Landesvorstand   Beauftragter für das Grüne Band

Vorwort zur 2. Auflage

Wenige Wochen nach dem Erscheinen war unser Grünes Band Buch bereits vergriffen. Das lebhafte Interesse und die vielen positiven Kritiken haben uns ermutigt, rasch eine zweite Auflage zu starten. Dabei haben wir eine Reihe von Anregungen, die uns von Seiten der Leser erreicht haben, eingearbeitet.

Reiner Cornelius und Jörg Nitsch im Oktober 2005

Vorwort zur 3. Auflage

Das Interesse an unserem Wander- und Radführer ist größer als wir zu hoffen gewagt haben. Wir haben daher, nachdem auch die zweite Auflage vergriffen war, das Buch zum dritten Mal drucken lassen. Dabei wurden wiederum Anregungen und Verbesserungsvorschläge der Leserinnen und Leser eingearbeitet.

Reiner Cornelius und Jörg Nitsch im Juli 2006

Einleitung

Buchonia, so nannte man zur Zeit der Frankenkönige das Land zwischen Fulda und Werra. Von den basaltenen Höhen der Rhön bis zum Meißner erstreckte sich eine Wildnis aus Buchenwäldern. Buchonia war Grenzland zwischen Thüringern und Franken, ein Landstrich, der mit seiner gebirgigen Struktur und seinen sumpfigen Flussauen nur wenige Siedler anzog. Die Kulturzentren lagen fernab in der Wetterau, in der Schwalm und am Fuße des Thüringer Waldes.

In der Zeit Karls des Großen (814-876) avancierte das Buchenland zur Militärgrenze gegenüber den heidnischen Sachsen. Mit Unterstützung der Kirche forcierte der Frankenkönig an Fulda und Werra den Landausbau. Städte, Dörfer, Klöster und Königsgüter wurden gegründet und die Wildnis gehörte bald der Vergangenheit an. Doch in der Rhön und auf den Hochebenen des Werra-Meißner-Landes mussten die Siedler mit der Ungunst des Standortes

Buchonia

kämpfen. Das Klima war rau und die Böden steinig. Buchonia wurde daher nicht völlig ausgelöscht. Die Steilabstürze zur Werra, die hoch aufragenden Basaltkuppen und die mit Blöcken übersäten Hänge in der Rhön wurden zu Rückzugsgebieten der ursprünglichen Tier- und Pflanzenwelt. Die Eibe, der sagenumwobene Baum der Germanen, wächst noch heute in den Wäldern des Werraberglandes, an unzugänglichen Felswänden brüten Uhu und Wanderfalke und in abgelegenen Buchenwäldern sind die Horste des Schwarzstorchs versteckt.

Das Werden des Grünen Bandes

Mit dem Ende des zweiten Weltkrieges (1945) wurde das ehemalige Buchonia erneut zur Militärgrenze. Über 40 Jahre standen sich hier Warschauer Pakt und NATO gegenüber. Stacheldraht, Stahlgitterzäune und von Vegetation entblößte Spuren- und Kontrollstreifen, bei deren Überschreiten von der Waffe Gebrauch gemacht wurde, zogen sich durch die Region.

Die ehemals regen wirtschaftlichen Beziehungen zwischen Hessen und Thüringen wurden unterbrochen und grenznahe Gemarkungen wurden zum Hinterland. Im Laufe der Jahre entwickelten sich beiderseits der Grenze stille Winkel, in denen störungsempfindliche Tiere und Pflanzen Rückzugsgebiete fanden. Auch der 50-100 m breite Grenzstreifen wurde zu einem Refugium für bedrohte Arten. Die DDR-Grenzer betätigten sich hier unfreiwillig als Landschaftspfleger. Für bessere Sicht schnitten sie die aufkommenden Gehölze immer wieder zurück und schufen so Magerrasen und Heideflächen. Besonders

Ausbau der DDR-Grenzanlagen

Das Grüne Band als Biotopverbund in der Agrarlandschaft

Rhön Schutzgebiete aneinander. Doch es darf nicht verschwiegen werden, dass das Grüne Band Hessen-Thüringen immer noch Schwachstellen aufweist und an einigen Stellen massiv durch Verkehrsprojekte bedroht ist. Der BUND setzt sich dafür ein, dass das Grüne Band Hessen-Thüringen auf ganzer Strecke als Vorzugsraum für die Naturentwicklung erhalten bleibt.

Das Grüne Band ist dennoch keine menschenleere Tabuzone. Im Gegenteil! Viele der besonders wertvollen Biotope wie Orchideenrasen, Birkhuhneinstände und Storchenwiesen wurden durch die Tätigkeit von Landwirten und Schäfern geschaffen und werden auch nur durch Fortdauer der Nutzung erhalten. Darüber hinaus sollen die Bergweiden und die Auewiesen, soweit dadurch keine seltenen Tierarten bei ihrem Brutgeschäft oder bei der Nahrungssuche gestört werden, für die Besucher des Grünen Bandes erlebbar sein. Dies gilt auch für die Flächen, aus de-

wertvoll entwickelte sich das "Niemandsland", das sich zwischen DDR-Grenzzaun und der eigentlichen Staatsgrenze erstreckte. Es durfte nur von besonders zuverlässigen DDR-Grenzoffizieren betreten werden und wurde etwa alle 10 Jahre entbuscht. Hier fanden bedrohte Vögel des Offenlandes und der Heckenlandschaften wie Braunkehlchen, Ziegenmelker und Raubwürger eine Zuflucht. Teile der thüringischen Grenzregion und des hessischen Zonenrandgebietes entwickelten sich so zu wahren Naturparadiesen - nicht ohne bitteren Beigeschmack, denn mitten durch die Grenznatur verlief ein mit Minen und Selbstschussanlagen gespickter Todesstreifen. Als „Mauer und Stacheldraht" fielen, wurde auch der Todesstreifen zur Lebenslinie. Zwischen Ostsee und Erzgebirge, genauer gesagt bis zum Sächsischen Vogtland, hatte sich auf nahezu 1400 km ein Grünes Band entwickelt, ein Biotopverbund, an dem das ehemalige Buchonia, das Grenzland zwischen Hessen und Thüringen, einen Anteil von 270 km hat.

Mit dieser Grenznatur gilt es verantwortungsvoll umzugehen, bietet sie doch inzwischen über tausend bedrohten Tier- und Pflanzenarten einen Lebensraum. Darüber hinaus ist der Natur gewordene Grenzstreifen ein lebendiges Mahnmal der deutschen Geschichte. Der Bund für Umwelt und Naturschutz (BUND), federführend sein bayerischer Landesverband, setzt sich seit dem Fall der Grenze für die Erhaltung des Grünen Bandes ein. Die Verbandsarbeit zeigte Erfolg; Politiker in den neuen und den alten Bundesländern sind das Versprechen eingegangen, die Natur im Bereich der ehemaligen innerdeutschen Grenze zu erhalten und weiter zu entwickeln. In Thüringen und Hessen wurde dieses Versprechen teilweise eingelöst. Wie Perlen einer Kette reihen sich im Werrabergland und der

Fachwerk in Witzenhausen

nen sich der Mensch ganz zurück-gezogen hat und auf denen sich die Natur ausschließlich nach ihren Gesetzen entwickelt.

Das Grüne Band erkunden

Der vorliegende Grüne-Band-Führer hat Mensch und Natur gleichermaßen im Visier. Er beschreibt Wege, auf denen man die Natur entlang der ehemaligen Grenze erlebt und er stellt das Handwerk derjenigen vor, die durch ökologisch ausgerichtete Nutzung am grünen Band gesunde Lebensmittel erzeugen und damit helfen, die landschaftliche Schönheit und die Artenvielfalt in der Rhön und im Werrabergland zu erhalten. Darüber hinaus werden Tipps gegeben, wie man an authentische Produkte der Region gelangt, an Apfelsaft und Obstbrände, an Fleisch vom Rhönschaf, an Bachforellen und an „Ahle Wurscht", wie man sie von früher her kennt. Zudem gibt es Hinweise, wo man gut und regionaltypisch essen gehen kann.

Neben der Natur und ihren veredelten Produkten gilt es Städte, Dörfer und Burgen zu erkunden. Im Ulster- und im Werratal findet man hüben wie drüben ein ausgesprochen sehenswertes Fachwerk. Hessische und thüringische Orte pflegen eine Tradition, die im Laufe einer tausendjährigen gemeinsamen Geschichte gewachsen ist. Mit Vorschlägen zu Stadterkundungen wird versucht, diese Gemeinsamkeiten sichtbar zu machen und zugleich den Blick auf die Besonderheiten in „Ost" und „West" zu lenken. Die Idylle darf nicht darüber hinwegtäuschen, dass die Thüringer Orte unter der Grenze schwer gelitten haben.

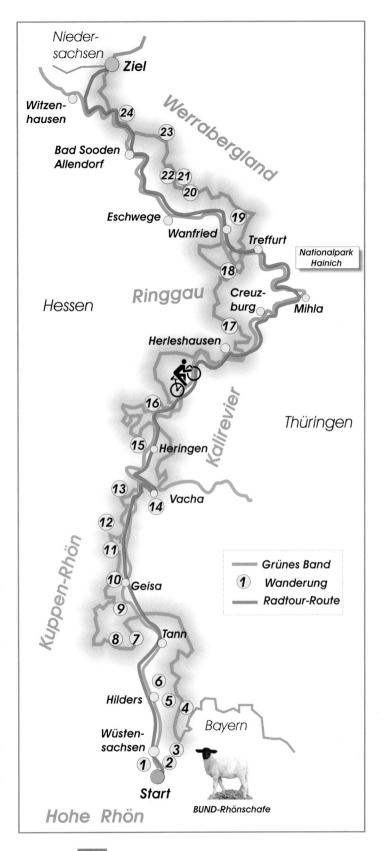

Viele können sich die Situation an der ehemaligen Grenze kaum noch vorstellen. Die Jüngeren kennen „Mauer und Stacheldraht" nur noch vom Hörensagen. Anderthalb Jahrzehnte nach dem Fall der Grenze hat man zudem Mühe, die Sperr- und Überwachungsanlagen der DDR wieder zu finden. Der „Grüne Band"-Führer hilft bei der Spurensuche, indem er auf die verschiedensten Grenzmale hinweist. Darüber hinaus werden zwei Exkursionen beschrieben, die ganz dem Thema Grenze und Grenzschicksale gewidmet sind.

Wanderungen und Spaziergänge am Grünen Band

Das Grüne Band Hessen-Thüringen orientiert sich am Lauf von Werra und Ulster. Die Abschnitte, an denen die Grenze entlang dem Flussufer verlief, sind jedoch relativ kurz. Der Grenzstreifen begleitete die Flüsse meist auf den umgebenden Bergen. Da man dort am besten zu Fuß vorwärts kommt, haben wir einen großen Teil der Erkundungen als Wanderungen und Spaziergänge ausgearbeitet. Die Wanderstrecken wurden so bemessen, dass man genügend Zeit zum Schauen hat. Der größte Teil liegt im Bereich von 5-8 km. Das erscheint nicht viel, jedoch sind oft erhebliche Höhenunterschiede zu überwinden, sodass man von Halbtagestouren ausgehen sollte. Sofern Ausflugsgaststätten in der Nähe liegen, haben wir diese in unsere Tourenvorschläge einbezogen. Meist ist man jedoch auf Selbstversorgung angewiesen.

Insgesamt wurden 24 Touren im Umfeld des Grünen Bandes ausgesucht und in Wort, Bild und Karte beschrieben. Es geht durch die raue Bergwelt der Hohen Rhön (1-6), wir besteigen die Basaltkegel der Kuppenrhön (7-9,12), statten dem Grenzmuseum Point Alpha (10) einen Besuch ab und „überwinden" beim thüringischen Dorf Wenigentaft die ehemaligen Sperranlagen (11).

Danach führt der Weg ins hessisch-thüringische Kalirevier, wo wir uns von den weißen Salzbergen, den Kali-Abraumhalden, beeindrucken lassen (13, 15), die Auswirkungen rücksichtslosen Basaltabbaus begutachten (14) und im west-östlichen Naturschutzgebiet des Rhäden seltene Sumpf- und Wasservögel (16) beobachten.

Die Reise geht weiter nach Norden in den Ringgau, wo wir dem Kontrollweg der Grenzsoldaten folgen (17), von natürlichen Felskanzeln weit in das Land schauen und über blumenreiche Felsgrate wandern (18, 19). In der Hessischen Schweiz geht es über Felsklippen, durch naturnahe Buchenwälder und zu verlassenen Höfen und viele km über das Grüne Band, das sich hier als blumenreiche Schaftrift präsentiert (20-23). Den Abschluss der „Grüne Band"-Wanderungen bildet eine Tour zu der hoch über der Werra gelegenen Teufelskanzel mit ihrem traditionsreichen Waldgasthaus (24).

Die „Grüne Band" - Radtour

Wer das Grüne Band kennen lernen will, muss auch das Ulster- und das Werratal erkunden. Die Auen der beiden „Grenztäler" sind Lebensadern in der Landschaft und Teil des Biotopverbunds. Nicht nur die Zugvögel, die hier in großen Scharen rasten, wissen dies zu schätzen, auch der Storch, seltene Frösche, Kröten und Unken haben in der „Grenzaue" eine Zuflucht. Zudem liegen in den Flusstälern die größeren Orte, die das Leben und die Wirtschaft des hessisch-thüringischen Grenzlandes bestimmen.

Da es sich in den Flusstälern gut radeln lässt, haben wir die Erkundung der Ulster- und Werraauen als mehrtägige Radtour konzipiert. Burgen und Schlösser säumen den Weg und die traditions-

An der ehemaligen Grenze bei Bad Sooden-Allendorf

Hessische Schweiz, Grenzgebirge überm Werratal

reichen Thüringer Landstädte Geisa, Vacha, Creuzburg und Treffurt und ihre hessischen Gegenstücke Tann, Wanfried, Eschwege und Bad Sooden-Allendorf versprechen eine interessante und erlebnisreiche Tour. Radwege und Unterkünfte sind vorhanden.

Ein spannendes Thema ist die Nutzung der im Untergrund des Werratals liegenden Salzvorkommen. Während man in Heringen die Salzstöcke bergmännisch ausbeutet (siehe Wanderkapitel), bilden die Salzquellen von Bad Sooden-Allendorf die Grundlage für den Kurbetrieb. Auch im thüringischen Creuzburg wurden früher Salzquellen zum Badebetrieb genutzt, wovon ein Brunnenhaus und das Café „Saline" zeugen. Wir wandeln mit den Kurgästen Bad Soodens durch die solehaltige Luft des Gradierwerks, legen am ehemaligen „Kurbad" von Creuzburg einen Stopp ein und statten

dem Heringer Kalimuseum einen Besuch ab. Darüber hinaus erfahren wir etwas über die Heringer Rohrlache, eine Wiese, auf der Pflanzen vorkommen, die sonst am Strand der Nordsee wachsen.

Die Salzvorkommen an der Werra werden in 20-30 Jahren erschöpft sein. Ein Gut, das durch den Einsatz der Naturschützer dagegen wächst und an Wert gewinnt, sind die Auen der Ulster und des Werratals. Ein anschauliches Beispiel dafür ist der Rhäden, ein westöstliches Auenschutzgebiet der Sonderklasse, das sich zu einer Attraktion für die Vogelwelt entwickelt hat. Der Zugang zum Rhäden ist im Wanderkapitel beschrieben. Man kann den Rhäden aber ebenso gut mit dem Rad erkunden. Dem Naturschutz ist es zudem zu verdanken, dass in der ehemaligen Grenzregion Ruhezonen erhalten geblieben sind. Bei Pferdsdorf in der Rhön und bei

Probsteizella (Nähe Treffurt) radeln wir durch einsame, straßenfreie Talabschnitte und wir genießen die ländliche Idylle, die uns auf weiten Strecken der Fahrt umgibt.

Im Norden hat sich die Werra tief ins Gebirge eingeschnitten, sodass man sich teilweise an die Mosel oder den Rhein erinnert fühlt. Doch die steilen Hänge sind nicht mit Wein, sondern mit Wald und Obstwiesen bestanden. Im Frühjahr, wenn sich bei Witzenhausen die Knospen tausender Kirsch- und Apfelbäume öffnen, wird die Werratour zu einem Blütentraum. Unabhängig von der Jahreszeit, die Fahrt durch das untere Werratal mit seiner burgengekrönten Bergszenerie ist ein Landschaftserlebnis ersten Ranges.

Zu Fuß entlang des Grünen Bandes

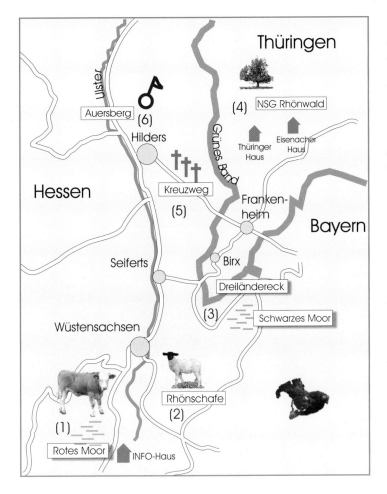

In den siebziger Jahren des vergangenen Jahrhunderts schien die landschaftliche Eigenart der Rhön bedroht. Immer mehr Landwirte gaben die Nutzung der Hochflächen auf und Fichtenplantagen begannen sich über die Bergwiesen zu schieben. Mit der Ausweisung großflächiger Naturschutzgebiete und der Gründung des Biosphärenreservats wurde dieser Prozess gestoppt. Heute ziehen wieder Schafe übers Land und Rinder beweiden die Hochflächen. Aber die Rhöner Landwirte arbeiten nicht mehr wie zu Großvaters Zeiten. Das wäre auch nicht erstrebenswert, denn auf diese Weise würde man aus der Rhön ein Museum machen. Mensch und Natur sollen von einander profitieren, und das nicht nur im Bereich der Landwirtschaft, sondern bei der Nutzung erneuerbarer Energien, mit Hilfe einer naturgemäßen Forstwirtschaft und über den sanften Tourismus.

Im Biosphärenreservat Rhön ist man dabei, diese Vorhaben zu realisieren: Eine bäuerliche Kulturlandschaft wurde mit neuem Leben erfüllt: Rhöner Rapsöl wird zu Diesel verarbeitet. Ein ausgedehntes Netz von Wander- und Radwegen erschließt das Land. In den Dörfern gibt es ausreichend Übernachtungsmöglichkeiten und auch in der Gastronomie hat sich in den letzten Jahren einiges getan.

Das Grüne Band Hessen-Thüringen verläuft mitten durch diese liebenswerte, dem Neuen zugewandte, bäuerliche Landschaft, in

Unsere Erkundungen beginnen in der Hohen Rhön, dem südlichsten und höchst gelegenen Abschnitt des Grünen Bandes Hessen-Thüringen. Der ehemalige Grenzstreifen trifft hier in 740 m Höhe, inmitten von Deutschlands schönstem und artenreichstem Biosphärenreservat, auf das Dreiländereck Hessen-Thüringen-Bayern. Ganz in der Nähe finden sich Attraktionen wie das Rote und das Schwarze Moor, blumenreiche Bergwiesen und karge Hochweiden.

Tourismusmanager bezeichnen die Rhön als das „Land der offenen Fernen" und haben damit ausnahmsweise mal ins Schwarze getroffen. Während in den anderen deutschen Mittelgebirgen der Wald das Bild der Landschaft bestimmt, kennzeichnen in der Rhön weite, von einzelnen Bäumen belebte Hochflächen das Land. Das Klima ist rau und der Boden vielerorts von Basaltblöcken übersät. Silberdisteln, Trollblumen und Arnika schmücken die Hochweiden und Bergwiesen.

Schafherde in der Hohen Rhön

der der nachhaltige Umgang mit der Natur längst zur Richtschnur des Handelns geworden ist. Entlang den ehemaligen hessischen Grenzgemeinden Ehrenberg, Hilders und Tann sowie im Umfeld der thüringer Orte Birx, Frankenheim, Unter- und Oberweid ist das Grüne Band daher in einen Cordon von naturnahen und vielfältigen Lebensräumen eingebettet.

Auf den folgenden Seiten werden Wege zu den schönsten und interessantesten Stellen der „Grüne Band" - Gemeinden in der Hochrhön beschrieben. Wir umrunden das Rote Moor (1) und durchstreifen die Bergwiesen und Weiden der Gemeinde Ehrenberg (1/2/3). Wir statten Schäfer Weckbach und den Rhönschafen des BUND einen Besuch ab (2), werfen einen Blick über die Landesgrenze nach Thüringen (4), erkunden einen Kreuzweg mit originellen Bildstöcken (5) und eine Schloßruine (6).

Pensionsvieh, bunte Wiesen und ein geschundenes Moor

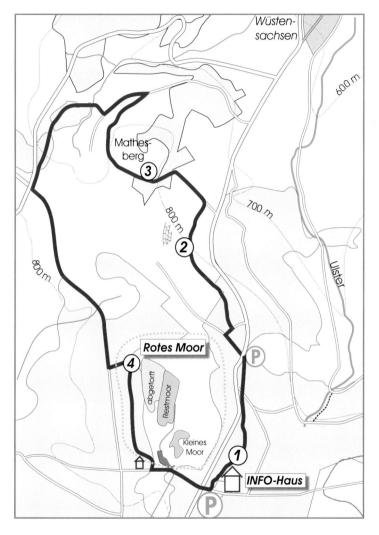

Wanderroute: *Rundtour um das 800 m hoch gelegene Rote Moor. Zunächst durch Fichtenforste, dann über Bergweiden und Blumenwiesen. Zum Schluss über einen Bohlenweg durch die Randzonen des Moors. Ab Moor-Kiosk der Markierung „Weiße Drei" auf blauem Grund folgen. Länge: 10 km. Anstiege: 120 m. Gehzeit: 3 1/2 Stunden.*

350 Jahre ist es her, da befand sich am Rande des Roten Moores, 820 m über dem Meer, eine Ansiedlung namens Mohr. Das Leben in dieser Höhe war nicht einfach. Das Getreide reifte nur selten richtig aus und die Weiden waren mit Basaltblöcken übersät. Ganz zu schweigen von den langen Wintern. Als im Dreißigjährigen Krieg kroatische Truppen durch das Land zogen, machten sie selbst vor dieser Höhensiedlung, in der es wenig zu holen gab, nicht Halt. Mohr wurde geplündert und niedergebrannt. Die Menschen flohen und fanden in den Dörfern der benachbarten Täler Zuflucht. Mohr wurde nie wieder aufgebaut. Nur die Weiden des wüst gefallenen Dorfes gab man vorerst nicht auf. Noch gut 200 Jahre lang trieben Hirten Rinder, Schafe und Ziegen über die Flächen am Roten Moor.

Im Verlauf des 20. Jh. verloren die Landwirte jedoch das Interesse an den kargen Hochweiden und man begann die Flächen aufzuforsten. Und so verschwand das Land um das Rote Moor nach und nach unter einem Meer von Fichten. Auch die Stelle, an der sich einst Mohr befand, liegt heute inmitten eines Fichtenforstes. Archäologen haben den Dorfbrunnen und die Gebäudefundamente der Höhensiedlung freigelegt. Vom INFO-Haus bis zur Ausgrabung sind es nur ein paar hundert Meter. Der Moorrundweg führt direkt an dem alten Brunnen von Mohr vorbei (1).

Der Weg verläuft noch eine Zeit lang durch den Fichtenforst. Dann aber lichtet sich der Wald und der

Hutebuchen

Früher, als es noch keinen Stacheldraht gab und an Elektrozäune nicht zu denken war, hielten Hirten das Vieh zusammen. Ein guter Hirte achtete darauf, dass seine Tiere die Flächen möglichst gleichmäßig abgrasten. Damit wurde verhindert, dass Stellen mit gutem Weidgras überbeansprucht wurden und arme Flächen nicht mit Stauden und Gehölzen zuwucherten.

Buchen auf der Mathesbergweide

Im Schutz von Basaltblöcken kamen jedoch immer wieder Dornbüsche und Baumschösslinge hoch. Das Vieh verschmähte die dornigen Triebe und so breiteten sich Heckenrosen und Weißdornsträucher aus. Die dornlosen Triebe der Bäume dagegen wurden, sobald sie über die Steine hinausragten, abgeweidet. Der Verbiss war so stark, dass sich regelrechte Bonsaiformen entwickelten. Im Schutz von Dornsträuchern gelang es jedoch hin und wieder einigen Bäumen, aus der Reichweite des Viehs herauszuwachsen. Häufig waren dies Buchen, die unverwüstlichen Bestandesbildner des alten Buchonias, aber auch Ulmen oder Bergahorn schafften es an einigen Stellen durchzutreiben.

Die „Emporkömmlinge" entwickeln einen stämmigen Wuchs und eine breite Krone. Damit wappnen sie sich gegen die Frühjahrs- und Herbststürme, die in den Hochlagen der Rhön recht heftig sind. Wenn das naschhafte Vieh nicht wäre, würden die Äste der Hutebuchen und -ulmen bis nahe über den Boden reichen. So aber zeigen die Kronen eine scharfe Unterkante, die genauso hoch ist, wie die Mäuler des Viehs reichen.

Blick geht über weite Hochflächen, auf denen gelb und rot gescheckte Rinder grasen. Wir befinden uns oberhalb von Wüstensachsen auf der alten Hutung am Mathesberg (2). Der Weg führt über steinige Weiden, vorbei an malerischen, weit ausladenden Buchen und einzelnen Dornbüschen. Nicht viel anders muss es damals in der Umgebung von Mohr ausgesehen haben.

Karl Stumpf und das Pensionsvieh vom Mathesberg

Am 20. Mai ist auf der Hutung am Mathesberg „Almauftrieb". Weidewart Karl Stumpf und sein Helfer, Alois Keidel, nehmen das Pensionsvieh in Empfang, das ihnen Landwirte aus den umgebenden Orten heraufbringen. Es sind vor allem Muttertiere mit ihren Kälbern. Daneben werden halbwüchsige Rinder auf die Hochweide getrieben. Karl Stumpf kümmert sich um das Wohlergehen der Tiere. Er schaut, ob die Zäune in Ordnung sind und ob der Brunnen ausreichend Wasser führt. Wenn ein Rind oder ein Kalb kränkelt, ruft er den Tierarzt.

Ab und zu kommen die Besitzer der Tiere vorbei, um inmitten der Herde mit Karl Stumpf zu fachsimpeln. Den Rindern scheint das zu gefallen. Jedenfalls scharen sie sich um die Männer und man könnte fast den Eindruck bekommen, sie wollten zuhören.

Karl Stumpf

Alois Keidel

kaum noch Chancen haben ihre Brut durchzubekommen. Selbst hochgradig bedrohte Arten wie die Wiesenralle und die Bekassine haben hier einen Lebensraum. Am Mathesberg leben die letzten Birkhühner Hessens!

Mitte des 20. Jahrhunderts verschwanden die Hutungen nach und nach aus dem Bild der deutschen Mittelgebirge, wobei es die Gemeindeweiden besonders schwer traf. Sie wurden unter den Landwirten aufgeteilt, entsteint, planiert, gedüngt, aufgeforstet und in Ortsnähe in Bauland umgewandelt. Auch um die Hutungen am Roten Moor schien es geschehen. „Bis Ende der fünziger Jahre wurden auf dem Mathesberg noch Schafe gehütet", berichtet Karl Stumpf. „Danach hat man die steinigen Flächen brach fallen lassen." Schließlich drangen auch hier die Fichtenmonokulturen vor.

Die Weiden sind im Besitz der Gemeinde, was früher gang und gäbe war. Heute findet man gemeinschaftlich genutzte Weiden nur noch in abgelegenen Orten einiger Mittelgebirge und in den Alpen. Auf den Gemeindeweiden hatten früher alle Ortsansässigen das Recht ihr Vieh zu hüten. Die meisten nahmen dieses Recht in Anspruch, doch die wenigsten kümmerten sich um die Pflege der Flächen. Die Gemeindeweiden oder Hutungen gehörten daher meist zu den ärmsten und steinigsten Flächen der Gemarkung. Heute sind die Hutungen das Kapital der Hohen Rhön. Mit den Hutebuchen verleihen sie der Landschaft ihr eigenes Gepräge. Das Wahrzeichen der Rhön, die Silberdistel, kommt hier vor, ebenso Arnika, Orchideen, Enziane und das Katzenpfötchen. Nicht zu vergessen die zahlreichen Wiesenvögel, die anderswo

Beratung auf dem Mathesberg

Fleckvieh

Robuste Rinder helfen sensiblem Birkwild

Für die hier lebenden Birkhühner und Wiesenvögel kam dies einer Katastrophe gleich. Der letzte Birkhuhnbestand Hessens drohte zu erlöschen. Vogelschützer forderten in dieser prekären Situation die Räumung der Fichtenplantagen. Das Undenkbare wurde Realität, die Fichten wurden abgeholzt und die Hochflächen zwischen dem Roten Moor und dem Mathesberg werden seitdem wieder beweidet. Natürlich wird das

Die Goldhaferwiesen

Goldhaferwiesen sind die buntesten Wiesen der Rhön. Sie sind zudem relativ ertragreich und liefern ein gutes Heu. Namen gebend ist der Goldhafer, ein Gras, das auf diesen Bergwiesen seinen Verbreitungsschwerpunkt hat. Charakteristisch ist ein buntes Durcheinander von blauen und weißen Rapunzeln, gelbem Pippau und roten Lichtnelken. Daneben wachsen auf der Goldhaferwiese zahlreiche Orchideen. Wird mit Mist gedüngt, dann breitet sich der Storchschnabel massenhaft aus und die Wiesen sind von lila Blüten übersät. An feuchten Stellen kommt der Schlangenköterich in großen Beständen vor.

Weißes Rapunzel

Wald-Storchschnabel

Kopfige Rapunzel

Berg-Flockenblume und Lichtnelke

Birkhahn

Vieh nicht mehr gehütet. Heute sind die Weiden eingezäunt. Doch die Besatzdichte des Viehs ist gering und die Flächen werden weder mit Pestiziden behandelt noch mineralisch gedüngt. Davon profitieren das Birkwild und die Wiesenvögel und letztlich auch die Menschen im Kreis Fulda, denn das Fleisch, das hier produziert wird, hat Bio-Qualität.

Das Vieh bleibt bis zum Oktober auf der Hochweide. Dann kommt der Viehabtrieb: Die Jungbullen werden an Mastbetriebe verkauft und die Kühe kehren zurück in den heimatlichen Stall, in dem sie würziges Bergheu bekommen, das ganz in der Nähe gewonnen wird. Die buntblumigen Wiesen der

Borstgrasrasen

Wird der Boden ärmer, gehen die Goldhaferwiesen in Borstgrasrasen über. Der Ertrag ist geringer, die Heuqualität mäßig. Nur der Artenreichtum bleibt erhalten. Es sind kleinwüchsige Arten wie die Kreuzblume und das Veilchen, die in dem schütteren Bergrasen eine Chance haben. Daneben kommen die anspruchslose Arnika und konkurrenzschwache Orchideen vor. Nicht nur Mähwiesen, auch ein großer Teil der Bergweiden zählen zu den Borstgrasrasen. Eine Spezialität der Rhön ist die fleckenweise Mischung von Goldhaferwiesen und Borstgrasrasen: ein Wiesentyp, der besonders artenreich ist. Am Mathesberg und

auf den benachbarten Hochflächen der Wasserkuppe und des Heidelsteins kommen die Goldhaferwiesen und Borstgrasrasen noch in guter Ausprägung und auf großer Fläche vor.

Arnika

Der Mathesberg ist bisher von der Intensivlandwirtschaft weitgehend verschont geblieben. Im Mai und Juni sind die Hochflächen daher ein einziges Blütenmeer, wie man es von früher her kennt. Dabei zeigt jede Wiese einen eigenen Charakter: Hier dominiert das Rosa des Schlangenknöterichs, dort das Gelb der Trollblumen oder das Blau des Storchschnabels. Andere Wiesen sind von Margeriten und Pippau übersät und dort, wo das Gras niedrig und schütter bleibt, wachsen Glockenblumen, Kreuzblümchen und Orchideen. Der Botaniker teilt die Heuwiesen der Hochrhön nach ihrer Artenzusammensetzung in Goldhafer- und Borstgraswiesen ein. An den aufgeführten Charakterarten kann auch der Laie erkennen, welchen Wiesentyp er vor sich hat.

Hochflächen lernen wir auf der nächsten Station des Moorrundrundweges kennen.

Über die Wiesen des Mathesberges

Zunächst geht es noch ein kleines Stück bergab durch das Weideland. Dann trifft der Pfad auf einen Wirtschaftsweg, dem wir links, leicht ansteigend, bis auf das Plateau des Mathesberges folgen. Nach der Querung eines Fichtenriegels geht es durch Wiesen, die bunter und schöner nicht sein könnten (3). Hier wird noch auf traditionelle Art Heu gemacht. So etwas ist inzwischen eine Seltenheit. In der heute vorherrschenden Intensivgrünlandwirtschaft, die auf schwarzbunte Hochleistungsmilchkühe setzt, füttert man Silage, Getreide- und Sojaschrot. Silage ist zerquetschtes Gras, das in Silos vergoren wird. Um Gras silagefähig zu machen, muss das Grünland extrem

stark gedüngt werden. Der Aufwuchs von Silagewiesen besteht fast nur aus Gräsern. Und sollten doch noch Kräuter hoch kommen, werden sie durch den 4 bis 5 mal im Jahr stattfindenden Silageschnitt am Blühen gehindert.

Der Wanderweg beschreibt einen Halbkreis um den Mathesberg, vollführt eine Spitzquere und zieht sich in ein Wiesental hinunter. Hier wird der Weg zum Pfad. Man quert einen Bach und steigt

Herbst im Roten Moor

Stau des Moorbaches

durch brach gefallene Wiesen und Pionierwald zur Straße Gersfeld-Wüstensachsen hinauf. Der Weg folgt der Straße das kurze Stück bis zum Abzweig Wasserkuppe, dann steuert er in Richtung Moor. Bald wird Fichtenwald erreicht und einige hundert Meter weiter geht es links auf einem Bohlenweg in das Moor hinein.

Torf für das Staatsbad Kissingen

Der Bohlenweg führt zu einer Aussichtskanzel, von der man den zentralen Teil des Moors überblicken kann oder vielmehr das, was nach der Abtorfung übrig geblieben ist (5). Bis in die achtziger Jahre wurde der Torf vom bayerischen Staatsbad Kissingen abgebaut und in Schlammbäder und Fangopackungen verwandelt. Nur am östlichen Rand ist die zwei bis drei Meter hohe Torfdecke erhalten geblieben. Hier existieren

noch offene Moorflächen, die im Herbst von den Blättern der Rauschebeere über und über rot gefärbt sind. Doch an den Abbrüchen zum Torfstich läuft das Wasser heraus. Die Torfdecke trocknet aus, bricht und wird mineralisiert.

Nachdem man den Torfabbau gestoppt hat, versuchte man durch den Bau von Spundwänden dem Zerfall des Restmoores Einhalt zu gebieten - leider mit nur geringem Erfolg. Wirkungsvoller verläuft der Stau des Moorbachs. Die abgetorften Flächen vernässen und die Moorbildung setzt wieder ein. Es geht weiter auf dem Bohlenweg durch die von Birkenwald bestandenen Randzonen des Moores, bis ein geschotterter Waldweg erreicht wird, der uns zum INFO-Haus führt, dem Ausgangspunkt der Moorrunde. Dabei passiert man den Damm, der den Moorbach staut. Von der Dammkrone blickt man auf den künstlichen Moorsee, dessen Ufer sich recht

naturnah entwickelt haben, ein hoffnungsvolles Zeichen. Bis zur vollständigen Wiederherstellung des Roten Moores, bedarf es jedoch mehrere Jahrhunderte.

Wie ein richtiges Moor aussieht, kann man auf der dritten Erkundungstour erfahren, der Dreiländereck-Wanderung, die u. a. zu dem am Grünen Band gelegen Schwarzen Moor führt. Zuvor geht es jedoch zu dem Wüstensachsener Schäfer Weckbach und seinen BUND-Rhönschafen. Dazu fährt man vom INFO-Haus hinunter nach Wüstensachsen und von dort wieder bergan Richtung Oberelsbach. Unmittelbar vor der Kreuzung mit der Hochrhönstraße befindet sich links der bereits in Bayern gelegene Wanderparkplatz „Schornhecke". Von hier starten wir zu einer Rundtour, bei der es nicht nur um Schafe geht, sondern auch um die Schönheiten und die Selbstheilungskräfte des Bergwaldes.

Von Rhönschafen und den Selbstheilungskräften des Bergwaldes

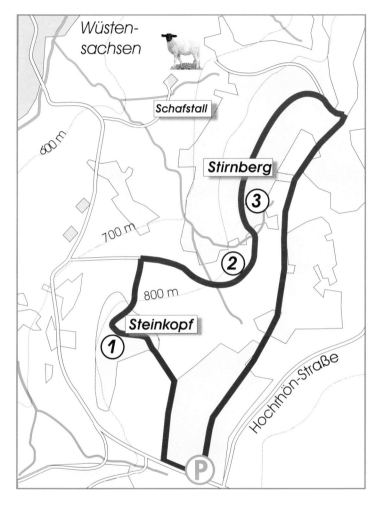

Wüsten-sachsen

Schafstall

Stirnberg

③

②

700 m

800 m

Steinkopf

①

Hochrhön-Straße

Ⓟ

befindet sich das Hauptweidegebiet der BUND-Rhönschafe, um die sich Dietmar Weckbach, Schäfer aus Leidenschaft, kümmert. Seine Schafe tragen dazu bei, dass die Rhön als Land der offenen Fernen erhalten bleibt. Die Entstehung der malerischen Rhönhutungen geht nicht nur auf die Rindviehhaltung, sondern auch auf die Schafweide zurück. Im oberen Ulstertal waren Rhönschafe zu Hause, eine genügsame Rasse, die neben Wolle ein ausgezeichnetes Fleisch abgab. Lammfleisch vom Rhönschaf galt bis nach Paris als Delikatesse.

Einst zogen die Rhönschafe in riesigen Herden über die Hohe Rhön. Doch Mitte des 20. Jh. ließ das Interesse an der Schafhaltung nach, mit heimischer Wolle war kein Geschäft mehr zu machen. Allenfalls das Lammfleisch brachte noch etwas ein und da setzten die Schäfer auf die schnellwüchsigen Merinoschafe. Die genügsamen Rhönschafe gerieten in Vergessenheit..., bis man in den achtzi-

Wanderroute: Rundtour in Höhen um 800-900 m, meist über ausgebaute Wanderwege, zum Teil über schmale Pfade. Im Bereich der Bergweiden kurze weglose Abschnitte, die jedoch besonders gut markiert sind. Länge: 8,8 km. Geringe Steigungen, am Steinkopf kurzer, felsiger Steilanstieg. Anstiege: 220 Höhenmeter. Gehzeit: 3 1/2 Stunden.

Gegenüber dem Mathesberg, auf der anderen Seite des Ulstertals, erstrecken sich die Berge der Langen Rhön mit ihren rauen Hochflächen, den sich endlos dehnenden Bergwiesen und dem Schwarzen Moor. Die Hochflächen gehören zu Bayern und Thüringen. Die nach Wüstensachsen und zur Ulster gerichteten Hänge sind hessisch. Hier, nur drei Kilometer vom Grünen Band entfernt, direkt an der Grenze zu Bayern,

Schäfer Weckbach

Rhönschafherde

ger Jahren auf eine kleine Herde aufmerksam wurde, die, weitab der Rhön, in der Nähe des nordhessischen Fritzlar graste. Als der Besitzer der Herde starb und die Schafe in den Schlachthof sollten, ergriff der BUND Hessen die Initiative, kaufte die Herde und führte sie in die Rhön zurück. Die Schafe kamen bei Dietmar Weckbach unter, einem aus Franken stammenden Schäfer, der das Handwerk von der Pike auf gelernt hat. Weckbach ist Schäfer in der 5. Generation und ist mit seinem Vater noch als Wanderschäfer durch die Lande gezogen. Die Rhönschafe hält er auf den Weiden zwischen Steinkopf und Stirnberg direkt an der bayerisch-hessischen Landesgrenze.

Unser Rundkurs führt mitten durch das Weckbachsche Weidegebiet. Wenn man Glück hat, kann man hier den Schäfer bei seiner Arbeit beobachten. Doch besser ist es, sich mit Weckbach zu verabreden, am besten über seine „Handy-Nr." 0171-6989286. Gegen einen Obolus kommt er zum verabredeten Platz, um sein Handwerk vorzuführen.

Ausgangspunkt unserer Tour ist der an der Straße Wüstensachsen - Oberelsbach gelegene bayerische Wanderparkplatz „Schornhecke". Man läuft zunächst ca. 300 m auf der Straße zurück nach Hessen, wo man den Rand eines Fichtenforstes erreicht. Dort hält man sich rechts und wandert zwischen Viehweiden und dem Forst auf schmalem Pfad entlang (Markierung rote 10). Nach einigen hundert Metern quert der Pfad die Weide und steuert auf den 888 m hohen Steinkopf zu, einem Vulkanküppel, der sich 30-40 m

über das Plateau der „Langen Rhön" erhebt. Über gut gestufte Felsen erreicht man in wenigen Minuten den Gipfel. Die nördlichen Hänge der Kuppe werden von Blockfeldern eingenommen, die umliegenden Weiden sind mit Basaltgeröll übersät. Kein Wunder, dass das Land um den Steinkopf bei den Wüstensachsener Bauern nicht sonderlich begehrt war und wie der Mathesberg in gemeinschaftlicher Nutzung blieb. Auch hier weidet Pensionsvieh, um das sich Karl Stumpf, der Wüstensachsener Weidewart, kümmert.

Silberblatt-„Urwald"

Vom Gipfel des Steinkopfes führt der Weg durch einen Buchenwald, in dem kein Baum gefällt werden darf (1). Äste und zusammengebrochene Bäume bleiben

Silberblatt

Bauernwald ein uriges Bild, was der mäßigen Nutzung in den vergangenen Jahrzehnten zu verdanken ist; die großen Blockfelder, die den Nordteil des Waldes einnehmen, haben die Holzabfuhr erschwert. Zwischen den Basaltblöcken fühlt sich das Silberblatt wohl; im Spätsommer blinken tausende und abertausende silberner Fruchthüllen wie Sterntaler im dämmrigen Wald.

Weckbach und das Schäferhandwerk

Am Fuß der Kuppe verlassen wir den Wald und steigen ca. 400 m weglos über die steinige Weide bergab. Markierungen (rote 10) auf markanten Basaltblöcken leiten zu einem Weidedurchlass, hinter dem man auf einen befestigten Wirtschaftsweg trifft. Wir wenden uns nach rechts und folgen diesem Weg (Markierung

liegen und gehen in den natürlichen Kreislauf des Waldes ein. Seit der Gründung des Biosphärenreservats im Jahre 1992 ist das 23 Hektar große Waldstück nämlich Totalreservat (Kernzone). Schon heute bietet der ehemalige

schwarze 5), der uns durch das Weideland von Schäfer Weckbach führt, das sich bis zum Waldrand und hinauf zum Stirnberg erstreckt (2). Auf diesen Flächen weiden vom Frühjahr bis in den Herbst hinein die Weckbachschen Rhönschafe.

Sofern man mit Weckbach eine Verabredung getroffen hat, wartet er an diesem Weg. Schon von weitem erkennt man den Schäfer.

Weckbachsche Schafvorführung

Weckbachs Herde

Weckbachs Herde besteht zu über 90 % aus Rhönschafen, einer hornlosen Rasse, die sich durch einen schwarzen Kopf auszeich-

Rhönschaf

Coburger Fuchs

net. Doch der aufmerksame Beobachter entdeckt bald, dass sich zwischen all den Schwarzköpfen auch Tiere mit braun und weiß gefärbten Köpfen befinden. Auch ein gehörntes Schaf versteckt sich in der Herde.

„Das Schaf mit dem rostbraunen Kopf ist ein Coburger Fuchs, eine genügsame Schafrasse aus Franken", erklärt der Schäfer. „Und das dahinten mit den krummen Hörnern, das ist eine Heidschnukke. Ich habe sogar einige Merinoschafe. Das sind die mit den weißen Köpfen. Merinos sind zwar etwas anspruchsvoller, ich will aber meinen Gästen zeigen, dass es sehr unterschiedliche Schafrassen gibt."

Damit nicht genug: In Weckbachs Herde befinden sich auch Ziegen. Die sehen nicht nur putzig aus,

sondern sind dem Schäfer bei der Offenhaltung der Landschaft eine zusätzliche Hilfe. Im Gegensatz zu den Schafen verbeißen sie auch Dorngehölze.

Heidschnucke

Merino

Leicht nach vorne gebeugt und auf einen langen Stock gestützt, steht er inmitten seiner Schafe, auf dem Kopf den breitkrempigen Schäferhut und über der Brust das Schäferornat, eine Weste mit drei Reihen Silberknöpfen. Wer in Weckbach einen Wolle strickenden Träumer erwartet hat, wird eines Besseren belehrt. Der Schäfer entpuppt sich als ausgesprochen lebhaft und wortgewandt, wobei die Überzeugungskraft seiner Rede durch sein fränkisches Idiom verstärkt wird. Schnell macht Weckbach jedem klar, dass das Schäferdasein heute alles andere als geruhsam ist: Heu und Silage für den Winter bereiten, den Winterstall ausmisten, Schafe scheren, Termine mit dem Tierarzt und dem Metzger wahrnehmen, Hotels und Gaststätten mit Lammfleisch und Lammbratwür-

sten beliefern. An diesem Wochenende ist Schaukochen im Parkhotel angesagt, am Montag eine Führung für eine Schulklasse, das Fernsehen will einen Termin und... schon klingelt sein Handy, jemand von der Biosphärenreservatsverwaltung muss Weckbach dringend sprechen.

Bei alledem muss Zeit für die Tiere bleiben, für die Weckbach ein „Händchen" hat. Kindergruppen führt er gerne sein „Sitzschaf" vor. Dazu greift er ein Tier aus der Herde heraus und setzt es vor sich auf die Hinterbacken. Das zappelige Tier wird mit einem Schlag ruhig. „Schaut, was ich so mit dem Schaf machen kann", sagt Weckbach und dreht das geduldige Tier auf dem Po hin und her. „In dieser Position verhält sich das Schaf ganz ruhig. So kann ich dem Tier hel-

fen, wenn es sich verletzt hat. Und, was genauso wichtig ist, in dieser Position werden die Schafe geschoren. Dabei halten sie so still, als wären sie beim Frisör."

Wenn die Kinder dann von Weckbach ein Lämmchen oder ein Zicklein in die Hand gedrückt bekommen, geben sich die Schäferhunde gerne „tierlieb". Doch schon kurze Zeit danach werden sie wieder „dienstlich". Dann müssen sie ihr Können zeigen, und auf Pfiff und Zuruf von Herrchen treiben Hexe und Räuber die Schafe zusammen und leiten sie als Pulk an eine andere Stelle.

Den Winter verbringen die Tiere in einem geräumigen Stall, wo im Februar die Lämmer geboren werden. Auch während dieser Zeit bekommen die Schafe nur Futter, das auf den naturbelassenen Wiesen um Wüstensachsen gewonnen wird. „Mein Betrieb ist EU-zertifiziert, das heißt, wir produzieren Lammfleisch und Lammwürste in Bioqualität", betont Weckbach, „und übrigens, wer eine Lammsalami oder Schwartemagen vom Lamm kaufen möchte, der sollte im Anschluss an die Wanderung an meinem Schafstall vorbeikommen." Und so erreicht man den Weckbachschen Schafstall: Vom Wanderparkplatz Schornhecke fährt man in Richtung Wüstensachsen. Kurz vor dem Ort, am Beginn einer lang gezogenen Linkskurve, biegt man rechts ab. Über einen Wirtschaftsweg erreicht man nach knapp 1 km den Stall.

Man könnte Weckbach noch lange zuhören, doch der Schäfer ist viel beschäftigt. Manchmal beginnt er sein Tagewerk bereits um vier Uhr morgens und erst zum Dunkelwerden kommt er wieder nach Hause. Als Besucher aus der Stadt zeigt man Verständnis für den Termindruck des Schäfers und denkt, dass so ein geregelter Bürotag mit Wochenenden und 30 Tagen Urlaub doch auch etwas für sich hat.

Waldsterben im Totalreservat

Der Wanderweg beschreibt einen weiten Bogen über die Schafweiden, dann geht es in den Wald des Stirnberges, der wie der Steinkopf als Totalreservat ausgewiesen ist (3). Doch anstelle hoher Buchen wird der Wanderer von fahlen Fichtengerippen empfangen, die wie Totempfähle in den Himmel ragen. Waldsterben im Naturschutzgebiet! Wie konnte das passieren?

Fichtensterben am Stirnberg

Die Grundlage für die Schäden hat die Forstwirtschaft selbst gelegt, indem sie, lange bevor der Wald unter Schutz gestellt wurde, Fichtenmonokulturen gepflanzt hat. Schadstoffeinträge in Verbindung mit dem ständig wehenden Höhenwind haben dann den ohnehin instabilen Bestand so geschwächt, dass sich der Borkenkäfer massenweise ausbreiten konnte. Reihenweise starben die Fichten ab und hinterließen eine Waldwüste.

Doch schon bald keimte unter den toten Bäumen neues Leben. Pioniergehölze wie Eberesche, Traubenholunder, Salweide und Bergahorn kamen hoch. Auch Fichten siedelten sich neu an. Teil-

weise hat man Buchen nachgepflanzt, aber seit der Ausweisung des Totalreservats bleibt der Wald sich selbst überlassen. Tote Bäume lässt man stehen, sie sind ein wertvoller Lebensraum für Spechte, Eulen und Marder, seltene Pilze und Holzwespen. Daneben bietet dieser Pionierwald Lebensraum für Neuntöter, Raubwürger und Zilpzalp.

Das Waldsterbensgebiet ist einige hundert Meter breit. Dahinter taucht man in den „ursprünglichen" Fichtenforst ein.

Angesichts der artenarmen Fichtenforste drängt sich die Frage auf, warum man den Stirnberg zum Naturschutzgebiet erklärt

hat. Die Antwort ist einfach: Hangabwärts, vom Wanderweg aus nicht einzusehen, stocken herrliche Buchenwälder mit zahlreichen Frühjahrsblühern wie Märzenbecher, Lerchensporn und Zwiebelzahnwurz. Dort kommt auch das Silberblatt in rauen Mengen vor. Daneben finden sich Blockhalden, auf denen sich Bestände aus Bergahorn, Linde, Ul-

me und Vogelkirsche entwickelt haben. Den dunklen Fichtenforst überlässt man sich selbst, die Natur wird es schon richten. Auf die Dauer wird hier ein Wald entstehen, der stabiler und abwechslungsreicher ist, als wenn ihn Förster pflanzen würden.

Nach circa 1 1/2 km biegt der 5er-Weg links ab und führt hinunter nach Wüstensachsen. Wir halten uns rechts und bleiben auf der Höhe, wobei wir ein kurzes Stück einem Weg folgen, der durch ein rotes Dreieck markiert ist. Nach 200 m trifft man auf den Rhönhöhenweg (Markierung rote Träne). Wir halten uns erneut rechts und auf bayerischem Terrain geht es durch Fichtenaufforstungen und über Wiesen zum Ausgangspunkt der Tour zurück.

Nachdem wir einen ersten Eindruck von Land und Leuten in den zu DDR-Zeiten grenznahen Ge-

bieten der Hochrhön gewonnen haben, geht es nun zum ehemaligen DDR-Grenzstreifen am Dreiländereck, dem Beginn des Grünen Bandes Hessen-Thüringen. Dazu fahren wir hinunter nach Wüstensachsen, dem Hauptort der Gemeinde Ehrenberg, wo wir auf die Bundesstraße 279 treffen. Wir folgen der B 279 Richtung Tann bis zum 4 km entfernten Seiferts, einem kleinen, zur Gemeinde Ehrenberg gehörenden Dorf mit dem Gasthaus „Zur Krone", das Anlaufstelle für Öko-Gourmets und Kenner der regionalen Küche ist (siehe Seite 139). Beim Kronenwirt bekommt man auch Lammfleisch vom Weckbachschen Rhönschaf serviert. In der Ortsmitte von Seiferts biegen wir rechts ab und folgen der Straße Richtung Fladungen bis zum Ortsende von Seiferts, wo sich der Wanderparkplatz „Birxgraben" befindet, der Startpunkt für die Tour zum Dreiländereck.

Zum Dreiländereck

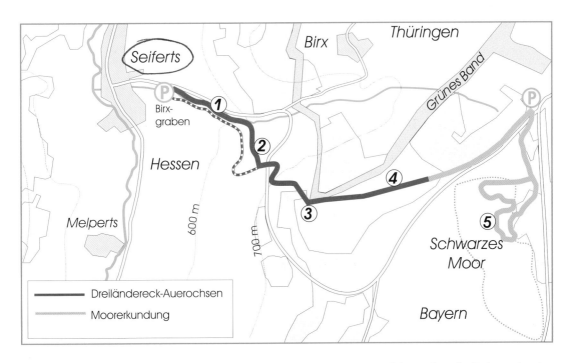

Wanderroute: *Zunächst entlang einem Wildbach, dann über Hutungen zum 760 m hoch gelegenen Dreiländereck und zu den dort grasenden „Auerochsen". Abstieg wie Aufstieg. Markierung grüne Träne. Länge: 5,7 km. Anstieg: 210 Höhenmeter, gleichmäßige Steigung. Ergänzung für ausdauernde Wanderer: Erkundung des Schwarzen Moores. Zusätzliche Strecke: 5,6 km.*

Vom Wanderparkplatz „Birxgraben" aus folgt man zunächst der Straße (ca. 50 m), bis rechts ein schmaler Weg abzweigt, der zu besagtem Graben führt. Doch welche Überraschung! Der Birxgraben ist kein von Baggern geschaffenes Artefakt, sondern eine durch die Kraft des Schmelzwassers entstandene Erosionsrinne, die von Auenwald ausgekleidet wird und in deren Mitte sich ein Bach frei seinen Weg sucht. Und so befindet man sich schon nach wenigen Schritten inmitten urwüchsiger Natur.

Ein Wildbach

Der Bach rauscht, die Vögel singen und durch die Kronen der Auengehölze wird das grelle Tageslicht gedämpft. Es herrscht eine eigene Atmosphäre. Der Wald entlang des Weges wechselt ständig sein Gesicht: mal dominieren Erlen, mal Eschen, dann wieder treten Bergahorn und Ulmen in den Vordergrund. Dazwischen stehen Traubenkirschen, die im

Der Birxgraben

Fische in der Bachläufen des oberen Ulstertals

Bachforelle

Groppe

Nach einem halben Kilometer verlässt der Weg den Birxgraben und führt nach rechts über die Gemeinde-Hutung von Seiferts. Man fühlt sich an einen Almweg erinnert, nicht nur weil man die Weide nach Allgäuer Art über Durchlässe betritt und wieder verlässt. Die Weide bietet ein völlig anderes Bild, als man es heute in Hessen gewohnt ist: Zwischen Lesesteinwällen und Lesesteinhaufen erstrecken sich blumenreiche Gras- und Staudenfluren. Bäume, Baumgruppen und Hekken sind regellos über die Flächen verteilt. Teils ist das Gelände sumpfig. Ein kleiner Bachlauf wird mit ein paar Trittsteinen gequert. Danach geht es wieder über trokkenen Boden, vorbei an Rosen- und Weißdornhecken, die von Eschen überragt werden. Dazwischen, auf steinigem Grund grasen Rinder. Einige stecken ihre Nase in die Hecken. Vielleicht gibt es dort ja etwas Besseres zu fressen. Es kann passieren, dass eine Gruppe von Rindern mitten auf dem Weg grast. Die Tiere treten jedoch bereitwillig zur Seite, wenn der Wanderer kommt. Während die Älteren sofort weiter fressen, wird man von den Jüngeren aus sicherem „Versteck" aufmerksam beäugt.

Mai, wenn alle Bäume schon Laub tragen, mit ihren weißen, nach Honig duftenden Blüten zum vorherrschenden Grün Akzente setzen. Doch damit ist der Gehölzartenreichtum noch nicht erschöpft. Im Halbschatten der Bäume kommen zahlreiche Sträucher hoch -Weißdorn, Pfaffenhütchen, Schneeball, Rosen, um nur einige zu nennen- und auch für hoch wachsende Stauden und Gräser reicht das Licht. Der Wald des Birxgrabens erinnert daran, dass Auwälder einst zu den arten- und strukturreichsten Ökosystemen Mitteleuropas gehörten. Der Mensch hat die Auwälder bis auf wenige Reste vernichtet.

Der Pfad schlängelt sich mal rechts, mal links am Bach entlang, hölzerne Brücken führen hinüber und herüber. Der Blick von den Brücken zeigt einen Wildbach, der über Basaltgeröll ins Ulsterstal hinab schießt. Dreihundert Höhenmeter überwindet der Bach auf seinem knapp 4 km langen Lauf. Bei diesem starken Gefälle bleibt ihm keine Zeit zu mäandrieren, sein Lauf ist von Natur aus gestreckt. Trotzdem ist der Bach voller Strukturen. Ständig

wechselt er die Fließgeschwindigkeit, auf Schwallstrecken folgen ruhige Abschnitte, nach schluchtartigen Engpässen kann sich das Wasser ausbreiten und es entstehen Verzweigungen und Inseln. Das kühle und klare Wasser ist voller Leben. Der durch Basaltblöcke und kleinere Steine reich strukturierte Untergrund bietet zahlreiche Versteckmöglichkeiten und Ruhezonen für Wildwasserfische und Kleintiere. Hier befindet sich der Lebensraum von Bachforellen und Groppen, die von Insektenlarven, Plattwürmern und Wasserschnecken leben und bis zum Beginn der Quellregion aufsteigen.

Nächste Station ist ein Rastplatz mit Hütte, Tischen, Bänken und einer gefassten Quelle. Der Platz ist eingezäunt, Rinder haben keinen Zutritt. Man kann also seine Butterbrote auspacken, ohne von Tieren belästigt zu werden. Hinter dem Picknickplatz geht es links auf einen asphaltierten Wirtschaftsweg. Man quert die Straße Seiferts - Fladungen und gewinnt kontinuierlich an Höhe. Bald wird der Blick frei auf das thüringische Birx, das mit 760 m über dem Meer zu den am höchsten gelegenen Orten der Rhön zählt. Wir befinden uns jetzt ganz in der Nähe des Grünen Bandes. Die innerdeutsche Grenze verlief in dem Gebüschstreifen am rechten Rand der vor uns liegenden Weide.

Am Grünen Band

Zum Dreiländereck sind es nur noch wenige Minuten. Eine Fichtenaufforstung wird gequert, es geht über eine blumenreiche Bergwiese und schon steht man am südlichsten Punkt des Grünen Bandes Hessen-Thüringen. Ein Buntsandsteinquader markiert die Grenzen zwischen Hessen, Thüringen und Bayern. Auf hessischer Seite sind die Buchstaben „KP" eingemeißelt, die Abkürzung für Königreich Preußen. Das Grüne Band präsentiert sich hier von seiner besten Seite, als von Gehöl-

zen, Stauden und Gräsern strukturierter, abwechslungsreicher Biotop.

Wir kehren noch nicht um, sondern folgen der Markierung „grüne Träne" knapp 1 km auf bayrisches Territorium. Das Gelände bekommt einen parkartigen Charakter. Inmitten von Rasen- und

Grenzstein am Dreiländereck

Staudenfluren stehen Haselsträucher, Ebereschen, Salweiden und Schneeball. Wäldchen aus Buchen und Ahorn setzen weitere Akzente. Rechter Hand werden die Flächen durch Schafe offen gehalten. Links des Weges erstreckt sich urwüchsiges Weideland, das bis unmittelbar an den ehemaligen Grenzstreifen heranreicht. Auf dieser Weide grasen „Auerochsen", die man vom Zaun aus beobachten kann.

Die „Auerochsen" vom Dreiländereck

Bei den „Auerochsen" handelt es sich nicht um Überlebende des legendären Ur. Der letzte Auerochsenstier starb 1620, die letzte Auerochsenkuh 1627 in Polen. Der Mensch hat den Stammvater des Hausrindes ein für alle Mal ausgerottet. Doch in alten Haustierrassen finden sich noch immer Gene des Urs. Die Gebrüder Heck, Zoodirektoren in Berlin und München, hatten in den dreißiger Jahren des vorigen Jahrhunderts damit begonnen den Auerochsen „zurückzuzüchten". Dazu haben sie um die 20 Rassen aus ganz Europa miteinander gekreuzt, vom Spanischen Kampfstier über das Ungarische Steppenrind bis hin zum Schottischen Hochlandrind. Das Ergebnis dieser Kreuzung sieht dem Auerochsen sehr ähnlich. Lediglich die Beine sind etwas kurz geraten.

Doch es geht nicht nur um Schönheit. Die „Auerochsen", auch "Heckrinder" genannt, sind robuste Tiere, die ohne den Menschen auskommen. In Holland leben sie völlig wild zusammen mit Hirschen und Rehen in Nationalparks und riesigen Naturschutzgebieten. Sie werden dort als Bestandteil der Natur angesehen. So weit ist man in Deutschland noch nicht, doch es haben sich mittlerweile auch bei uns einige kleinere Auerochsen-Projekte etabliert, eines davon hier am Grünen Band in der Rhön.

Die „Auerochsen-Weide" in der Rhön ist aus der Sicht der Landwirtschaft schon allein wegen der geringen Besatzdichte revolutionär. Während sich auf den Umtriebsweiden der Intensivlandwirtschaft 2 bis 4 Tiere einen Hektar Fläche teilen, stehen jedem Rhöner Heckrind bis zu vier Hektar Weidefläche zur Verfügung. Im Sommer leben die „Auerochsen" daher im Überfluss, was dazu führt, dass sich die Tiere nur das Beste heraussuchen. Auf den nicht beweideten Stellen breiten sich Hochstauden und Gehölze aus. Es findet Naturentwicklung mit „Wildrindern" statt. Die Rinder bleiben übrigens das ganze Jahr auf der Weide, selbst im Winter, im tiefsten Schnee. Die robusten Tiere sind gegenüber Kälte unempfindlich. Ihr Fell ist so dicht, dass sie selbst bei minus 15 Grad noch nicht frieren. Von Natur aus würden sie mit Beginn des Winters jedoch in die Tallagen und Flussauen ziehen, weil dort die Nahrungssuche wegen der geringeren Schneebedeckung einfacher ist und weil der Frühling früher kommt. Das freie Umherwandern ist den „Auerochsen" heute verwehrt, womit es ihnen nicht anders geht als den Hirschen. Und wie diese werden sie im Winter gefüttert.

Zum Schwarzen Moor

Ganz in der Nähe der Auerochsen befindet sich das Schwarze Moor, ein lebendiges Hochmoor, ein Stückchen Urnatur inmitten der Rhön. Im Schwarzen Moor findet man noch alle Elemente, die ein Moor unheimlich und gefährlich erscheinen lassen: ein schwarzes und schlammiges Moorauge, grundlose, mit Moorwasser gefüllte Schlenken, die in Girlanden die Hochfläche des Moors überziehen und den Wanderer ins Verderben leiten, sowie Schwingrasen, auf dem man wie auf einer

Junger „Auerochse" am Grünen Band

Im Schwarzen Moor

zerbrechlichen Eisdecke entlang hastet, jeden Augenblick in Gefahr einzusinken. Damit man all diese urtümlichen Elemente gefahrlos in Augenschein nehmen kann und damit die sensible Tier- und Pflanzenwelt des Moores, wie der Fleisch fressende Sonnentau und das scheue Birkhuhn, keinen Schaden nimmt, hat man vor gut 10 Jahren einen Bohlenweg durch das Moor gebaut. Auf dem 2,2 Kilometer langen Rundkurs informieren 22 Tafeln über die Entstehung des Moores und die im Moor lebenden Tier- und Pflanzenarten.

Wer über Zeit und Ausdauer verfügt, der sollte die Chance nutzen, auf der Dreiländereck-Tour das Schwarze Moor "mitzunehmen". Bei der Entscheidung, ob Tourenverlängerung oder Rückweg, gilt

es zu bedenken, dass sich der Zugang zum Moor an einem Wanderparkplatz am Ende der Hochrhönstraße befindet und dass es bis dahin noch 1,7 km sind. Die zusätzliche Wegstrecke beträgt mit Moorrunde und Rückweg 5,6 km. Der Weg zum Beginn des Moorpfades ist markiert. Man folgt einfach dem bisherigen Wanderweg bis zum Moorparkplatz, an dem sich ein Imbissstand befindet. Das geschäftige Treiben am Moor geht auf die Zeit zurück, als noch tausende von Touristen kamen, um an dieser Stelle einen Blick über die Sperranlagen der DDR zu werfen.

Der Rückweg ist identisch mit dem Aufstieg. Eine kleine Variante bietet sich im Bereich der Seifertser Hutung an. Anstatt dem Pfad über die Hutung und den

Birxgraben zu folgen, kann man auf dem asphaltierten Wirtschaftsweg bleiben. Er führt direkt zum Wanderparkplatz „Birxgraben", dem Ausgangspunkt unserer Dreiländereck- und Moorexkursion.

Auf der folgenden Tour erkunden wir die Landschaft hinter der ehemaligen Grenze. Über Birx und Frankenheim geht es zum Ellenbogen, dem (fast) höchsten Berg der thüringischen Rhön. Hier existiert in unmittelbarer Nähe des Grünen Bandes ein Naturlehrpfad, an dem sage und schreibe zwei Ausflugsgaststätten liegen. Vom Parkplatz „Birxgraben" bzw. von Seiferts aus zum Ellenbogen fahren wir hinauf nach Birx und Frankenheim, zwei thüringischen Höhenorten, die zu DDR-Zeiten in einem Grenzzipfel lagen, nahezu

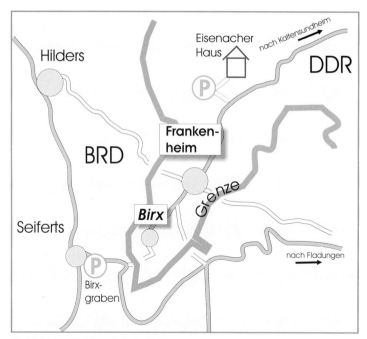

Der Thüringer Zipfel zur Zeit der DDR

abgeschnitten von der Außenwelt. Von der Ortsmitte Frankenheim waren es 1,2 km bis nach Hessen und 800 m bis nach Bayern. Beide Orte lagen im Sperrgebiet und waren für Besucher nur auf Antrag zu erreichen (siehe Seite 61). Damals gab es nur einen Weg aus dieser „Enklave", und der führte über die Berge in Richtung Kaltensundheim. Alle anderen Verbindungen waren unterbrochen. Heute sind die Orte des Thüringer Zipfels wieder frei zugänglich und das Eisenacher Haus auf dem Gipfel des Ellenbogens, das die Grenztruppen in Beschlag genommen hatten, ist in seiner Funktion als Gasthaus wieder erstanden. Man erreicht das Eisenacher Haus über die Straße Frankenheim - Kaltensundheim. Drei km hinter Frankenheim biegt man links ab. Nach ein paar hundert Metern gelangt man zu einem großen, zwischen Eisenacher Haus und Thüringer Rhönhäuschen gelegenen, Wanderparkplatz.

Naturlehrpfad mit Thüringer Gastlichkeit

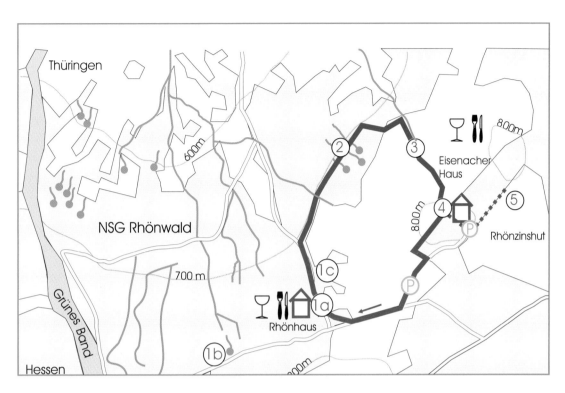

Wanderroute: *Rundkurs über Bergweiden und durch naturnahen Bergwald. Naturlehrpfad mit zahlreichen INFO-Tafeln. Schilder mit der Aufschrift „Naturlehrpfad" weisen den Weg. Einkehrmöglichkeiten im Thüringer Rhönhaus und im Eisenacher Haus. Vom Eisenacher Haus kleiner Abstecher zur „Rhönzinshut". Länge des Rundkurses: 3,5 km, mit Abstecher: 4,5 km. Höchster Punkt: 814 m. Anstiege: 170 Höhenmeter. Gehzeit: 1 1/2- 2 Stunden.*

Vom Wanderparkplatz erreicht man in wenigen Minuten das „Thüringer Rhönhäuschen" (1a). Der Name erinnert an ein kleines Haus (1b), das am Weg ins Hessische lag und „hochherrschaftlichen" Jagdgesellschaften als Ausspanne diente. In DDR-Zeiten wurde die Ausspanne wegen ihrer grenznahen Lage abgerissen. Das Nach-Wende-Rhönhaus, in dem man für einen fairen Preis deftige Hausmannskost bekommt, wurde auf geschichtsträchtigem Grund errichtet. An seiner Stelle befand sich zur Zeit des Dritten Reiches ein Reichsarbeitsdienstlager.

Im Land der offenen Fernen, Blick vom Ellenbogen auf den Habelberg

Reicharbeitsdienst macht Hochrhön „urbar"

Das deutsche Volk hatte in den dreißiger Jahren des vergangenen Jahrhunderts angeblich nicht genug Raum und der Reichsarbeitsdienst suchte nach Betätigungsfeldern. Was lag da näher, als die Rhön „urbar" zu machen. Zwar hatten die Altvorderen die Wälder der Hochlagen schon vor Jahrhunderten gerodet und in Weideland umgewandelt, aber man konnte das Werk der Bauern durch eine Entsteinung der Weiden krönen. Man begann am Dreiländereck und am Fuße des Ellenbogens. Mit Schaufeln, Kreuzhacken und Brechstangen gruben Freiwillige, die „am Spaten" ausgebildet wurden, die Blöcke aus der Erde. Mit Tragen und Schlitten wurden die Steine abtransportiert. Ab 1935 wurde diese Arbeit von Dienstverpflichteten geleistet, in den vierziger Jahren kamen Kriegsgefangene hinzu. Die Steine wurden zu Findlingshaufen aufgetürmt oder in einer Reihe aufgeschichtet.

Buchen-Blockwald am Ellenbogen

Auf den bereinigten Flächen wurden 1936 drei Musterhöfe errichtet. Einer davon, der Saukkelhof, befand sich rechts unterhalb des Thüringer Rhönhäuschens, dort wo heute der Streichelzoo der Gaststätte liegt (1c). Dem Saukkelhof war keine Zukunft beschieden. Wie viele andere grenznahe Höfe wurde auch er von den Grenztruppen der DDR geschleift.

Naturwald unterm Ellenbogen

Vom Rhönhaus folgt der Naturlehrpfad ein Stück der nach Oberweid führenden Schotterstraße. Links grenzt das 138 Hektar große Naturschutzgebiet Rhönwald an, das sich durch Baumartenvielfalt, Blockfluren und viele Quellen auszeichnet. Der Lehrpfad biegt nach einigen hundert m rechts ab und führt über einen hangparallel verlaufenden Weg durch einen Wald, der Vergleichbares bietet. Große Teile des Waldbodens werden von Blockfluren eingenommen, was den Förstern und Waldbesitzern wohl die Lust an der Pflege genommen hat (2). Jedenfalls finden sich hier Buchen aller Altersgruppen, darunter Bäume die ihre natürliche Altersgrenze überschritten haben und durch ihr Zusammenbrechen Licht und Raum für neues Leben schaffen. An vielen Stellen gluckst und gluckert es unter den Basaltblöcken. Ab und zu tritt ein Bachlauf zutage, um sich nach einer kurzen Fließstrecke wieder unter Geröll zu verlieren. In einen solchen märchenhaften Wald passen majestätische Blumen wie der Tür-

Türkenbund

kenbund, der im Juli direkt am Weg blüht. An einer Wegbiegung zweigt der Lehrpfad rechts ab und führt den Hang hinauf. Der Wald lichtet sich und man betritt die von Steinen befreiten Weiden des ehemaligen Saukkelhofs.

Ehemalige LPG wirtschaftet biologisch

Die Weiden werden heute von den Landschaftspflege-Agrarhöfen Kaltensundheim GmbH bewirtschaftet, einem Nachfolger der Landwirtschaftlichen Produktionsgenossenschaft (LPG), die sämtliche Flächen der umliegenden Orte intensiv bewirtschaftet hatte. Auch die heutige GmbH ist kein Kleinbetrieb. Mit 55 Beschäftigten, 2000 Rindern und an die 1000 Milchkühen steht sie der ehemaligen LPG nicht nach. Ungeachtet der beachtlichen Betriebsgröße wirtschaften die Kaltensundheimer Landschaftspfleghöfe nach den Prinzipien des biologischen Landbaus, das heißt, es werden weder synthetische Pflanzenschutzstoffe noch mineralische Dünger auf die Weiden gebracht.

Die Natur hat es den Landwirten gedankt. Das Blaugrün der hoch gedüngten und gespritzten Weiden der LPG ist dem gesunden Grün des Ökobetriebes gewichen. Blumen und Gräser sind zurückgekehrt. Die Produkte der Landschaftspflege-Agrarhöfe werden von der ortsansässigen Molkerei verarbeitet und kommen unter dem Namen „Rhöngold" auf den Markt. Man kann die Produkte des Ökobetriebs auch in einem Hofladen in Kaltensundheim direkt kaufen.

In Kaltensundheim setzt man nicht nur auf eine naturverträgli-

Eisenacher Haus, Gemälde im Foyer des Hauses

che Landwirtschaft. Mit einer Holzhackschnitzel-Feuerung und einem Biogas-Blockheizwerk wird zudem ein Beitrag zur Nutzung regenerativer Ressourcen geleistet. Der BUND Hessen fand das Konzept der Thüringer so überzeugend, dass er 1992 in diesen Betrieb investiert hat. Fünfzig Rinder wurden unentgeltlich an die Kaltensundheimer verpachtet. Die Nachkommen der Rinder grasen noch heute in der Thüringer Rhön. Der Naturlehrpfad verläuft mitten durch die Weiden des Betriebes. Ein altes Hutewäldchen wird gequert, dann geht es geradewegs auf den breiten Rücken des Ellenbogens (814 m) (4), von dem man einen schönen Blick ins Ulstertal und hinüber zur hessischen Rhön hat.

Nur hundert Meter vom Gipfel des Ellenbogens entfernt, im Windschutz eines Fichtenriegels, liegt das Eisenacher Haus, ein Berggasthof mit Hotelbetrieb. Das im Jahre 1928 vom Rhönklub errichtete Haus hatte trotz Wirtschaftskrise und Massenarbeitslosigkeit zunächst guten Zuspruch. Im Laufe des zweiten Weltkriegs wurde es auf dem Ellenbogen jedoch langsam still. Mit dem Kriegsende kam dann das Aus für

den Berggasthof. Zunächst nahmen die Sowjets das Haus in Beschlag, dann zogen die DDR-Grenztruppen ein, die den ehemaligen Gasthof zum Hauptquartier für den Grenzkontrollabschnitt Hochrhön ausbauten. Das gesamte Gebiet um den Ellenbogen wurde Sperrgebiet und bis zur Wende im Jahre 1989 war die thüringische Hochrhön aus den Wanderkarten verschwunden. Als die Grenzer im Jahre 1990 das Haus verließen, war das ehedem gepflegte Gebäude völlig heruntergekommen. Doch der angeborene Sinn der Thüringer für Geselligkeit und ihre Wandertradition sorgten dafür, dass der alte Steinklotz bald wieder, wie man so schön sagt, im neuen Glanz erstrahlte. Neben dem Hotelbetrieb wartet das Eisenacher Haus mit gemütlichen Gasträumen auf. Es wird regionale Küche geboten, an der man sich satt essen kann, und das zu fairen Preisen.

Die „Rhönzinshut" vom Ellenbogen

Vom Eisenacher Haus aus lohnt es sich einen Abstecher zur „Rhönzinshut" zu machen. Man folgt dazu dem Wanderweg Richtung

Alte Hutebuche in der thüringischen Rhön (Rhönzinshut)

Kaltensundheim, der vor dem Berggasthof links abzweigt. Der Weg führt direkt an der alten Hutung entlang, die erst kürzlich wieder „in Betrieb" genommen wurde (5). Die LPGs der DDR hatten kein Interesse an der aus ihrer Sicht anachronistischen Wirtschaftsweise und so wurden Teile der Hutung aufgeforstet. Mit der Wiederaufnahme der Beweidung wurden märchenhafte Hutebuchen vor dem Untergang in den Fichtenforsten bewahrt. Nach ca. 500 m, bevor der Wanderweg in den Wald führt, hat man das Ende der Hutung erreicht. Man kehrt auf demselben Weg zum Eisenacher Haus zurück und folgt von dort aus der Zufahrtsstraße zum Wanderparkplatz, dem Ausgangs-

punkt der Naturlehrpfad-Rundtour.

Der Ellenbogen ist der nördlichste Vorposten der Hohen Rhön. Seine zum Ulstertal abfallenden Hänge leiten zur Kuppenrhön über, die in den folgenden Abschnitten des „Grüne Band" - Führers beschrieben ist. Ausgangspunkt unserer Kuppenrhön-Touren ist das im Ulstertal gelegene Städtchen Tann. Auf dem Weg nach Tann, der über Frankenheim und Hilders führt, sollten wir die Chance nutzen, zwei Objekte des Rhöner Kulturschaffens „mitzunehmen". Eines davon, der Kreuzweg vom Battenstein, ein echtes Glanzlicht, ist ohne Umweg zu erreichen. Der Battenstein-Wanderparkplatz be-

findet sich neben der Jugendherberge Hilders, direkt an der Straße Frankenheim-Hilders. Das zweite Objekt ist eine Schlossruine, die am Hang des Auersberges, dem Hausberg von Hilders, liegt. Den dazugehörigen Wanderparkplatz erreicht man über die Straße Hilders-Tann.

Der Kreuzweg am Battenstein

Wegcharakter: Über einen Kreuz-
weg zu einer Wallfahrtskapelle,
ein Spaziergang, bei dem Land-
schafts- und Kulturgenuss im
Vordergrund stehen. Kapelle und
zurück: 1,4 km. Anstieg: 80 Hö-
henmeter. Auch als Rundweg von
2,0 km Länge möglich (rot gestri-
chelte Linie). Anstieg dann ca. 100
Höhenmeter.

An der Straße Hilders - Frankenheim schaut auf halber Strecke
die Wallfahrtskapelle St. Maria
zwischen den Bäumen hervor. Das
im Jahre 1706 errichtete Kirchlein
bildet den Endpunkt eines Kreuzweges, der unter einem Schirm
von Hutebuchen auf eine felsige
Anhöhe führt. Es gibt wohl weit
und breit keine Stelle, an der Kul-

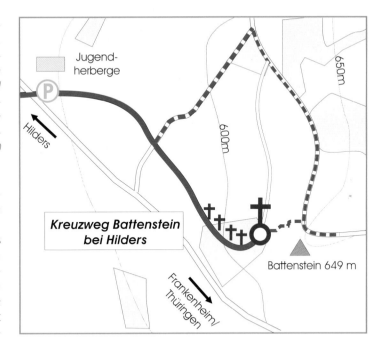

Jugend-
herberge

Hilders

Kreuzweg Battenstein
bei Hilders

650m

600m

Frankenheim/
Thüringen

Battenstein 649 m

Die Wallfahrtskapelle St. Maria

Die Figuren in den Bildstöcken, die das Leiden Christi darstellen, sind von faszinierender Ausdruckskraft. Mag sein, dass die Nase des Pilatus zu groß geraten ist und die Augen eines Soldaten etwas ungleich sitzen, aber die Darstellung ist lebendig und originell, ganz anders als die industriell hergestellten Kruzifixe und Marienstatuen. Man schaue sich nur die Gestik und Mimik der Häscher an. Auch Christus selbst ist ein Beispiel authentischer Volkskunst der Rhön.

tur und Natur eine so harmonische Verbindung eingegangen sind wie am Battenstein.

Vom Parkplatz an der Jugendherberge gelangt man in wenigen Minuten zu dem Wäldchen, in dem sich der Kreuzweg emporzieht. Am Waldrand trifft man auf den ersten Bildstock. Das Innere schmückt ein aus Holz geschnitzter Pilatus, der, umgeben von Soldaten, Jesus Christus zum Tode verurteilt. Die Verurteilung Jesu ist die erste von insgesamt 14 Stationen, die sich auf dem Weg zur Wallfahrtskapelle befinden.

Obwohl die Figurengruppen aus dem vergangenen Jahrhundert stammen, bilden sie mit den 250 Jahre alten, barocken Stationshäuschen ein perfektes Ensemble. Die Häuschen mit ihren roten Ziegeldächern und den weiß getünchten Wänden passen so gut in den lichten Wald, dass man den Eindruck hat, man mache einen Spaziergang durch eine längst vergangene Zeit. Dabei handelt es sich um lebendiges Kulturgut. Jedes Jahr veranstaltet die Kirchengemeinde Hilders am 17. Juni eine Friedensprozession zum Battenstein. Und ebenfalls jährlich unternimmt der Männergesangsverein Hilders seinen „Battensteingang", der auf ein Gelöbnis aus dem Jahre 1907 zurückgeht.

Je näher man der Kapelle kommt, desto steiler wird der Weg. Rechts

Stationshäuschen am Battensteiner Kreuzweg

sind die Spuren der Urnatur zu sehen, vulkanische Felsen und Basaltgeröll. Mit einer Treppe wird das letzte Steilstück überwunden. „Es ist vollbracht!" Eine Kreuzigungsgruppe mit Schächerkreuzen und den Assistenzfiguren Maria und Johannes markieren das Ende des Kreuzweges.

Wallfahrer und Besucher wenden sich nun der Kapelle zu, über deren Eingang sich ein spätgotisches Vesperbild (Pietà) befindet. Der Legende zufolge wurde es von Schweinen am Battenstein aus dem Boden gewühlt. Viermal hat man versucht, die Statue in der Kirche von Hilders aufzustellen. Jedes Mal wanderte sie auf unerklärliche Weise auf die felsige Anhöhe zurück. Aus dieser Begebenheit leitete man den Wunsch der Mutter Gottes ab, am Battenstein verehrt zu werden und errichtete dort die Kapelle St. Maria.

Auf der Rückseite der Kapelle befindet sich das „Armeseelenhäuschen", das von zwei Maurergesellen gestiftet wurde, weil ihnen am Battenstein eine wundersame Begebenheit widerfahren war. Der schlichte Bau aus dem Jahre 1827 enthält ein eindrucksvolles Steinrelief des Fegefeuers und ein Auge Gottes.

Die spätgotische Pietà (Statue im Hintergrund)

Wer noch etwas Rhönnatur genießen möchte, der folge vom „Armeseelenhäuschen" einem nach links führenden Weg. Ein paar Schritte weiter führt ein schmaler Pfad über eine aufgelassene Wiese und durch ein Gebüsch nach oben auf einen hangparallel verlaufenden Weg. Man wendet sich nach rechts und erreicht in drei Minuten den eigentlichen Battenstein, einen herausgewitterten Basaltschlot.

Spätestens an der nächsten Wegeinmündung kehrt man wieder um, es sei denn, man möchte auf den 745 m hohen Buchschirmberg steigen, der mit seinen Wiesen und Weiden dem „Land der offenen Fernen" Ehre macht. Der Weg auf den Buchschirmberg ist mit einem grünen Dreieck markiert. Vom Battenstein bis zum Gipfelplateau benötigt man ca. eine halbe Stunde. Der Weg vom Battenstein zurück zum Parkplatz verläuft ein gutes Stück hangparallel. Dann geht es auf einem asphaltierten Weg bergab, bis man wieder auf den Kapellenweg trifft. Man wendet sich rechts und ist in wenigen Minuten am Jugendherbergs-Parkplatz.

Vom Battenstein geht die Fahrt nach Hilders, einem Marktflecken mit Speiserestaurants und Einkaufsmöglichkeiten (siehe S. 141). Auf der Weiterfahrt nach Tann wartet die Schlossruine Auersburg auf uns. Die Zufahrt zum Schloss zweigt 2 km hinter Hilders rechts ab. Auf einer Forststraße geht es in Kehren hinauf zum Wanderparkplatz Auersberg.

Buchschirmberg

Die Auersburg – Amtschloss über Hilders

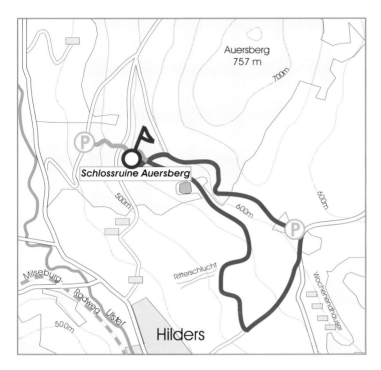

stift, das in dem Gebäude einen Amtssitz einrichten ließ. Den fränkischen Kirchenfürsten waren die Räumlichkeiten bald zu klein und nicht repräsentativ genug. Und so wurde die Ritterburg im Jahre 1354 zu einem Schloss ausgebaut. Am Auersberg hausten ja auch keine Ritter mehr. Hier versahen Beamte der Kirche ihren Dienst!

Die Zeit des Amtschlosses währte immerhin 231 Jahre. Doch von da an ging es mit der „Auersburg" bergab. Im Jahre 1585 wurde der Amtssitz aufgelöst und das um seine Funktion beraubte Schloss begann zu verwahrlosen. Der Dreißigjährige Krieg tat sein Übriges und so kam es, dass man Ende des 17. Jh. die Innengebäude abbrach. Geblieben sind die Außenmauern, die vom Rhönklub vom Verfall bewahrt wurden.

Beim Besuch der Schlossruine beeindruckt die Größe des Innenhofes. Man kann erahnen, welche

Kurzaufstieg: Vom Wanderparkplatz Auersberg 500 m steil bergauf zur Burg. Dabei der Wanderwegmarkierung „2" folgen (blaue Linie). Anstieg: 100 Höhenmeter. Aufstieg wie Abstieg. Gehzeit: 1/2 - 3/4 Stunde.

Längere Variante: 5 km langer Rundweg, der ebenfalls der Markierung „2" folgt (rote Linie). Anstiege: 100 Höhenmeter. Gehzeit 1 1/2 - 2 Stunden.

Die Schlossruine begann ihre „Karriere" Anfang des 12. Jahrhunderts als Ritterburg. Bei ihren Erbauern, den aus Thüringen stammenden Hennebergern, schien die Burg jedoch keine große Wertschätzung zu genießen, denn im 13. Jahrhundert verkauften sie das Objekt an den Abt von Fulda. Auch der hatte wohl keine

besondere Verwendung für die abgelegene Immobilie und so wechselte die Auersburg Ende des 13. Jahrhunderts erneut den Besitzer. Von nun an gehörte die Auersburg zum Würzburger Hoch-

Innenhof der Auersburg

Aussichtsplattform auf der Auersburg

diesem Abschnitt führt ein Fahrweg links zu dem ganz in schwarzen Basalt gefügten und etwas martialisch erscheinenden Berggasthof Katzenstein, der eine wechselvolle Geschichte hinter sich hat: Im Jahr 1937 als Hotel für verdiente Parteimitglieder der NSDAP erbaut, 1945 – 1954 Quartier der sowjetischen Armee und der kasernierten Volkspolizei, 1955 – 1989 Erholungsheim für verdiente Genossen der DDR Staatssicherheit und seit 1990 Berggasthof und Hotel für jedermann.

Geschäftigkeit hier geherrscht haben muss. Eine Holztreppe führt auf eine Aussichtskanzel, von der man über das Ulstertal und hinüber zur Milseburg blickt.

Der schnelle Weg zur Auersburg ist nicht unbedingt der bequeme; der Anstieg vom Wanderparkplatz „Auersburg" ist steil und der Weg nicht besonders gut. Als alternativer Zugang bietet sich der Rundweg vom Wanderparkplatz „Köpfchen" an. Der Parkplatz liegt an der Straße Hilders-Simmershausen. Achtung, nach ca. 1,5 km Wegstrecke links vom markierten Wanderweg (blaue 2) abbiegen! Man erreicht so die nur 200 Meter unterhalb des Wanderwegs liegende Burg. Auch der Rundwanderweg führt letztlich zur Burg, aber über einen wenig lohnenden Umweg, wobei ein Anstieg von gut hundert Höhenmetern zu bewältigen ist. Wer nicht den gleichen Weg zurückgehen möchte, folgt der 2er-Markierung. Über Wiesen und Weiden geht es in Richtung Hilders, wobei man ca. 100 m Höhe verliert. Ein von Hilders kommender Weg leitet den

Wanderer wieder bergan und zum Ausgangspunkt der Tour.

Von Hilders geht es nach Tann, dem Tor zur Kuppenrhön. Tann ist eine Stadt im Miniaturformat, die aber mit ihrem Naturkundemuseum und dem angeschlossenen Freilichtmuseum einiges zu bieten hat. Eine Beschreibung des Ortes findet sich auf S. 142.

Der Katzenstein

Wer Interesse an einem weiteren Beispiel thüringer Gastlichkeit hat, verbunden mit historischen Reminiszenzen, dem sei vor dem Museumsbesuch und dem Stadtrundgang ein Abstecher zum 8 km entfernten Berggasthof Katzenstein empfohlen. Am Ortseingang von Tann folgt man einer rechts abbiegenden Straße, die zum ca. 600 m hoch gelegenen Ort Theobaldshof führt. Kurz vor Theobaldshof zweigt eine Straße nach Thüringen ab, die kurz hinter der ehemaligen Grenze das Bergdorf Andenhausen umgeht. In

Die Kuppenrhön

Raue Hochlagen, offene Fernen, Bergweiden und Hutebuchen, das ist die Hohe Rhön. In der Vorderen- und der Kuppenrhön bestimmen markante Basaltkegel und -kuppen das Bild der Landschaft. Teils liegen die Kuppen in Ketten gereiht, wie im hessischen Kegelspiel, oder sie überragen als einsame Inselberge weithin die Landschaft, wie z.B. der Soisberg, der König des Kegelspiels.

Die Entstehungsgeschichte der Basaltkuppen reicht 10-25 Millionen Jahre zurück. Es war eine unruhige Zeit; in der Hochrhön flossen große Mengen von Magma aus Erdspalten hervor, ergossen sich über das Land und erstarrten zu ausgedehnten und bis zu 300 m mächtigen Basaltdecken, die heute die flachwelligen Hochflächen zwischen Wasserkuppe, Rotem Moor (Heidelstein) und dem Ellenbogen bilden. In der Kuppenrhön entstanden zur gleichen (geologischen) Zeit kleinere Einzelvulkane, die aber nicht weniger aktiv waren und Asche und glut-

Der Gehilfersberg bei Rasdorf, Basaltkegel mit Wallfahrtskapelle

flüssige Lava in die Luft spieen. Die Hinterlassenschaften ihrer explosionsartigen Ausbrüche, Schlacken und Tuffe, sind im Laufe der Jahrmillionen größtenteils der Erosion zum Opfer gefallen. Bestand hatten die harten Vulkanschlote, die uns heute als dunkler Basalt und dunkelgrauer Phonolith (Klingstein) entgegentreten.

Mit ihren 450 bis 720 m hohen Gipfeln bricht die Kuppenrhön keine Rekorde, aber wer ein Auge für formschöne Berggestalten hat und sich für ländliches Kulturgut interessiert, ist hier am richtigen Ort. Auf den Gipfeln der Basaltkuppen hat man Burgen, Kreuze, Aussichtstürme und Wallfahrtskapellen errichtet. Auch die Natur hat die Berge der Kuppenrhön verwöhnt: An steilen Muschel-kalkbänken, die die Basaltkegel oft wie einen Kranz umgeben, wachsen blumenreiche Magerrasen und die Wälder der Basaltberge schmücken sich mit unzähligen Frühjahrsblühern.

Den Übergang von Hochrhön zu Kuppenrhön markiert das Städtchen Tann. An dieser Stelle kommt das Grüne Band von den Hochflächen hinunter ins Tal, quert die Aue der Ulster und folgt dann in ständigem Auf und Ab einer Kette von Basaltkuppen in Richtung Westen. Und als ob es die falsche Richtung erkannt hätte, ändert das Grüne Band nach 10 km die Richtung und zieht ordnungsgemäß nach Norden. Dabei schlägt der begrünte Grenzstreifen einen Halbkreis um das Geisaer Land, eine weiträumige Agrarlandschaft, die sich zwi-schen die Ausläufer der Hohen Rhön und die Kuppenrhön schiebt. Hier, in der hoch gedüngten und mit Herbiziden behandelten Feldflur, übernimmt das Grüne Band wichtige Ausgleichfunktionen. Zugleich verbindet es als ökologischer Korridor die einzeln stehenden Basaltkegel.

Auf unseren Erkundungen in der Kuppenrhön folgen wir dem Grünen Band auf seinem Weg über Basaltkuppen und Getreideäcker. Wir besteigen die schönsten Blumenberge und Aussichtsgipfel beiderseits der ehemaligen Grenze. Wir besuchen das Grenzmuseum Point Alpha und durchschreiten die ehemaligen Sperranlagen des „Grenzdorfes" Wenigentaft.

Der Habelstein
– wo der "Osten" im Westen liegt

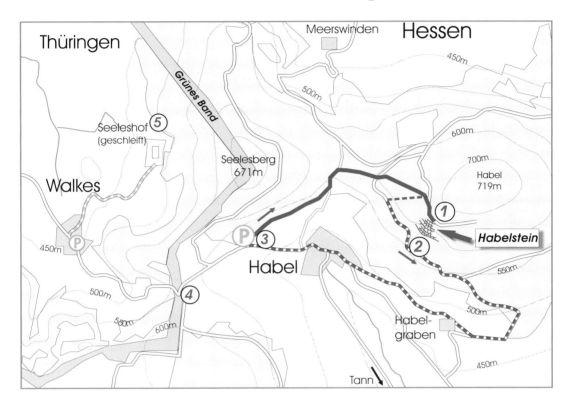

Erkundungsrouten:

Zum Habelsteinfelsen (durchgezogene rote Linie): Kurztour zu einem Aussichtsfelsen. Anstieg: 150 Höhenmeter. Abstieg wie Aufstieg. Hin und zurück: 3,6 km. Gehzeit: 1 1/2- 2 Stunden.

Habelstein-Rundweg (rot gestrichelt): Bis zum Felsen mit dem vorigen Weg identisch. Von dort in einem Bogen unter dem Felsen zum Ausgangspunkt der Tour zurück. Anstiege: knapp 200 Höhenmeter. Länge: 5,7 km. Gehzeit: 3 Stunden.

Zum Grünen Band: Vom Wanderparklatz in 500 m zur ehemaligen

Grenze. Rückweg wie Hinweg. Gehzeit: 1/4 Stunde.

Zur Wüstung Seeleshof (lila gestrichelt): Mit dem PKW zum Thüringer Ort Walkes. Von dort zu Fuß zur Wüstung. Anstieg: 50 Höhenmeter. Rückweg mit Hinweg identisch. Länge: 2,2 km. Gehzeit: 3/4 Stunde.

Gegenüber Tann ragt der Habelberg auf, eine Basaltkuppe, an deren Südflanke sich zahlreiche Zeugen der vulkanischen Tätigkeit finden: senkrechte Felswände, Basaltgeröll und heraus präparierte Schlote. Man kann den Habelberg über einen Wanderweg (Markierung grüne Träne) von

Tann aus besteigen. Die Strecke ist 7 km lang und man muss 250 Höhenmeter überwinden. Bequemer ist es, bis nach Habel zu fahren

Pfingstnelke

und von dort aus zur Attraktion des Berges, den Basaltfelsen, zu starten. Man gewinnt dadurch Zeit für eine Erkundung des nahe gelegenen Grünen Bandes. Man fährt von Tann aus ein kurzes Stück zurück Richtung Hilders und biegt in Lahrbach rechts ab, Richtung Hünfeld. 2 km weiter, im Tanner Ortsteil Neustädtges, biegt man erneut rechts ab und gelangt so zu dem Dorf Habel. In der Ortsmitte hält man sich rechts und folgt einer schmalen Straße Richtung Walkes, auf der man nach gut einem halben km eine gefasste Quelle erreicht, den Kettenborn, den ehemaligen Dorfbrunnen von Habel. Das Dorf Habel war im Mittelalter wesentlich größer als heute und sogar bedeutender als das Städtchen Tann. Im Jahre 1418 brannte Habel fast vollständig ab und lag dann bis 1480 wüst. Hinter dem Brunnen liegt etwas versteckt der Wanderparkplatz, von dem aus man zum Habelsteinfelsen startet.

Ein mit zahlreichen Markierungen versehener Wanderweg führt leicht ansteigend am Waldrand entlang. Man blickt auf das Dorf Habel und den Berg gleichen Namens. Auch das Exkursionsziel, der Habelsteinfelsen, ist zu erkennen. Im Sommer ist der Weg voller Blumen und Schmetterlinge. Aus dem Boden schaut heller Kalkstein hervor. Die dunklen Basalte treten erst 100 Höhenmeter über dem Weg zutage. An der „Nahtstelle" von Selesberg und Habelberg geht es in den Wald hinein. Der Weg wird steil und man erklimmt das 100 Millionen Jahre alte Muschelkalkriff, über dem sich die Basaltkuppen erheben. Auf dem Plateau des Riffs schlängelt sich der Weg durch herrlichen Buchenwald, in dem während des Frühsommers das Rote Waldvögelein blüht.

Nach der Querung eines befestigten Waldweges steilt der Pfad erneut auf. Wir befinden uns im Anstieg auf den Habelstein. Es dauert nicht lange, dann zeigen sich rechts des Weges die ersten Felsen. Der Pfad umgeht die Abstürze und führt auf ein Plateau, das uns zu einem fantastischen Ausguck leitet. Wenn Kinder dabei sind, ist Vorsicht geboten! Es gibt kein Geländer und der Fels bricht an dieser Stelle 50 m senkrecht ab. Die baumfreien Basaltfelsen beherbergen eine botanische Kostbarkeit, die Pfingstnelke, eine Rarität, die nur zum Pfingstfest ihre roten Blüten öffnet. Nicht zuletzt wegen dieser Pflanze steht der Habelstein unter Naturschutz.

Der Rückweg ist mit dem Hinweg identisch. Wer mehr von der Hin-

Blick vom Habelsteinfelsen auf die Milseburg

Der Herrgottshügel bei Walkes

terlassenschaft der vulkanischen Zeit sehen möchte, dem sei ein Rundkurs empfohlen, der zwei zusätzliche Wanderkilometer erfordert. Hierzu biegt man auf der Abstiegsroute nach circa 200 m links ab und folgt einem gut markierten Pfad (grüne Träne) in Richtung Lahrbach. Wenig später trifft man auf einen befestigten Waldweg, der unterhalb des Habelsteinfelsens entlang führt und dabei in Form mehrerer schwarzer Schlote die Zeugen Jahrmillionen zurück liegenden Aktivität des Vulkans eindrucksvoll vor Augen führt. Der auf den Karten verzeichneten Habelsee ist dagegen keine besondere Attraktion. Es handelt sich bei dem „See" eher um eine sumpfige Stelle, die je nach Niederschlag von mehr oder weniger Wasser bedeckt ist. Bleiben Sie also bitte auf dem Weg! Interessant ist, dass in der Nähe des Habelsees ein bedeutender archäologischer Fund gemacht wurde: das so genannte Schwert vom Habelberg, das sich heute im Vonderau Museum Fulda (Jesuitenplatz 2, 36037 Fulda, Tel. 0661-92835-0) befindet. Das Schwert stammt aus der jüngeren Eisenzeit (ca. 500 v. Chr.) und verweist auf die keltische Geschichte des Habelbergs, der ähnlich wie die Milseburg und der Öchsen (siehe S. 77) Reste einer keltischen Ringwallanlage aufweist.

Nach circa 20 Minuten ist der Waldrand erreicht. Ab hier weist uns ein grünes, gefülltes Dreieck die Richtung. Über den Weiler Ha-belgraben geht es zurück nach Habel und dem Ausgangspunkt der Tour.

Stippvisite am Grünen Band

In dem am Parkplatz gelegenen Kettenborn, dessen klares Wasser in ein großes Becken fließt, kann man sich wunderbar erfrischen und ausreichend Kraft schöpfen, um dem nur 500 m entfernt liegenden Grünen Band einen Besuch abzustatten. Man folgt der wenig befahrenen Straße bis zu einer markanten, direkt am ehemaligen Grenzstreifen stehenden Hutebuche. Dieser weithin sichtbare Baum markiert den „Pass", der zu dem in westlicher Richtung gelegenen thüringischen Ort Walkes führt – der „Osten" lag hier ausnahmsweise einmal im Westen. Von der Passhöhe blickt man hinüber zum Rößberg, auf dem man mit dem Fernglas unterhalb des Gipfels ein Kreuz erkennen kann. Dieses Kreuz hat eine bewegte Geschichte hinter sich. Mehr dazu im folgenden Kapitel. Zuvor geht es zu dem grenznah gelegenen Seeleshof oder vielmehr zu dem, was die DDR-Grenztruppen von dieser Ansiedlung übrig gelassen haben.

Das Schicksal des Seeleshofs

Wir kehren zum Wanderparkplatz zurück und fahren hinüber nach Walkes. Dort folgen wir zu Fuß der Straße mit dem bezeichnenden Namen „Zum Seeleshof" (im Ort rechts). Von Obstgehölzen begleitet geht es hinaus in eine freie,

weiträumige Landschaft. Auf einem Hügel am Wegesrand steht eingerahmt von hohen Bäumen eine steinerne Kreuzigungsfigur.

Ein par hundert Meter weiter erreicht man ein Mahnmal, das mit einer Bronzetafel an zwei Höfe erinnert, die gemeinsam als Seeleshof bezeichnet wurden. Im Jahre 1974 wurden die Bewohner vertrieben und die Gebäude niedergerissen. Den DDR-Grenztruppen lag die Ansiedlung zu nahe an der Demarkationslinie. Geblieben sind die Grundmauern, ein Teich und einige Walnussbäume.

Auf dem Rückweg passiert man wieder das steinerne Kreuz. Zu DDR-Zeiten hat man es zwar gewagt, zwei Bauernhöfe dem Erdboden gleich zu machen, den steinernen Christus hat der atheistische Staat jedoch nicht angetastet. Nach wie vor blickt er von seiner Anhöhe hinunter auf Wal-

kes. Auch das Hohe Kreuz vom Rößberg, unser nächstes Ziel, zeigt, wie stark der Katholizismus in diesem grenznahen Gebiet verwurzelt ist. Wir folgen der Straße nach Ketten und biegen kurz vor dem Ort links ab. Auf einer neu gebauten Straße geht es Richtung Gotthards, einem Ort, der wieder im Hessischen liegt. Die Gotthardser Straße windet sich in Kehren zu dem Sattel zwischen dem Rößberg und einer benachbarten Basaltkuppe, dem Nüster Berg, hinauf. An der Passhöhe befindet sich ein Wanderparkplatz, der unmittelbar auf dem ehemaligen Grenzstreifen liegt. Von hier aus geht es zu Fuß zum Gipfel des Rößberges.

Der Nussbaum vom Seeleshof

Das Hohe Kreuz vom Rößberg

Aufstiegsrouten:

1. Von der Passhöhe Gotthards – Ketten zunächst auf dem Grünen Band, dann über Weiden zum Gipfel des Rößbergs (durchgezogene rote Linie). Länge: 2,4 km. Aufstieg: 130 Höhenmeter. Gehzeit: 1 1/2 Stunden.

2. Von Ketten (blau gestrichelte Linie). Länge: 3 km. Aufstieg: 190 Höhenmeter. Gehzeit: 2 Stunden.

3. Von Spahl (rot gestrichelte Linie). Länge: 5,4 km. Aufstieg: 200 Höhenmeter. Gehzeit: 3 Stunden.

Bei allen drei Routen Abstieg wie Aufstieg.

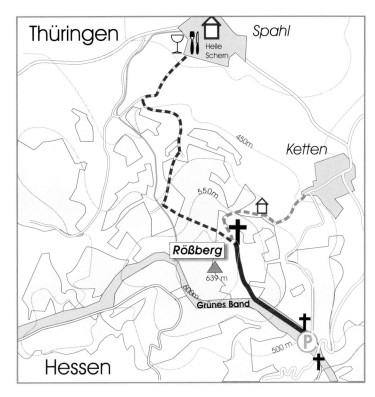

Der Gipfel des 639 m hohen Rößbergs ist im Gegensatz zu den umliegenden Basaltkuppen weitgehend unbewaldet. Hutungen und magere Wiesen ziehen sich bis auf den höchsten Punkt. Am nördlichen Abhang, ein Stück unterhalb des Gipfels, steht ein großes Holzkreuz. Es schaut hinunter in das Geisaer Land und weiter bis zum Soisberg, der nördlichsten Basaltkuppe der hessischen Rhön. Bis dorthin reichte früher der Einfluss Fuldas. Und bis dorthin ist das Land katholisch.

Das Geisaer Land (siehe Karte S. 51) war bis zur Auflösung der kirchlichen Territorialherrschaften zu Beginn des 19. Jahrhunderts im Besitz der Fuldaer Äbte. Im Verlauf des Wiener Kongresses kam es zu Sachsen-Weimar und am Ende des 1. Weltkrieges zu dem neu gegründeten Freistaat Thüringen, der mit dem Zusammenbruch des Dritten Reiches wieder in Bezirke aufgelöst wurde. Das Geisaer Land war nun über vier Jahrzehnte Bestandteil des Bezirks Suhl und der DDR.

Der Wechsel von Herrschaft und Verwaltung hat die Verwurzelung mit dem Katholizismus wenig beeinträchtigt. Davon zeugen die Ereignisse um „das Hohe Kreuz auf dem Rößberg", die Ostern 1945 ihren Anfang nahmen. Damals nahm eine Batterie der deutschen Wehrmacht Stellung in Spahl. Auf Anraten von Bürgern zogen die deutschen Soldaten wieder ab, wodurch eine Konfrontation mit den anrückenden Amerikanern vermieden wurde. In Spahl wurden weiße Fahnen gehisst und der Bürgermeister ging den amerikanischen Panzern entgegen. Damit war das Dorf aus der Schusslinie.

Zwei Jahre später, am 21. September 1947, zogen von Spahl und Ketten aus Prozessionen auf den Rößberg, wo man ein Kreuz errichtet hatte „...zur Danksagung für Gottes gnädigen Schutz in den gefahrvollen Ostertagen...". Im Sockel des Kreuzes ist in einer verschlossenen Flasche eine Urkunde eingemauert.

Da das Geisaer Land nach dem Rückzug der Amerikaner aus Thüringen Teil der sowjetischen Besatzungszone wurde, verlief die innerdeutsche Grenze über den Rößberg. Das „Hohe Kreuz auf dem Rößberg" lag nur 500 m von der Demarkationslinie entfernt

Das Hohe Kreuz vom Rößberg

und damit bereits in der Schutzzone, in der sich ohne besondere Genehmigung niemand aufhalten durfte. Als das Kreuz durch Wind und Regen Schaden nahm, ge-

In der „Heile Schern"

stattete man der Kirchengemeinde eine Reparatur. Am 28. und am 29. März 1980 stiegen zwei Männer unter Bewachung zum Kreuz hinauf. Trotz extrem schlechter Witterung gelang es ihnen, den Querbalken zu erneuern. Die nächsten 10 Jahre war es auf dem Rößberg wieder still. Ausflüge und Prozessionen waren nicht gestattet.

Heute führen wieder Wege zum Hohen Kreuz, das inzwischen ein wenig windschief und verwittert ist. Aber gerade deshalb ist es den Spahler und Kettener Bürgern wohl ans Herz gewachsen. Jedenfalls haben sie das Angebot eines Sägewerksbesitzers aus dem hessischen Haselstein abgelehnt, auf dem Rößberg ein nagelneues Eichenkreuz mit elektrischer Beleuchtung zu errichten. Das verschmähte Kreuz schmückt nun anstelle des Rößberges die Kali-

halde von Neuhof bei Fulda. So etwas erfährt man, wenn man sich an einem ruhigen Tag in der Heile Schern (die Scheune von Heils), einem Spahler Gasthaus, aufhält. An Wochenenden ist hier „Remmidemmi"; die Heile Schern ist zu einem Zentrum der volkstümlichen Musik avanciert.

Der kürzeste Weg auf den Rößberg führt vom Wanderparkplatz an der Passhöhe Gotthards-Ketten über das Grüne Band. Über den Kolonnenweg geht es ca. 700 m kompromisslos bergauf. Kurz hinter dem steilsten Stück biegt man rechts ab und folgt einem Weg, der in mäßiger Steigung über Wiesen und Weiden auf das 500 m entfernt stehende Kreuz zusteuert. Man kann auch von den thüringischen Orten Ketten und Spahl zum Hohen Kreuz aufsteigen. Lokale Wanderwegmarkierungen weisen den Weg.

Grenzgeschichten aus dem Geisaer Land

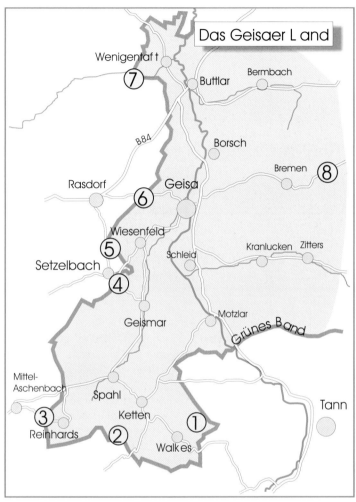

Grenzmale und Grenzschicksale
1. Schleifung des Seeleshof
2. Kreuz am Rößberg
3. Tod eines Amerikaners
4. Flucht mit Artillerieschlepper
5. Tod des DDR-Hauptmanns Rudi Arnstadt
6. Grenzmuseum Point Alpha
7. Teilung der Buchenmühle
8. Kontrollstelle Bremen

sagt hinter dem 584 m hohen Basaltkegel des Suchenberges. Der eigentliche Nachbarort Reinhards war und ist das nahe gelegene hessische Mittelaschenbach. Bis Anfang der 50er Jahre waren Kontakte über die Grenze möglich. Grenzgänger mussten allerdings aufpassen, dass sie nicht einer Streife in die Hände fielen. Ein in Hessen stationierter amerikanischer Soldat bezahlte seine Grenzübertritte mit dem Leben. Er hatte sich in ein Mädchen aus Reinhards verliebt und schlich sich so oft er konnte von Mittelaschenbach über die Grenze. Eines Tages lief er in die Fänge einer russischen Streife. Da er sich nicht festnehmen ließ, hat man ihn kurzerhand erschossen. Der Leichnam wurde in ein rotes Tuch gewickelt und den amerikanischen Grenzposten übergeben.

Von Reinhards aus wendet sich das Grüne Band wieder nach Norden und zieht sich, nachdem es noch einige Basaltkuppen gequert hat, allmählich hinunter in das zu Thüringen gehörende Geisaer Land, eine katholische Exklave in dem mehrheitlich evangelischen Landkreis Eisenach. Der hessische Nachbarkreis Hünfeld ist katholisch und da Katholiken früher fast nur untereinander heirateten, bestanden von Geisa nach Hessen wesentlich engere verwandtschaftliche Beziehungen als zum Rest des Landkreises Eisenach. Von den 3580 Haushalten im hessischen Teil des Ulstergrundes hatten 765 Familien allernächste Verwandte im thüringischen Teil. Die Grenzziehung durchschnitt diese Bande.

Vom Rößberg (2) verläuft das Grüne Band nach Westen bis zu dem kleinen Ort Reinhards (3). Vor der Wiedervereinigung konnte Reinhards für sich das zweifelhafte Prädikat „westlichste Ansiedlung der DDR" in Anspruch nehmen. Spahl, der nächste größere Ort auf dem Territorium der DDR, lag hinter dem Berg, genauer ge-

Von Grenzverkehr und Schmuggelnestern

Bis zum Jahre 1952 existierte im Ulstergrund aber noch ein lebhafter Grenzverkehr. Verwandtenbesuche standen auf der Tagesordnung. Mit „Erlaubnisscheinen zum Grenzübertritt" ausgestattete Bauern von „Hüben und Drüben" bearbeiteten ihre jenseits der Demarkationslinie liegenden Felder und Wiesen. Schüler aus den Westdörfern Grüsselbach, Rasdorf und Setzelbach besuchten den Unterricht der Lateinschule in Geisa. Die Fußballvereine beiderseits der Grenze trafen sich zu Freundschaftsspielen und selbstverständlich ging man auf die Kirmes der Nachbardörfer. Gleichzeitig setzte ein lebhafter Schmuggel ein. Amerikanische Zigaretten gingen in den Osten, Schnaps in den Westen. Daneben wechselten Ferkel, Zucker, Nylonstrümpfe, Wurst, Speck und vieles mehr die Grenze. Besonders aktive Schmugglernester waren das hessische Setzelbach und das thüringische Geismar. Auch bei Flüchtlingen war der „Grenzübergang" Geismar/Setzelbach beliebt. Gegen 50 Mark leiteten Fluchthelfer Menschen über die Grenze, die ohne Papiere in den jeweils anderen Teil Deutschlands wechseln wollten.

Stacheldraht und Plastikminen – das Ende des Grenzverkehrs

Im Juni 1952 unternahm die DDR „Sicherungen zum Schutz ihrer Grenzen". Ein einreihiger, ca. 1,20 m hoher Stacheldrahtzaun wurde errichtet. Davor befand sich der 10 Meter breite Spurensicherungsstreifen, der regelmäßig gepflügt und geeggt wurde. Eine 5-km-Zone wurde eingeführt mit

DDR-Grenzzaun 1952-1962

DDR-Doppel-Grenzzaun 1962-1972

Versammlungsverbot und nächtlicher Ausgangssperre. Kinos und Gaststätten im Grenzbereich wurden geschlossen und die an der Grenze liegenden Felder durften nicht mehr bearbeitet werden. Sonderausweise, die den Grenzübertritt erlaubten, wurden eingezogen. Zudem wurde das Geisaer Land in Gänze zur Sperrzone erklärt. Besuche von außerhalb, das heißt aus dem „Rest" der DDR, waren nur auf Antrag möglich und wer in das Gebiet einreisen wollte, musste die Kontrollstelle bei Bremen (8) passieren (siehe Seite 51).

Die Reaktion der Bevölkerung kam prompt. Aus dem Geisaer Land setzte eine Massenflucht in den benachbarten Landkreis Hün-

feld ein. Am 6. Juni 1952 flüchteten laut Hünfelder Zeitung allein 249 Personen aus der „Ostzone" in den „Westen". Die Fluchtwelle ebbte wieder ab, nahm aber zu Beginn der 60er Jahre wieder zu. Anlass für das Wiederaufleben der Massenflucht waren die Zwangskollektivierung in der Landwirtschaft und der Bau der Berliner Mauer (August 1961).

Wer danach aus dem Geisaer Land noch „in den Westen übersiedeln" wollte, musste sich beeilen, denn im August 1962 begann die DDR mit dem Ausbau ihrer Grenzsperranlagen zur Bundesrepublik. Durch die Wälder wurden 50 Meter breite Schneisen geschlagen. In den Boden wurden Betonpfähle für zwei neue Stacheldrahtzäune gerammt. Zwischen den beiden Zäunen verlegte man Holzminen, die man wegen ihrer schlechten Haltbarkeit ab 1963 durch Plastikminen ersetzte. Beobachtungsbunker wurden errichtet und ab 1965 durch den Kolonnenweg verbunden.

Flucht im Artillerieschlepper

Noch während der Bauarbeiten an den Grenzbefestigungen kam es in dem notorisch unruhigen Raum Geismar / Setzelbach zu zwei spektakulären Ereignissen. Am 9. August fuhr ein Artillerieschlepper, der Betonpfähle für den Zaunbau transportierte, mit hohem Tempo auf den Ortseingang von Setzelbach zu. Das Kettenfahrzeug ratterte über die Grenze und blieb dann vor dem ersten Haus stehen. Amerikaner und BGS-Beamte, die den Zaunbau beobachteten, hatten ihre Waffen im Anschlag. Bisher war jedoch kein Schuss gefallen. Die Tür des Fahrzeugs öffnete sich und ein NVA-Pionier lief mit erhobenen Händen auf die Amerikaner zu. Die GIs waren zunächst misstrauisch, doch bald wurde auch ihnen klar, dass es sich hier um eine Flucht handelte (4).

Scharmützel mit Todesfolge

Fünf Tage später kam es nur 1 km von der Stelle, an dem das Kettenfahrzeug durch die Grenze gebrochen war, erneut zu einem Zwischenfall. Die NVA-Pioniere waren im Zuge ihrer Arbeiten an der Grenzbefestigung in die Gemarkung Wiesenfeld vorgerückt, dort wo die Grenze an die Straße Rasdorf-Setzelbach heranführt. Der Bundesgrenzschutz beobachtete

Der tödlich getroffene NVA-Offizier Rudi Arnstadt

die Arbeiten. Ihnen gegenüber kauerten die Grenztruppen-Kommandos der DDR in ihren Deckungsmulden. Eine Gruppe NVA-Offiziere saß an dem Abhang, der die Grenzlinie bildet und unterhielt sich. Als eine dreiköpfige Patrouille des Bundesgrenzschutzes, ein Offizier und zwei Begleiter, an der Gruppe vorbei schritt, sprang einer der DDR-Offiziere auf und rief dem BGS-Offizier etwas zu. Der wandte sich um und machte eine Handbewegung zum Kopf. Dann fiel ein Schuss, die BGS-Beamten warfen sich zu Boden. Ein zweiter Schuss, und der DDR-Offizier sank tödlich getroffen zu Boden. Nochmals kurze Feuerstöße aus Maschinenpistolen, eine Leuchtkugel ging hoch, dann herrschte Stille. Die BGS-Beamten robbten zu ihrem PKW und brachten sich in Sicherheit.

Was sich genau abgespielt hat, lässt sich nur schwer beurteilen. Der DDR-Offizier habe das Feuer eröffnet, so steht es im Bericht des BGS. „Mord an Grenzoffizier", so titelten die DDR-Zeitungen (5). Nach ihrer Ansicht hatten die BGS-Beamten eine Grenzprovokation begangen, d.h. die Grenzli-

nie überschritten, und Rudi Arnstadt, Hauptmann der Nationalen Volksarmee, war den Provokateuren mutig entgegengetreten. Arnstadt wurde zum Held stilisiert. Am Kulturhaus von Geisa errichtete man ein Denkmal, auf dem zu lesen stand, dass Arnstadt „beim Schutz der Staatsgrenze der DDR von Banditen des BGS ermordet" worden sei. Zudem wurde die Oberschule von Geisa mit dem Namen „Rudi Arnstadt" ausgezeichnet. Mit der Wende wechselte die Schule wieder ihren Namen und das Denkmal wurde entfernt (nach Klaus Hartwig Stoll, 1997: Das war die Grenze. Verlag Parzeller, Fulda).

1972 begannen Arbeitskommandos der DDR bei Setzelbach mit der Sprengung von Minen. Diese Arbeiten dienten aber nicht der Entschärfung der Grenzanlagen, im Gegenteil, man schaffte Platz für den Ausbau eines modernen, hermetisch dichten Schutzwalls. An die Stelle des Stacheldrahts traten 3 m hohe Stahlgitterzäune, an denen man Selbstschussanlagen anbrachte. KFZ-Sperrgraben, Hundelaufkorridore und vieles mehr komplettierten die „moderne" Grenze.

Das Grenzmuseum Point Alpha

Grenzerkundung:

1. Vom Freilichtmuseum Point Alpha zum „Haus an der Grenze" und zurück: 1,4 km.

2. Vom Point Alpha bzw. dem Haus an der Grenze über den anschließenden Kolonnenweg bis zu dem DDR-Beobachtungsturm bei Wiesenfeld. Über Geisa zurück zum Point Alpha bzw. dem Haus an der Grenze. In Geisa Besuch der Grenzabteilung des Heimatmuseums. Länge 8,1: km. Anstiege: 110 Höhenmeter. Gehzeit: 3-4 Stunden.

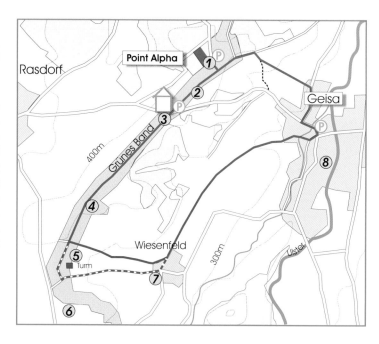

Vom Stacheldraht zum Stahlgitterzaun

Am Grenzmuseum Point Alpha (1) kann man sich über die Entwicklung und den Aufbau der Sperranlagen informieren. Auf 700 m finden sich originalgetreu rekonstruierte Grenzanlagen (2). Am Beginn dieses makabren Grenzsicherungskabinetts hat man das „Haus auf der Grenze" errichtet (3), in dem auf 600 m² Ausstellungsfläche die Geschichte der Grenze dargestellt wird. Point Alpha erreicht man über die B 84, die alte Verbindungsstraße von Hünfeld nach Eisenach. Am Ortsende von Rasdorf biegt man Richtung Geisa ab und folgt den Wegweisern zum Parkplatz Point Alpha (1). Man kann auch am „Haus an der Grenze" parken, das sich direkt an der Straße Geisa-Rasdorf befindet(3).

Point Alpha liegt auf einem Höhenrücken über Geisa, direkt an der ehemaligen Grenze. Von hier aus konnte man weit in den zur DDR gehörenden Teil der Rhön blicken. Da man im Ernstfall an dieser Stelle die Invasion der Truppen des Warschauer Paktes erwartete – Geisa war die westlichste Stadt des östlichen Militärbündnisses – ist es kein Wun-

DDR-Wachturm, Wandgemälde im Grenzmuseum Point Alpha

der, dass die Amerikaner hier einen Horchposten eingerichtet hatten. Unter dem Namen „Observation Post Alpha" ist dieser in die Geschichte eingegangen. Point Alpha ist originalgetreu erhalten und liegt im hessischen Teil des Grenzmuseums (1), die rekonstruierten Sperranlagen (2) und das „Haus an der Grenze" (3) liegen auf thüringischem Boden.

Öffnungszeiten:
tägl. 10 – 17 Uhr (Nov. – März),
9 -18 Uhr (April – Okt.),
Tel. 06651-919030

Das Grüne Band bei Wiesenfeld

Auf dem Kolonnenweg über das Grüne Band

Im Anschluss an den Besuch der Grenzmuseen bietet sich eine Erkundung des Grünen Bandes an. Hierzu quert man die Straße Geisa – Rasdorf und folgt dem Kolonnenweg in südlicher Richtung. Man erreicht eine kleine Anhöhe, die Landwehr (4), von der aus man den Raum Wiesenfeld-Geismar-Setzelbach überblickt, in dem sich, wie auf den vorangegangenen Seiten berichtet, während der DDR-Zeit einiges ereignet hat. Auch die Bergkette im Osten des Blickfeldes, aus der die Kuppen des Bocksberges (links) und des Rockenstuhls (rechts) herausragen, hat ihre Grenzgeschichte. Nach den Erzählungen der Einheimischen existierte hier ein „Flüchtlingspfad", über den, vor der endgültigen Abriegelung der Grenze, zahlreiche Menschen illegal in den „Westen" übersiedelten. Darunter sollen sogar Flüchtlinge aus dem Inneren der Sowjetischen Besatzungszone gewesen sein. Man fuhr zunächst mit der Ulstertalbahn bis zu dem hinter den Bergen gelegenen Schleid. Dann ging es zu Fuß über den Höhenzug, wobei der Bocks-

berg als Orientierungspunkt diente. Der Grenzübertritt erfolgte zwischen Wiesenfeld und Geismar, nach der Überquerung der Geisbaches. Wer sich nicht auskannte und über das nötige Kleingeld verfügte, der ließ sich von einem Fluchthelfer aus Geismar führen. Die DDR hat der Gegend um den Bocksberg und dem Rokkenstuhl später besondere Aufmerksamkeit gewidmet und versteckte Unterstände und Beobachtungsbunker errichtet.

Richten wir nun den Blick nach Süden. Vor uns erstreckt sich das Grüne Band, das hier durch eine ausgeräumte Feldflur zieht. Man ahnt, welche Bereicherung der begrünte Grenzstreifen für die Tier- und Pflanzenwelt inmitten der intensiv genutzten und mit Pestiziden behandelten Agrarlandschaft darstellt. Der überwiegende Teil des grünen Bandes stellt sich noch immer gehölzfrei dar. Die NVA-Pioniere hatten, um das Schussfeld freizuhalten, auf der „Feindseite" des Kolonnenweges (rechts) sämtlichen Bewuchs beseitigt und dazu noch den fruchtbaren Oberboden abgeschoben.

Inzwischen hat die Natur das malträtierte Gelände zurückerobert. Auf dem steinigen Boden haben viele Arten der Magerrasen einen Lebensraum gefunden. Die kleinen und langsam wachsenden Überlebenskünstler profitieren von der Nährstoffarmut und der geringen Wasserkapazität des Rohbodens. Auf reicheren Böden wären sie längst von schnellwüchsigen Arten überwuchert worden. Doch langsam nehmen auch hier Gehölze das Gelände in Beschlag. Hagebutten, Wildkirschen und Weißdorn werden, sofern man sie nicht zurückschneidet, auf Dauer den Magerrasen verdrängen. Erfreulicherweise stehen Gelder für Mahd und Gehölzschnitt zur Verfügung. Auf dem folgenden „Grüne Band" - Kilometer hat man den Blumen des Magerrasens bereits wieder Luft verschafft.

Hinter der Landwehr führt der Kolonnenweg ein kurzes Stück bergab. Dort, wo er wieder ansteigt, zweigt links ein befestigter Weg ab, der in das thüringische Dorf Wiesenfeld führt. Zwar folgt der offizielle Grenzlehrpfad noch ca. 400 m dem Kolonnenweg, wir nutzen jedoch besser den direkt nach Wiesenfeld führenden Weg, da der Grenzlehrpfad bis Wiesenfeld über Lochbetonplatten verläuft, was das Wandern auf die Dauer nicht angenehm gestaltet. Wer den Schauplatz sehen möchte, an dem der NVA-Offizier Rudi Arnstadt durch eine BGS-Kugel den Tod fand, muss dem Grenzlehrpfad treu bleiben (6). Der Pfad führt zudem an dem Ehrenhain vorbei, den man am Ortseingang von Wiesenfeld für Arnstadt geschaffen hat (7).

Der Abkürzungsweg ist nicht ganz so geschichtsträchtig, dafür aber landschaftlich sehr schön. Zunächst führt er an einem ca. 9 m hohen DDR-Beobachtungsturm vorbei (5). Der Turm wurde aus Betonfertigteilen hergestellt, hatte die Funktion einer Führungsstelle und war von einem Zugführer sowie 1 bis 4 Soldaten besetzt. Detaillierte Beschreibungen der Grenzbauwerke und ihrer Funktionen finden sich in der Broschüre „Der Grenzlehrpfad" von Wilhelm Ritz. Sie ist an der Kasse von Point Alpha erhältlich.

Unser Weg führt direkt auf Wiesenfeld zu. Linker Hand dehnen sich Wiesen und Schafweiden, von denen einige brach liegen. Eine verwilderte Zwetschgenanpflanzung säumt den Weg. Kurz vor Wiesenfeld hält man sich links. Man umgeht so den Ort und trifft nach ein paar hundert Metern auf eine schmale Straße, die zum Friedhof führt und rechts von den Stallanlagen einer ehemaligen LPG begleitet wird. Ab hier befinden wir uns wieder auf der Original-Route des Grenzlehrpfades.

Die Straße wird zum Feldweg, der geradewegs nach Geisa führt. Geisa hat in seinen Außenbezir-

Grenzer-Amtsstube im Heimatmuseum Geisa

ken derzeit einen Bauboom zu verzeichnen, wobei der Baustil vom Tiroler Landhaus mit Hängegeranien bis zum kanadischen Blockhaus reicht, wohl ein Ausdruck der wieder gewonnenen Freiheit.

DDR „live" im Grenzmuseum Geisa

In der sehenswerten Innenstadt, die auf den folgenden Seiten ausführlich beschrieben wird, befin-

Fahne der Freien Deutschen Jugend (FDJ)

det sich das Heimatmuseum des Geisaer Landes, das eine eigene Grenzabteilung beherbergt. Zum Museum gelangt man, indem man am Marktplatz der Gasse rechts neben dem Rathaus folgt. Auf der Höhe geht es rechts zum Schlossplatz, an dem sich das Museum befindet. Öffnungszeiten: Mo-Fr 9:00-12:00; Mo-Mi 13:30 - 17:00; So 14:00-16:00.

Um zum Point Alpha zurückzukehren, folgt man der Markierung „rotes Dreieck". Es geht über die Rasdorfer Straße und dann rechts in die Buttlarer Straße (zweite Straße hinter der Geisbachbrücke). Kurz vor dem Ende der Wohnbebauung führt der Wanderweg steil den Berg hinauf bis zu einem Schwarzkiefernbestand. Hier wendet man sich nach links und erreicht in wenigen Minuten Point Alpha.

Geisa und der Rockenstuhl

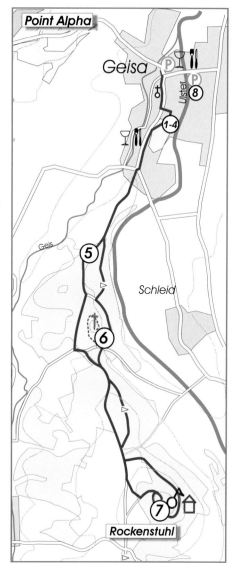

Wanderroute: *Nach einer Stadt-besichtigung auf einem histori-schen Lehrpfad durch Wald und über Wiesen zu einer auf einem Basaltkegel gelegenen Burgstelle. Mit Ausnahme kleinerer Wegva-rianten auf gleicher Strecke zu-rück. Länge: 9 km, mit Abstechern zum Bocksberg und zum Geisaer Kulturhaus: 11 km. Anstiege ohne Bocksberg: 240 Höhenmeter. Gehzeit ohne Abstecher: 4 Stun-den.*

Geisa gehörte vom 9. bis ins 19. Jh. zur Herrschaft der Fuldaer Äb-te. Von 1949 bis 1989 war die Stadt Bestandteil des Territoriums der DDR. Nahezu 1000 Jahre Bin-dung an Fulda und 40 Jahre real existierender Sozialismus haben in Geisa ihr Gepräge hinterlassen und machen den Besuch der Stadt interessant.

Ein kostenfreier Parkplatz befin-det sich in der Rasdorfer Straße, an der Geisbachbrücke. Über die Rasdorfer Straße und die Hauptstraße erreicht man in fünf Minuten den Markplatz (1). Der Weg führt an dem aus dem 19. Jh. stammen-den Gasthaus „Zum gol-denen Stern" vorbei. Früher haben hier die Berufspendler Station gemacht, wenn sie vom Bahnhof kamen. Man sieht dem Gebäude sei-ne Bedeutung an, jedes der zahlreichen Fenster ist mit Ornamenten ver-ziert.

Ostcharme mit Jugend-stilornamenten

Das Stadtbild über-rascht. Anstatt heraus-geputzter Fachwerk-häuser reihen sich bei-derseits der schmalen Hauptstraße und entlang des Markplatzes die Fronten steiner-ner Bürgerhäuser, von denen vie-le im Jugendstil verziert sind. Da findet man Bordüren, stilisierte Blumen, Vögel, und über dem Ein-gang des Gasthauses „Zur Krone" halten zwei am Nordpol stehende Eisbären die Weltkugel in Bewe-gung.

Nicht alle Fassaden sind neu ge-strichen. Vielerorts blättert der Putz ab und manche Häuser prä-sentieren sich noch immer grau in grau. Doch dem Ensemble tut dies

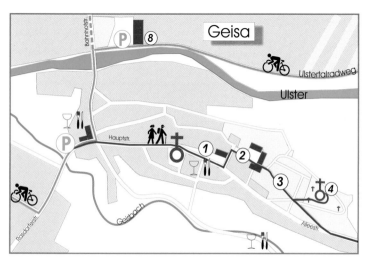

Blick auf Geisa

Über einen Durchgang an der rechten Seite des Amtsgerichts gelangen wir in den von hohen Linden bestandenen Stadtpark, der mit einer Reihe von Denkmälern überrascht. Gleich zu Beginn trifft man auf das Athanasius-Kirchner-Denkmal, das an einen in Geisa geborenen Universalgelehrten aus dem 17. Jahrhundert erinnert. Kirchner hatte in Rom Karriere gemacht. Er verfasste zahlreiche gelehrte Bücher, entzifferte ägyptische Hieroglyphen und erfand die Laterna magica, eine Art Dia-Schaukasten. Ein paar Schritte weiter markiert eine Gruppe behauener Steine das alte Zehntgericht (3), dem auch die Blutgerichtsbarkeit oblag. Die an dieser Stelle zum Tode verurteilten wurden auf dem 1 km vor den Toren der Stadt gelegenen Galgenberg (5) hingerichtet.

Blitzschlag am Rockenstuhl – das Ende eines Bergschlosses

Einen interessanten Hinweis für stadtgeschichtliche Erkundungen findet man auf dem benachbarten Friedhof (4). An der Rückseite der Friedhofskapelle sind zwei altertümliche Grabplatten angebracht, deren Bedeutung eine Bronzetafel erklärt: Anfang des 14. Jahrhunderts verlegten die Fuldaer Äbte den Verwaltungs- und Gerichtssitz des Geisaer Amtes auf den Rockenstuhl, einen 4 km südlich der Stadt gelegenen Basaltkegel. Dort hatte man auf den Überresten einer Raubritterburg ein Schloss errichtet, in dem die Amtmänner über vierhundert Jahre ihre Aufgaben versahen. Die Grabplatten erinnern an den letzten Amtmann auf dem Rockenstuhl, Petrus Faber, und dessen Frau Margaretha. Zwei Reliefs erinnern an ein Unglück. In der ei-

keinen Abbruch. Im Gegenteil, das Bild der Stadt würde sicherlich darunter leiden, wenn an die Stelle der antiquierten Handwerkerschilder und hausbackenen Auslagen das moderne Design von Boutiquen und Jeans-Shops treten würde. So ist noch heute ein Hauch von DDR in der Altstadt zu spüren, und das nicht ohne einen gewissen Charme. Natürlich darf man die Augen vor leer stehenden Geschäften und Häusern nicht verschließen. Hier ist in der Nachwendezeit mancher Traum zerbrochen. Doch es wäre ebenso fatal, durch seelenlose Neubauten die architektonische Einheit des Ortes, die bisher ohne wesentliche Stilbrüche existiert, zu zerstören.

Dass Geisa ein so geschlossenes Stadtbild zeigt, liegt nicht (nur) an der mangelnden baulichen Aktivität zur Zeit der DDR. Die einheitliche Bauweise ist eine Folge von zwei Großbränden (1858 und 1883), die alle Häuser der Stadt in Schutt und Asche legten. Lediglich die Kirche blieb verschont.

Um einer dritten Katastrophe zu entgehen, hatte man sich beim Wiederaufbau auf steinerne Häuser verständigt. Zudem lag das aus Stein gefügte Bürgerhaus im Trend.

Wohnhäuser aus der Fuldaer Zeit, die 1802 zu Ende ging, sucht man daher vergebens. Das Wirken der Fürstäbte ist jedoch in Form des alten und des neuen Schlosses erhalten geblieben. Zum Schlossplatz (2) gelangt man, indem man die Gasse rechts neben dem Rathaus nach oben steigt und sich dann rechts hält. Der Blick fällt zuerst auf das 1540 erbaute alte Schloss und spätere Amtsgericht, heute Sitz des Heimatmuseums und der Stadtbücherei. Das auf der linken Seite des Platzes gelegene neue Schloss wurde zu Beginn des 18. Jh. errichtet. Mag das Äußere nicht überwältigend sein, die Aussicht auf das Ulstertal macht es verständlich, dass die Fuldaer Äbte sich dieses Gebäude für ihre Sommerfrische auserkoren hatten.

nen Darstellung fährt ein Blitz auf den Gipfel eines felsigen Berges, auf der anderen ist ein Bergschloss zu sehen. Der Schluss liegt nahe: das Schloss auf dem Rokkenstuhl wurde durch Blitzschlag zerstört. Fest steht, dass die Amtsverwaltung 1699 wieder nach Geisa zog.

Über den Schlangenpfad zum Rockenstuhl

Handwerkerschild in Geisa

Der Weg zu den Überresten des Bergschlosses führt auf der unterhalb des Friedhofs gelegenen Alleestraße stadtauswärts. An der nächsten Kreuzung weisen Schilder mit den Wanderwegmarkierungen „Rotes Dreieck" und „Grüne Träne" den Weg. Durch Wiesen und Obstgärten geht es bis zum Waldrand, wo wir dem im 19. Jahrhundert vom Rhönklub angelegten Schlangenpfad folgen (links), der in vielen Kurven durch einen zerfurchten Steilhang oberhalb der Ulster führt. Nach knapp einem Kilometer gelangt man wieder auf den Hauptweg und an den Fuß einer steilen Kuppe, den Bocksberg (6). Auf dem Gipfel des Berges befand sich früher eine Burg, die vom Fuldaer Abt Bertho II bei seinen Aktionen gegen die „Raubritter" zerstört wurde. Von der Burg existieren nur noch die Grundmauern. Heute wird der Bocksberg - ganz im Sinne der Fuldaer Äbte - durch eine Kreuzigungsgruppe gekrönt. Wer die Kuppe erklimmen möchte, kann dies von der Südseite aus über einen gekennzeichneten Pfad tun.

Unser Weg bewältigt eine Steilstufe, über die man auf eine weite, von Wiesen und Schafweiden bedeckte Hochfläche gelangt, an deren Rand sich der bewaldete Kegel des Rockenstuhls erhebt. Der schönste Gipfelanstieg führt -

Hausschmuck in Geisas Innenstadt

abweichend vom markierten Weg - über die Weideflächen auf die Ecke des Waldrandes zu. Von dort hat man in westlicher Richtung einen fantastischen Blick auf das Grüne Band und das hessische Kegelspiel.

Folgt man von der Waldecke dem schräg nach oben verlaufenden Pfad, so gelangt man nach gut 100 m auf einen markierten Weg, der auf den Gipfel des Rockenstuhls führt. Auf halber Strecke passiert man einen ehemaligen Unterstand der Grenztruppen, an dem der Zahn der Zeit nagt. Es wird nicht mehr lange dauern, dann haben die Wurzeln der benachbarten Bäume die Betonteile endgültig zum Einsturz gebracht.

In wenigen Minuten ist der 529 m hohe Gipfel erreicht (7), der über lange Zeit ein beliebtes Wanderziel war. Von dem ehemaligen Schloss finden sich zwar nur Mauerreste, aber der Rhönklub hatte hier Ende des 19. Jahrhunderts eine hölzerne Aussichts-

Hochzeitsfoto-Termin im Stadtpark von Geisa

Grabplatte des letzten Amtmannes vom Rockenstuhl

plattform und ein steinernes Schutzhaus errichtet. Zu Zeiten der DDR waren Haus und Turm dem Verfall preisgegeben. Man wollte Grenzgängern keinen Unterschlupf gewähren. Nach der Wende wurde das Rockenstuhl-Haus renoviert. Zudem gab es eine Initiative, die den auf dem Gipfel stehenden Sendemast zum Aussichtsturm ausbauen wollte. Da dieser Plan scheiterte, blieb es auf dem Rockenstuhl still. Auch

die Schutzhütte, die vom Forstamt übernommen wurde, bleibt geschlossen. Auf Anmeldung kann man sie für Veranstaltungen nutzen (Telf. 036966-84201).

Beim Abstieg folgt man einem Weg, der östlich um den Gipfel führt. Basaltklippen am Wegesrand bezeugen, dass der Rockenstuhl ein erloschener Vulkankegel ist. Der Weg führt im Bogen auf die Hochfläche, über die wir zu

Beginn des Aufstiegs gekommen sind. Dann geht es über den bereits bekannten Weg zurück zur Stadt, wobei man sich den Schlangenpfad sparen kann.

Zum Abschluss sollte man einen Blick auf das Geisaer Kulturhaus werfen. Am Gasthof „Zum goldenen Stern" geht man rechts über die Ulsterbrücke, hinter der sich das große, 1953 erbaute Haus befindet (8). Das Kulturhaus ist nicht nur repräsentativ für den Stil dieser Epoche, sondern zeigt zugleich, dass man auch zu DDR-Zeiten in Geisa baulich tätig war. Man investierte jedoch nicht in der Altstadt, sondern baute in der „Neustadt" am anderen Ufer der Ulster.

Von Geisa geht es das Ulstertal hinunter bis nach Wenigentaft, wo man auf einer Wanderung viel über die Entwicklung des Grünen Bandes erfährt. Wer vorher eine Stärkung nötig hat oder seinen Durst löschen muss, dem seien die Biergärten im Gasthaus „Zum goldenen Stern" und in der „Geisbachschänke" empfohlen. Letztere liegt unterhalb der Altstadt im Geisbachtal.

Verfallener Grenztruppen-Unterstand auf dem Rockenstuhl

Grenzüberschreitung

Wanderroute: *Auf dem Grenzlehrpfad Point Alpha vom thüringischen Wenigentaft ins benachbarte Hessen, wobei die ehemaligen Grenzsperranlagen überschritten werden (1-4). Danach entlang dem Grünen Band zu einem Grenzkuriosum, der Buchenmühle (5). Über ein Seitental abseits des Grenzlehrpfades zu einem orchideenreichen Naturschutzgebiet (6) und von dort über hessisches Gebiet wieder zum Grünen Band (7-8) und zurück nach Wenigentaft. Länge: 8,0 km. Zwei Anstiege mit insgesamt 280 Höhenmetern. Gehzeit: 4 Stunden.*

Wenigentaft war zu DDR-Zeiten ähnlich isoliert wie der in der Südwestecke des Geisaer Landes liegende Weiler Reinhards. Heute liegt Wenigentaft nur 3 km von der stark frequentierten B 84 entfernt. Doch in der näheren Umgebung des ehemaligen Grenzdorfes ist es noch immer einsam und still, ein Ort wie geschaffen für eine Grenzwanderung. In Wenigen-

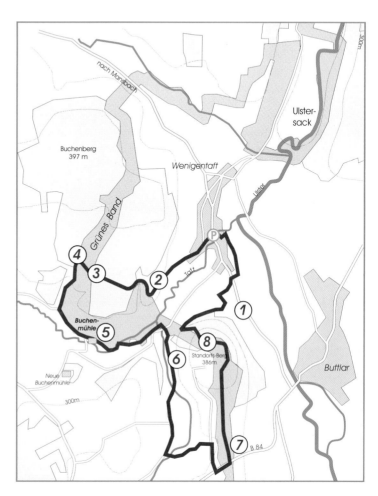

Wenigentaft

taft starten wir zu einer Wanderung, auf der die verschiedenen Staffeln der Grenzsicherung „überwunden" werden. Wir dringen bis an die ehemalige Demarkationslinie vor und überschreiten sie mehrmals, eine Tour also, die zu DDR-Zeiten völlig undenkbar gewesen wäre! Anhand der folgenden Abbildung kann man sich einen Überblick vom Aufbau des Grenzsicherungssystems der DDR verschaffen. Wenigentaft lag ähnlich dem Ort auf der Skizze (s. folgende Seite) direkt hinter der zweiten Sicherungslinie.

Sperrzone

Startpunkt unserer Grenzüberschreitungstour ist die Kirche von Wenigentaft. Doch bevor wir loswandern, sollten wir uns vergegenwärtigen, dass der Gang durch die Grenzsicherungssysteme schon weit vor Wenigentaft begann. Bei Bremen, einem Dorf östlich von Geisa, befand sich ein Schlagbaum, an dem Grenzbeamte alle Personen kontrollierten, die in das Ulstertal wollten. Die Thüringer Orte des Ulstertals lagen sämtlich in der 5 km breiten

DDR - Grenzsperranlagen

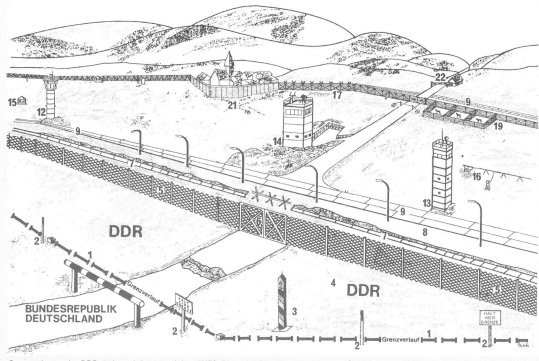

Grenzanlagen der DDR während der 80er Jahre. INFO-Blatt des Bundesgrenzschutzes (leicht verändert)

1 Grenzverlauf mit Grenzsteinen
2 Grenzhinweisschilder (West)
3 DDR-Grenzsäule
4 abgeholzter Geländestreifen
5 Grenzzaun
6, 20 Durchlass

7 Kfz-Sperrgraben
8 Spurensicherungsstreifen
9 Kolonnenweg
12, 13,14 Beobachtungstürme
15 Beobachtungsbunker
16 Hundelaufanlage

17 Grenzsignalzaun
19 Hundefreilaufanlage
21 Betonsperrmauer
22 Passierstelle der Schutzzone

Sperrzone, die gegen das Hinterland der DDR abgeriegelt war. Einreise und Aufenthalt in der Sperrzone waren nur mit besonderer Erlaubnis gestattet. In der Grenzordnung der Stadt Geisa hieß es dazu: „Passierscheine zur Einreise in das Grenzgebiet aus persönlichen Gründen sind von den im Grenzgebiet wohnhaften Bürgern bei dem für ihren Wohnsitz zuständigen Abschnittsbevollmächtigten der Deutschen Volkspolizei (ABV) für die zu ihnen einreisenden Personen schriftlich zu beantragen." Einreisende hatten sich bei der Deutschen Volkspolizei an- und abzumelden.

Schutzstreifen

Die Menschen in Wenigentaft traf es noch schlimmer. Wegen der Grenznähe wurde ihr Ort dem so genannten Schutzstreifen zugeordnet, der „normalerweise" den Bereich vom Grenzzaun bis zum Grenzsignalzaun (siehe unten) umfasste. Dies bedeutete, dass selbst Besuchern aus den in der Sperrzone gelegenen Nachbarorten Buttlar, Borsch oder Geisa der freie Zugang nach Wenigentaft

Kontrollstelle Bremen

verwehrt wurde. Wenn ein Geisaer einen in Wenigentaft wohnenden Verwandten besuchen wollte, musste er dazu einen Antrag beim Kreisamt stellen. Mehr noch: Die Einwohner von Wenigentaft durften ihr Dorf nur über die Straße nach Buttlar verlassen und mussten einen Kontrollposten passieren, der sich ca. 500 m vor dem Ort bei den Baracken eines ehemaligen Reichsarbeitsdienstlagers befand (1). Von 23 Uhr bis 5 Uhr morgens war dieser Posten nicht besetzt und damit das „Tor" zum Dorf geschlossen.

Grenzsignalzaun mit Beobachtungsturm „BT 11"

Grenzsignalzaun

Heute wandern wir von der Wenigentafter Kirche zu dem außerhalb des Ortes gelegenen Friedhof (2). Dazu queren wir die Durchgangsstraße und folgen in westlicher Richtung der Mansbacher Straße und der Friedhofstraße. Nach knapp einem km ist der Friedhof erreicht, wo früher auch für die meisten der Wenigentafter Einwohner Endstation war. Unmittelbar am Friedhof lief nämlich der Grenzsignalzaun entlang. Zwar hatte der Zaun an dieser Stelle ein Tor, doch dieses durfte nur von Grenzsoldaten oder Personen passiert werden, die in den dahinter liegenden Äckern Arbeiten zu verrichten hatten, selbstverständlich nur nach Anmeldung und unter Bewachung. Der Grenzsignalzaun war aus Stahlgitterplatten gefertigt und mit 24 Strom führenden Drähten versehen. Bei Berührung der Drähte wurde stiller Alarm ausgelöst. „Freundwärts", d.h. auf der östlichen Seite, wurde der Zaun von einem 2 m breiten Spurensicherungsstreifen begleitet. Und damit im Verlauf einer Beerdigung auch wirklich niemand auf „dumme Ideen" kam, hatte man einen pinselförmigen Beobachtungsturm vom Typ „BT11" aufgestellt.

Den Stahlgitterzaun und den Beobachtungsturm hat man inzwischen abgebaut, und auf dem ehemaligen Spurensicherungsstreifen breiten sich blumenreiche Magerrasen aus. Doch an dem Hang auf der gegenüberliegenden Seite des Tals ist der Verlauf der Grenze noch deutlich zu erkennen. Dort zieht sich der Grenzsicherungsstreifen als Schneise durch einen Wald steil den Berg hinauf.

Wir setzen unseren Weg fort und schreiten gedanklich durch das Tor des Signalzauns, womit wir den ehemaligen Schutzstreifen betreten, der für Zivilpersonen ohne Sondererlaubnis Tabuzone war. Die „Grenzäcker", von denen die Rede war, sind inzwischen mit Laubhölzern und Kiefern aufgeforstet. Aus ökologischer Sicht wäre es wünschenswerter gewesen, die Natur sich selbst zu überlassen. Aber mit Brachflächen lässt sich kein Geld verdienen.

Kolonnenweg, Spurensicherungsstreifen und Sperrgraben

Nach circa 500 m erreicht man den mit Lochbetonplatten befestigten Patrouillenweg, im Sprachgebrauch der Grenztrup-

Kolonnenweg

pen Kolonnenweg (3) genannt, an den sich „feindwärts" ein 6 Meter breiter Spurensicherungsstreifen anschloss. Dieser wurde gepflügt, geeggt und mit Totalherbiziden behandelt. Teilweise hatte man den fruchtbaren Oberboden abgeschoben. Auf dem felsigen Grund haben sich inzwischen niedrigwüchsige Trockenrasenarten angesiedelt, unter ihnen der seltene Fransenenzian und der Deutsche Enzian. Neben dem Spurensicherungsstreifen verlief noch ein 1,2 m tiefer und 6- 10 m breiter Kfz-Sperrgraben, der zur Feindseite hin mit Betonplatten befestigt war.

Stahlgitterzaun mit Hundelaufanlage

Grenzzaun

Doch damit nicht genug. Wenige Meter hinter dem Sperrgraben zog sich der eigentliche Grenzzaun entlang (3), eine „sprengstofflose Pioniersperre in einer Pfahlreihe" wie es im Behördendeutsch der DDR hieß. Der Zaun hatte eine Höhe von ca. 3 m und bestand aus Betonpfählen und Stahlgitterplatten. An den Betonpfählen waren die berühmtberüchtigten Selbstschussanlagen befestigt, die nach internationalen Protesten bis 1985 vollständig abgebaut wurden. Der Grenzlehrpfad quert den Kolonnenweg, den Sperrgraben und die Stelle, an der sich der Stahlgitterzaun befand, und führt halbrechts in den dahinter liegenden Buschwald. Teilweise sind dort noch die Betonpfähle und der Stacheldraht des Vorläufers des Stahlgitterzauns zu sehen.

Hatte ein Flüchtling es trotz aller Gefahren tatsächlich geschafft, bis zum Grenzzaun vorzudringen und diesen zu überwinden, so durfte er noch nicht frohlocken, denn er befand sich noch immer auf dem Gebiet der DDR. Bis zur

eigentlichen Grenze waren es noch fast 50 Meter, und dies ohne Deckung. Die Gehölze vor dem Zaun wurden früher auf den Stock gesetzt, das heißt zurück geschnitten. Der Buschwald, durch den der Grenzlehrpfad führt, ist erst nach der Wende durch Stockausschlag entstanden.

Grenzsteine

Die eigentliche Grenze erreichen wir in einer Spitzkehre (4). Sie ist durch Steine von recht unterschiedlichem Alter und Form markiert. Als Erstes trifft man auf die aus dem 19. Jahrhundert stammenden Grenzmarkierungen. Sie sind aus Buntsandstein gefertigt und tragen auf der östlichen Seite die Inschrift SW (Sachsen-Weimar), GSW (Großherzogtum Sachsen-Weimar) oder SWE (Sachsen-Weimar-Eisenach). Auf der westlichen Seite sind die Buchstaben KP (Königreich Preußen) eingemeißelt.

Ein paar Meter weiter stehen kleinere Granitsteine, die während der 70er Jahre von der innerdeutschen Grenzkommission gesetzt wurden. Auf der östlichen Seite ist „DDR" eingemeißelt. Auf der westlichen Seite befindet sich kei-

ne Inschrift. Die Bundesrepublik vermied es, der Zweistaatlichkeit Ausdruck zu geben.

Eine ost-westliche Mühle

Der Lehrpfad verläuft nun ein längeres Stück direkt auf der Grenze. Es geht hinunter in das Tal der Taft, wo wir uns links halten und einem Wirtschaftsweg folgen. Der linke Wegrand gehört zu Thüringen, der Weg selbst zu Hessen. Nach gut 300 Metern quert der asphaltierte Weg das Tal. Wir bleiben auf der linken

Grenzmarkierung aus den siebziger Jahren

Hangseite und nähern uns der einsam liegenden Buchenmühle (5), die während der Zeit des kalten Krieges zu trauriger Berühmtheit gelangt war. Die Demarkationslinie verlief mitten durch das Anwesen. Das Mühlengebäude und die Stallungen lagen auf westlicher Seite, das Auszugs-haus, der Brunnen und das Back-haus befanden sich in der DDR.

Bis 1952 war es der Müllerfamilie erlaubt, den Gottesdienst in We-nigentaft zu besuchen. Zu dieser Zeit war die Buchenmühle noch ein beliebter Anlaufpunkt von Grenzern beider Seiten. Hier saß man im Warmen, konnte Wodka trinken, Zigaretten rauchen und ein Schwätzchen halten. Der Auf-bau der Grenzsperren bereitete diesem fraternisierenden Treiben ein Ende. Mitten durch das Anwe-sen der Buchenmühle wurde Sta-cheldraht gespannt. Die Müllers-familie hatte zuvor in einer Nacht- und Nebelaktion ihr Hab und Gut auf die westliche Seite gebracht. Nach dem Berliner Mauerbau verschärfte sich auch an der Westgrenze der DDR im Abschnitt Wenigentaft die Situa-tion. Die Grenztruppen der NVA ließen die Gebäude auf der östli-chen Seite niederreißen. Die Mül-lersfamilie gab auf und errichtete mit behördlicher Unterstützung auf der gegenüberliegenden Seite des Tales einen neuen Hof. Von den alten Gebäuden auf der thü-ringischen Seite sind nur noch die Grundmauern und der Kellerein-gang geblieben. Die Gebäude auf der hessischen Seite sind erhal-ten. Der Mühlgraben führt aller-dings kein Wasser mehr und das Mühlrad ist abhanden gekom-men.

Von der Mühle geht es nun über einen Wiesenweg durch das Tal der Taft. Am Wegrand finden sich mehrere alte Grenzsteine, in de-ren Kopf die Richtung des Grenz-verlaufs eingemeißelt ist. Wir überqueren den Bach und wan-dern auf der rechten Talseite bis zu der Stelle, an der die Gemar-kungsgrenzen von Wenigentaft (thüringisch), Soisdorf (hessisch)

Die Buchenmühle

und Grüsselbach (hessisch) zu-sammentreffen. Ein Denkmal aus dem Jahre 1990 erinnert an die Überwindung der Teilung.

Hessische Natur am Grünen Band

Der Grenzlehrpfad steigt nun ne-ben dem Grenzstreifen den Stans-dorfer Berg steil hinauf. Wir wäh-len den weniger anstrengenden Weg durch das hessische Grüssel-bachtal, der unter der Brücke der ehemaligen Bahnlinie Hünfeld-Wenigentaft hindurchführt. Circa 100 m hinter der Bahnbrücke führt ein Pfad schräg den Hang hinauf, den es sich lohnt, einige Meter zu folgen. Man erhält so ei-nen Einblick in das hessische Na-turschutzgebiet am Stansdorfer Berg (6). Die von Wacholder, Mehlbeeren und Berberitzen be-standenen Steilhänge sind im Frühjahr von Schlüsselblumen übersät. Im Juni blühen hier Or-chideen, unter ihnen die Fliegen-ragwurz, die in zahlreichen Exem-plaren unmittelbar am Wegrand wächst. Im Hochsommer locken die Blüten des Dost zahlreiche Schmetterlinge, Hummeln und

Schwebfliegen an, und im Sep-tember blühen hier neben den heimischen Enzianen, die Gold- und die Silberdistel. Um die Arten-vielfalt wäre es beinahe gesche-hen, denn das Gelände hatte sich nach Aufgabe der Weidenutzung mit einem dichten Mantel aus Ge-büschen überzogen. Inzwischen

Fliegenragwurz

Berberitze

hat man die Gehölze zurück geschnitten und wieder Schafe über die Hänge getrieben. Ein wertvolles Stück Natur und Kulturerbe wird so erhalten.

Zurück auf den nach Grüsselbach führenden Wirtschaftsweg. Nach einem halben km wechselt der Weg die Talseite und man hat einen schönen Blick auf das Naturschutzgebiet und den Stansdorfer Berg, über dessen höchsten Punkt der ehemalige Grenzstreifen läuft. Nach weiteren 500 m müssen wir links hinunter zum Grüsselbach, über den eine schmale Brücke führt. Auf der anderen Talseite wandern wir am Waldrand bachabwärts, bis eine Hangeinbuchtung nach oben führt. Über Wegspuren geht es hinauf zum ehemaligen Zollweg, dem man bis zur B 84 folgt.

Die Bundestraße 84 (BRD), alias Reichsstraße 84 (Dritte Reich), alias Fernstraße 84 (DDR) hatte vor der Grenzziehung eine große Bedeutung für den Fernverkehr. Sie wurde von den Sowjets gesperrt und ist erst seit dem Fall der Grenze wieder passierbar.

Wir folgen der B 84 bis zu einem ehemaligen Beobachtungsturm der DDR (7). Auf dem Kolonnenweg geht es nun auf den Stansdorfer Berg hinauf. Am Weg liegt der INFO-Punkt Nr. 8 des Grenzlehrpfades, an dem die Überreste einer militärischen Befehlsstelle zu sehen sind. Der Beobachtungsturm war Mitte der neunziger Jahre eingestürzt, man hatte offensichtlich nicht für die Ewigkeit gebaut.

Der Kolonnenweg endet abrupt an der Oberkante eines Steilhangs (8), von dem man auf den Friedhof von Wenigentaft und den dahinter aufragenden Soisberg blickt. Beim Bau des Kolonnenwegs hatten die NVA-Pioniere keine Kompromisse gemacht und den Betonplattenweg geradewegs den Steilhang hinuntergeführt. Damit sich weder Rodler noch Motocross-Fahrer zu Tode stürzen, hat man nach der Wende die Betonplatten des Kolonnenweges entfernt und vor dem Steilstück einen Damm aufgeschüttet. Der Grenzlehrpfad weicht rechts in den Wald aus und umgeht das Steilstück in einem Bogen.

Wenige Meter über dem Tal, dort wo der Grenzlehrpfad wieder auf den Kolonnenweg trifft, biegen wir rechts ab und folgen einem hangparallel verlaufenden Weg. Nach ca. 500 m steigen wir über Wiesen den Resthang hinunter und folgen dort der alten Bahntrasse nach Wenigentaft. Zuerst wird die Straße Wenigentaft-Buttlar gequert, dann die Taft, die mitten durch den Ort fließt. Gänse schwimmen auf dem Bach, in den Obstgärten gackern Hühner und an dem Anwesen am gegenüber liegenden Ufer weiden Schafe. Von der Bahnbrücke geht es über einen Trampelpfad hinunter zur Taft und über eine Fußgängerbrücke zur Kirche, dem Ausgangspunkt unserer Grenzüberschreitungen.

Unser nächstes Ziel ist der Soisberg, den wir über das hessische Mansbach erreichen. Zu DDR-Zeiten war die Bevölkerung von Mansbach und Wenigentaft durch die unüberwindbaren Sperranlagen voneinander getrennt. Heute grenzen die Stahlgitterzäune in Wenigentaft nur noch Hühnervölker voneinander ab.

Stahlgitterzaun anno 2002 in Wenigentaft

Der Soisberg – König des hessischen Kegelspiels

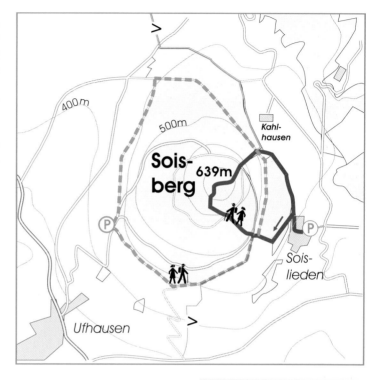

Wanderroute: Rundkurs mit Aufstieg über die Südhänge, mäßige Steigung und Abstieg über die Nordhänge, sehr steil. Bester Monat für die Besteigung ist der Mai. Länge: 2,5 km. Anstieg: 200 Höhenmeter. Gehzeit: 1 1/2 Stunden.

Ergänzungsmöglichkeit: 4,3 km Panorama-Rundweg (blau gestrichelt).

An der Nordgrenze der Rhön, am Rande des Ulstertals, haben sich die Kräfte des Erdinneren noch einmal ins Zeug gelegt und einen mächtigen Vulkan geschaffen, den weithin sichtbaren Soisberg. Das Feuer des Berges ist bereits vor 10 Millionen Jahren erloschen und Wind und Wetter haben seinen Aschekegel längst abgetragen. Doch auf die Menschen macht er noch immer Eindruck. In den Dörfern zu seinen Füßen wird er als König des Hessischen Kegelspiels bezeichnet.

Bürgerinitiative erstreitet neuen Aussichtsturm

Der Gipfel des Soisberges liegt in Hessen, doch seine zum Ulstertal gerichteten Ausläufer gehören zu Thüringen. Zahlreiche Menschen aus den hessischen Landkreisen Fulda und Hersfeld-Rotenburg haben den Soisberg während der Zeit der Teilung bestiegen, um von dem alten Holzturm auf dem Gipfel einen Blick nach „Drüben" in die thüringische Rhön zu werfen. Wenige Jahre nach der Grenzöffnung wurde der alte Turm wegen Baufälligkeit gesperrt. Wer sich dennoch über die morschen Treppen hinauf wagte, wurde enttäuscht, denn die Sicht war inzwischen durch das Geäst hoch gewachsener Bäume verdeckt.

In den umliegenden Gemeinden mochte man sich mit der Situation auf dem Soisberg nicht abfinden. Eine Bürgerinitiative für einen Turmneubau wurde gegründet. Von Seiten der Naturschützer kamen warnende Stimmen. Man befürchtete, dass die Natur durch den wieder einsetzenden Ausflugsbetrieb Schaden nehmen könnte. Die Befürworter setzten sich durch und so wurde im Jahr 2003 auf dem Gipfel des Soisberges ein Turm errichtet, der mit 25 m Höhe weit über die Wipfel der Bäume ragt. Der Ausflugsverkehr war im ersten Jahr nach dem

Markierung der Soisbergaufstiege

Neuer Turm

Turmbau enorm. Die Vegetation hat trotzdem bisher keinen Schaden genommen, die Besucher halten sich an das Wegegebot.

Blumenberg der Kuppenrhön

Der neue Turm macht den Soisberg zu einem Aussichtspunkt ersten Ranges. Doch das ist nicht der einzige Grund, weshalb sich eine Besteigung des 630 m hohen Basaltkegels lohnt. In der gesamten Kuppenrhön gibt es keinen Berg, der Blumenfreunden mehr zu bieten hätte als der Soisberg. Im Frühjahr sind die Hänge des Berges blumenübersät.

Ausgangspunkt für die Besteigung des Soisberges ist der oberhalb von Mansbach in 430 m Höhe gelegene Weiler Soislieden. Um auf den 630 m hohen Gipfel zu gelangen, muss man also nur knapp 200 Höhenmeter überwinden. Vom Dorfplatz aus geht es am Wasserwerk vorbei und dann nach rechts zu dem kleinen Dorffriedhof mit der großen Linde. Hier zweigt der Südanstieg ab, der eine angenehmere Steigung aufweist als der geradeaus führende Nordanstieg. Letzterer sei nur Personen empfohlen, bei denen der sportliche Aspekt der Besteigung im Vordergrund steht. Wir werden ihn als Abstiegsweg nutzen. Beide Wege sind mit dem Konterfei des neuen Turmes gut markiert.

Die ersten 300 m des Südanstiegs führen durch Wald. Dann öffnet sich die Flur und man bekommt einen Vorgeschmack auf die Aussicht vom Berggipfel. Ein kurzes Stück geht es am Waldrand bergwärts. Dann tauchen wir wieder in den Wald ein. Gleich zu Beginn empfangen uns die weißen Blüten tausender Anemonen. Dazwischen leuchtet das Gelb von Himmelsschlüsseln. Auch die Farben Rot und Blau sind vertreten. Beim Lungenkraut und der Frühlings-Platterbse sind zumeist beide Farben auf ein und demselben Blütenstand vereint. Unter den Bäumen herrschen die Buchen vor, die im Plenterbetrieb genutzt werden, das heißt man schlägt immer nur einzelne Stämme. In den Lücken, die der Einschlag hinterlässt, stellt sich der Jungwuchs von selbst ein, ein Beispiel für Bioautomation, eine ökologische Alternative zum Kahlhieb.

Je höher wir steigen, desto lichter und artenreicher wird der Wald. Die Buchen treten zurück und machen Platz für Eschen, Bergulmen, Hainbuchen, Linden, Vogelkirschen, Berg-, Spitz- und Feldahorn sowie für die seltene Elsbeere und den strauchförmigen Weißdorn. Im Mai ist der Gipfelbereich ein einziges Blütenmeer. Lerchensporn überzieht die Kuppe. Die Luft ist erfüllt von Honigduft und dem Summen der Bienen und Hummeln. Lücken im Lerchensporn-Teppich sind mit weißen und gelben Anemonen ausgefüllt. Dazwischen immer wieder Blütenstände des Türkenbundes. Einige alte Buchen sind der Holzernte entkommen. Als zusammenbrechende und von Baumpilzen überzogene Methusaleme schmücken sie den Bergwald und bieten Spechten und anderen Höhlenbrütern Nistmöglichkeiten.

Vom Turm aus hat man in südlicher und östlicher Richtung die Rhön vor Augen. Auch in den übrigen Himmelsrichtungen fällt der Blick auf Gebirge vulkanischen Ursprungs: Im Südwesten ist der flache Schildvulkan des Vogelsbergs zu erkennen, im Westen der Knüll und im Norden der Meißner. Auf der Ebene unterhalb des Soisberges fallen zwei blendend weiße Halden ins Blickfeld, die aus purem Salz bestehen, dem Abraum der Kaliindustrie. Die vordere der Halden, die den Namen Hattorf trägt, breitet sich unmittelbar entlang dem Grünen Band aus, Grund genug, um auf einer kleinen Tour das Umfeld der Halde zu erkunden.

Im Osten des Blickfeldes, einige Daumenbreit neben der Halde Hattorf, erhebt sich der in Thüringen liegende Öchsen, ein gekappter Vulkankegel. Sein Gipfel wurde in den vergangenen Jahrzehnten abgetragen und zu Split oder Basaltschotter für die Straßen Mitteldeutschlands verarbeitet.

Buschwindröschen

Lerchensporn

Man kann sich ruhig Zeit lassen und die Aussicht genießen. Über die „Nordroute" ist der Abstieg nach Soislieden, dem Ausgangspunkt der Tour, im Nu geschafft. Ein steiler, markierter Pfad leitet durch Basaltgeröll zum Fuß des Berges und nach Soislieden.

Von Soislieden ist es nicht weit nach Oberbreitzbach und dem Schloss Hohenroda, dem Startpunkt für die Erkundung der Kalihalde Hattorf. Man fährt zurück nach Mansbach und folgt dort der Hauptstraße, die direkt nach Oberbreitzbach führt. Das Schloss befindet sich am anderen Ende des Ortes.

Frühlingsplatterbse

„Urwald" am Soisberggipfel

Urige Bergwelten, ländliche Idylle, Kreuzwege und barocke Kapellen, das sind die Bilder der Landschaft auf den ersten 50 km des Grünen Bandes Hessen-Thüringen. Von der bayrischen Grenze bis zur Kuppenrhön ist alles auf die Pflege der bäuerlichen Kulturlandschaft und das harmonische Zusammenspiel von Mensch und Natur ausgerichtet.

An der Nordgrenze der Rhön, dort wo das Grüne Band auf die Werra trifft, bestimmt ein anderer Takt das Wesen der Landschaft. Hier stehen nicht Rinder und Raps im Zentrum des Wirtschaftens, sondern die Ausbeutung der unter der Erde liegenden Schätze. An der Werra wird in 400 und 1000 Meter Tiefe das Salz eines vor 240 Millionen Jahren ausgetrockneten Meeresarms zutage gefördert. Dabei geht es nicht um das in der Küche verwendete Steinsalz, obwohl dieses im Werrarevier in mächtigen Stöcken vorkommt, sondern um das Kalisalz, ein in der Landwirtschaft begehrtes Düngemittel. Kalisalz ist im Werrarevier in Form zweier Flöze in das Steinsalz eingelagert. Bei der Produktion von einer Tonne Kali fallen so 2,7 Tonnen Steinsalz an. Bei der aktuellen Rohsalzförderleistung von 21 Millionen Tonnen pro Jahr werden somit ungeheure Mengen Steinsalz ans Tageslicht gebracht, viel mehr als in allen Küchen dieser Welt benötigt wird. Das früher so wertvolle Salz wird zum Abraum.

Vor der Wende hat man große Mengen des Kaliabraums in die Werra eingeleitet, wodurch der Salzgehalt des Flusswassers Nordseequalität erreichte. Vor allem in

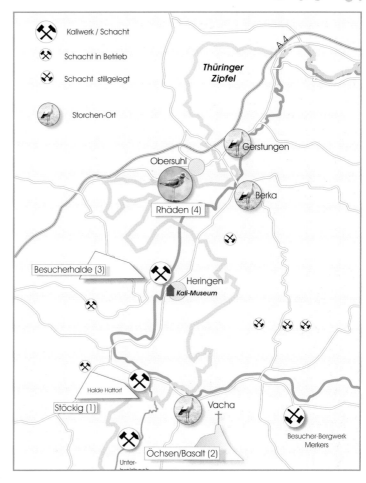

den thüringischen Revieren war dies die bevorzugte Art der Entsorgung, schließlich betrafen die aus der Werraversalzung resultierenden Umweltprobleme nicht die Bürger der DDR, sondern die Hessens, Niedersachsens und Bremens. Heute darf nur noch so viel Salz in die Werra geleitet werden, dass der Chloridgehalt des Flusswassers 2500 mg pro Liter nicht übersteigt, ein Grenzwert, der aus der Sicht der Umweltverbände viel zu hoch angesetzt ist. Das restliche Salz pumpt man in tief gelegenen Kavernen und schüttet es

auf Halden. Die Abraumhalden der Werke Hattorf-Philippsthal und Wintershall-Heringen haben sich inzwischen zu weithin sichtbaren

Rotschenkel

Zeugen der Salzförderung entwickelt. 220 m hoch ist die Halde bei Heringen, 65 Hektar Land hat dieser Berg inzwischen unter sich begraben. Und täglich rieseln tausende Tonnen von neuem Salz auf den Berg.

Selbstverständlich sind die „Kaliberge" Ziel unserer Erkundungen. Das Grüne Band verläuft nur 7 km vom Gipfel des Soisberges entfernt unmittelbar entlang der Halde des Werkes Hattorf, Grund genug, um diesen weißen Berg aus der Nähe zu betrachten. Zehn Kilometer nördlich liegt die Bergbaustadt Heringen mit dem „Monte Kali", der Halde des Werkes Wintershall. Das Bergbaumuseum Heringen bietet Führungen zum Gipfelplateau des „Monte Kali" an, eine Gelegenheit, die wir uns nicht entgehen lassen.

Zwischendurch, aber nicht nebenbei, statten wir dem in Thüringen liegenden Öchsen einen Besuch ab. Dieser über 600 m hohe Basaltkegel gilt als Hausberg von Vacha, einer kleinen thüringischen Stadt direkt an der ehemaligen Grenze. Einst war der Berg der Stolz der gesamten Region, heute ist er eine Ruine. Basaltwerke verwandelten große Teile der Vulkankuppe zu Schotter und Split. Eine Vachaer Bürgerinitiative hat die völlige Abtragung verhindert und eine Besteigung des Öchsens ist nach wie vor lohnend. Auch Vacha ist sehenswert, nicht nur wegen der Störche, die auf einem Turm der Stadtbefestigung nisten. Eine ausführliche Beschreibung des Grenzstädtchens findet sich bei der Beschreibung der „Grüne Band"-Radtour auf Seite 152.

Die Rettung des Öchsen ist nicht das einzige Beispiel im Werrarevier für den Naturschutz „von unten". Nördlich der Kalihalde Heringen, zwischen Obersuhl (Hessen) und Dankmarshausen (Thüringen), hat eine Vogelschutzgruppe Großes geleistet. In Eigeninitiative hat sie den Rhäden, eine entwässerte Sumpflandschaft, renaturiert und damit nicht nur tausenden von Zugvögeln einen Rastplatz geschaffen, sondern auch vielen bedrohten Sumpf- und Wasservögeln ihre angestammten Brutplätze zurückgegeben. Dabei ging es nicht um „Peanuts", denn der Rhäden ist ca. 200 ha groß. Das Besondere an diesem Projekt ist, dass der ehemalige Grenzstreifen mitten durch das Gebiet verlief. Nach vierzig Jahren kontinuierlichen Einsatzes der ehrenamtlichen Naturschützer ist der Rhäden inzwischen ein Natur-

und Vogelschutzgebiet ersten Ranges und eine Perle im Grünen Band Hessen-Thüringen. Der Mensch wird aus diesem Vogelparadies nicht ausgeschlossen. Rad- und Wanderwege erschließen das Gebiet, von Beobachtungsständen aus gewinnt man Einblicke in die Natur. Wir haben dem Rhäden in diesem Band daher ein eigenes Kapitel gewidmet.

Obersuhl und sein thüringischer Nachbarort Gerstungen liegen am nördlichen Rand des Kalireviers. Dahinter erstreckt sich ein großes Waldgebiet, das zu Zeiten der DDR von der übrigen Welt abgeschnitten war. Auch heute findet man hier noch Waldeinsamkeit und Tiere, die Ruhe und Abgeschiedenheit brauchen. Doch damit könnte es bald vorbei sein. Mehr über diesen Zipfel Thüringens in dem Kapitel, das zum Nordabschnitt des Grünen Bandes Hessen-Thüringen, dem Ringgau, und zum Werrabergland, überleitet.

Salz aus dem Kalibergbau

Ein west-östlicher Salzberg und Obstbrand aus Waldhessen

Haldenerkundung: Als Radtour empfohlen, aber auch als Wanderung möglich. Start der Radtour am Schloss Hohenroda (Parkplatz A). Durch die Feldflur und durch Wald auf asphaltierten und befestigten Wegen zur Halde. Über ein Sühnekreuz und einen „Urwald" im Bogen zurück. Länge: 9 km ohne nennenswerte Steigungen. Fahrzeit: 1 Stunde. Als Wanderrundkurs am Parkplatz B starten. Länge: 5,1 km, ohne nennenswerte Steigungen. Gehzeit: 1 1/2 Stunden.

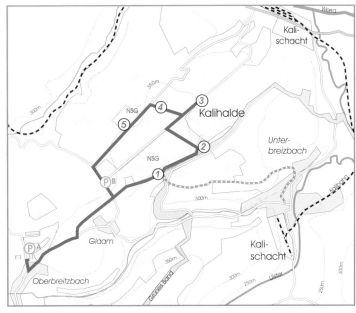

Dort, wo die Ulster in die Werra mündet, liegt das Kaliwerk Hattorf. Wenn sich die Räder des Förderturms drehen, weiß man, dass Salz aus dem Schacht nach oben befördert wird. Auf der Rückseite der großen Werkshallen, in denen das Kali- vom Steinsalz getrennt wird, führt ein breites Förderband auf eine Halde, die inzwischen zu einem großen, die Landschaft weit überragenden Berg angewachsen ist. Unablässig wird Salz über eine Rampe nach oben transportiert. Der Berg hat mittlerweile eine Höhe von 150 m und eine Breite von knapp 500 m erreicht. Höher darf die Halde nicht werden und auch in der Breite gibt es wenig Spielraum. Was bleibt? Der Salzberg wächst in die Länge. Tag für Tag schiebt er sich weiter in die Landschaft hinein.

Drei km vom hessischen Kaliwerk Hattorf entfernt liegt das thüringische Werk Unterbeizbach. Es ist das einzige seit der Wende noch produzierende Kaliwerk Südthüringens. Alle anderen Werke und Schachtanlagen wurden stillgelegt. Aber das Werk Unterbeizbach ist nicht mehr selbständig. Untertage ist es längst mit dem Werk Hattorf verbunden. Und auch Übertage sind die Grenzen zwischen „Ost" und „West" aufgehoben. Der Kaliabraum von Unterbreizbach wandert auf die Halde des Werkes Hattorf, die sich unmittelbar an der ehemaligen Grenze entlang zieht.

Die ungeheuren Dimensionen der Halde erfasst man am besten,

Der Kopf der Halde Hattorf

Heute läuft das Salz auf Förderbändern zum Schacht.

Unser Weg führt vom Schloss 200 m in Richtung Ortsmitte. Kurz bevor die Hauptstraße bergab führt, geht es links ab in Richtung Glaam und 1 km weiter noch einmal links auf einen asphaltierten Feldweg. Von nun an fährt man geradewegs auf die Halde zu. Steil erhebt sie sich über einen Wald dessen Wipfel sie um ein Vielfaches überragt. Der Weg durchquert die Feldflur, dann geht es am Waldrand entlang und schließlich tauchen wir in den Wald ein, der von den Einheimischen Stöckig genannt wird.

Ohne es bemerkt zu haben, befinden uns am Grünen Band (1). Eine Tafel weist darauf hin, dass hier der erste grenzüberschreitende Rad- und Fußweg im Raum Hessen – Thüringen beginnt. Wir folgen nicht dem nach rechts führenden Radweg, sondern fahren geradeaus. Links des Weges steht das Gelände unter Naturschutz. Am rechten Wegrand verläuft die Grenze zu Thüringen. Nach einer Wegbiegung bietet sich ein Anblick, der den Atem stocken lässt: Vor uns baut sich mit ungeheue-

wenn man sich ihr von der Kopfseite, vom hessischen Oberbreitzbach, her nähert. Oberbreitzbach ist daher der Ausgangspunkt unserer Halden-Erkundung, die sich, da keine nennenswerten Steigungen zu überwinden sind, als Radtour empfiehlt. Man kann die Umgebung der Halde aber auch zu Fuß erkunden. Man startet dann von einem Wanderparkplatz, der relativ nah an der Halde liegt (siehe Karte). Für Radler beginnt die Tour am Schloss Hohenroda, in dem heute der Verwaltungssitz der Gemeinde untergebracht ist. Um die Verbundenheit mit dem Bergbau zu demonstrieren, hat man vor dem Schloss eine ausgediente Lore aufgestellt.

Die Lore ist ein Relikt einer längst vergangenen Phase des Bergbaus.

Salzsee am Fuß der Halde

rer Steilheit die alles überragende Kalihalde auf (2). Ein Rauschen ist zu hören. Es stammt von einem Förderband, das 150 m über unseren Köpfen den Abraum verteilt und dafür sorgt, dass die Halde Meter um Meter auf das Naturschutzgebiet zu rückt.

Salzsee am Grünen Band

Eine Schranke versperrt den Zugang zum Kaliberg. Wir halten uns links und nach gut 500 m wieder rechts. Auf diese Weise kommt man nahe an die Flanke des „Weißen Riesen" heran (3). Ein Zaun riegelt auch hier den Zugang zur Halde ab, aber an einer Stelle treten die Bäume zurück und man hat einen guten Blick auf die steilen Salzhänge. Am Haldenfuß sammelt sich das Wasser, in dem sich das gleißende Salz spiegelt. Salzbrocken brechen wie bei einem Gletscher zum Wasser hin ab. Doch das vermeintliche „Eis" besteht aus Kochsalz und die Beschaffenheit des Wassers hat Ähnlichkeit mit dem des Toten Meeres.

Tödlicher Kampf um ein Stück Brot

Wir fahren gut 100 m zurück zum nächsten Abzweig, wo ein Schild den Weg zum „Schäferstein" weist, den wir in 2 Minuten erreichen (4). Hier kamen vor vielen hundert Jahren zwei Schäfer um ein Stück Brot in Streit. Da die Zeiten schlecht waren und Hungersnöte herrschten, lieferten sie sich einen erbitterten Kampf. Sie trafen einander so unglücklich, dass beide tot umfielen. Die Notzeiten liegen lange zurück. Seit einem Jahrhundert lebt die Region von den Kaliwerken. Doch bisher weiß niemand, wovon die Menschen leben sollen, wenn in 20

Der Schäferstein

oder 30 Jahren die Kaliflöze erschöpft sind.

Hinter dem Schäferstein halten wir uns links. Auf einer kaum befahrenen Waldstraße passiert man rechter Hand einen besonders schönen Teil des Naturschutzgebietes Stöckig, in dem seit langem kein Baum mehr gefällt werden darf (5). Zusammenbrechende Buchen und eine üppige Naturverjüngung sorgen für ein urwaldartiges Bild. Es geht weiter schnurgerade zum Waldrand, wo sich der Wanderparkplatz befindet, den wir als Startpunkt für die Haldenwanderung empfehlen. Radler halten sich hier links und an der nächsten Feldwegkreuzung rechts. Über den Weg, den wir bereits bei der Hinfahrt benutzt haben, geht es zurück zum Schloss Hohenroda.

Wer sich mit dieser kleinen Radtour noch nicht ausgelastet fühlt, dem empfehlen wir, den „ersten grenzüberschreitende Rad- und Fußweg im Raum Hessen – Thüringen" auszuprobieren und hinunter ins thüringische Unterbreizbach zu radeln. Auf dem Rückweg lohnt es sich, beim Bioland-Hof Bachmann in Glaam

vorbeizuschauen. Die Bachmanns verkaufen neben Rindfleisch, Eiern, Kartoffeln und Ziegenfleisch selbst gebrautes Ökobier. Adresse: Hof Bachmann, Am Sandacker 8, 36284 Hohenroda, Tel. 06676-603 .

Von Ausbacher Rotem, Apfelmost und Obstbränden

Zum Abschluss der Tour sei auf die Kuppenrhöner Kelterei „Ausbacher Roter" hingewiesen, die aus den Äpfeln und Birnen der Umgebung naturtrüben Saft, Apfelwein und Obstbrände herstellt.

Ausbacher Roter

Die Kelterei wird von sechs engagierten „Waldhessen" betrieben, die sich zum Ziel gesetzt haben, den traditionellen Obstbau zu fördern und Schwung in die regionale Verwertung des heimischen Streuobstes zu bringen. Im Kreise eines Apfelstammtisches kam man zur Einsicht, dass dies mit Backen von Apfelkuchen und der Bereitung von Pflaumenmus allein nicht zu erreichen ist. Mit der Verarbeitung zu Most und Wein wäre da viel mehr Staat zu machen. Da die etablierten Keltereien nicht bereit waren, kleinere Mengen aus Hausgärten und Streuobstwiesen für ihre Kunden zu verarbeiten, legten die Gesellschafter der neu gegründeten Kelterei ihr Geld zusammen und

kauften eine professionelle Presse nebst Abfüllanlage, die sie in einer alten Hofreite in Hohenroda-Ausbach unterbrachten. Seit 1995 werden dort jährlich bis zu 200 t heimisches Obst für Kunden aus einem Umkreis von ca. 50 km verarbeitet und die Produkte im hiesigen Raum angeboten.

Wer vorhat, nach der Tour in einem der Dörfer der Gemeinde Hohenroda (Mansbach, Ransbach oder Ausbach) einzukehren, der sollte sich einen Saft oder einen Apfelwein der Kuppenrhöner Kelterei gönnen. Oder wie wäre es mit einem guten Obstbrand. Den Saft kann man auch im örtlichen Getränkehandel kaufen. Doch um eine Flasche Ausbacher Obstbrand zu erstehen, wendet man sich am besten an die Kelterei am Dorfplatz 1, 36284 Hohenroda-Ausbach, Tel. 06629-919140.

Der Verkaufsraum ist jeden Samstag von 10 - 12 Uhr geöffnet. Neben Saft, Wein und Obstbränden wird hier Apfelessig, Cidre, Apfelschaumwein und Holunderblütensirup sowie reichlich Information rund um Streuobst und Ma-

terialien zur Apfelweinherstellung angeboten.

Auf allen Flaschen prangt das Konterfei eines Ausbacher Roten, eines heimischen Apfels, der den Betreibern der Kelterei besonders am Herzen liegt. Durch Neupflanzungen und durch den Verkauf ihrer Spezialität, dem „Ausbacher Rotapfelbrand" tragen die Keltereigenossen zur Erhaltung dieser alten Apfelsorte bei. Weitere Informationen findet man unter www.ausbacher-roter.de , E-Mail: service@ausbacher-roter.de

Unser nächstes Ziel ist der Öchsen, ein auf der thüringischen Seite gelegener ehemaliger Vulkankegel, der vom Basaltabbau schwer gezeichnet ist. Der Weg zum Öchsen führt über Glaam und das thüringische Unterbreizbach nach Sünna. An der ersten Straßenkreuzung in Sünna fahren wir geradeaus. Über die Öchsenbergstraße geht es zum Keltenhotel „Goldene Aue" und zu einem kurz vor dem Hotel gelegenen Wanderparkplatz, Ausgangspunkt für die Besteigung des Öchsens.

Streuobst

Als Streuobst bezeichnet man den in der Landschaft "verstreuten" Anbau von Kern-, Stein- und Schalenobsthochstämmen. Früher waren unsere Dörfer von einem breiten Gürtel aus Streuobstwiesen umgeben. Das änderte sich mit einem Schlag, als die Europäische Union in den sechziger Jahren des vergangenen Jahrhunderts für die Rodung der aus ihrer Sicht unwirtschaftlichen Hochstamm-Bestände Prämien zahlte und an anderer Stelle die Anlage von Niederobstplantagen förderte. Schneller, billiger und einheitlicher wurde der

neue Apfel. Traditionelle Verwertungsformen wie das Mosten und Einmachen kamen dadurch aus der Mode.

Heute erfährt das Streuobst mancherorts eine Renaissance. Dabei geht es nicht allein um die Herstellung von gesunden Obstprodukten. Viele Initiativen verbinden mit Streuobstwie-

sen einen lebenswerten Teil unserer Landschaft, der zugleich zahlreichen Tieren einen Lebensraum bietet.

"Gipfelsturm" im Land der weißen Berge

Wanderroute: Von Sünna mit dem PKW über die Öchsenbergstraße bis zu einem Parkplatz am Waldrand. Hinweisschilder „Keltenhotel" beachten. Vom Parkplatz zum nahe gelegenen Keltenhotel mit Freileichtmuseum. Von dort über Wanderwege und einen historischen Pfad bis in die vom Basaltabbau gezeichnete Gipfelregion. Abstieg über den Sattel zwischen Öchsen und Dietrichsberg zum Keltenhotel. Länge: 4,8 km. Anstieg: 260 Höhenmeter. Gehzeit 2 1/2 Stunden.

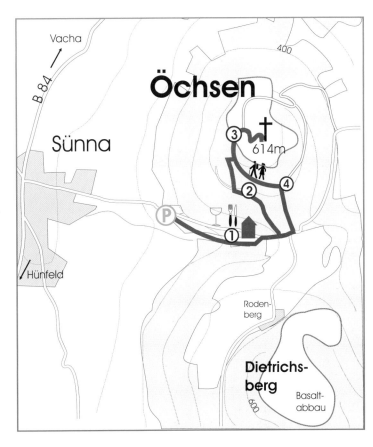

Während die Kaliindustrie an der Werra Salzberge aufschüttet, tragen Basaltschotterwerke die benachbarten Gipfel stolzer Vulkankegel ohne Rücksicht auf Natur und Landschaft ab. Opfer der Basaltwerke sind der Dietrichsberg und der Hausberg Vachas, der Öchsen. Letzteren hat es besonders schwer getroffen. Der über 600 m hohe, geschichtsträchtige Basaltkegel ist nur noch eine Ruine. Der Gipfel wurde gekappt. Übrig geblieben ist ein von Abgrabungen und Aufschüttungen verunstalteter Rumpf.

Keltisches Oppidium auf thüringischem Basaltkegel

Trotzdem übt der Berg noch immer einen geheimnisvollen Reiz aus, der bei Nebel und Raureif besonders zur Geltung kommt. Eine Winterbesteigung des Öchsen ist kein Problem, denn an seinem Fuß findet sich eine Basisstation, das Restaurant „Zur goldenen Aue". Szenen aus dem Leben der Kelten schmücken die Wände der Gast-

räume und erinnern daran, dass sich vor mehr als 2000 Jahren auf dem Berggipfel des Öchsen ein keltisches Oppidium befand, eine stadtähnliche Siedlung, die zugleich als Fliehburg diente. Noch heute sind Reste der Wallanlagen in den Wäldern des Öchsen zu finden.

Vom Parkplatz aus wandern wir auf dem Fahrweg zum Restaurant „Zur Goldenen Aue", wo wir auf eine originalgetreu aufgebaute Behausung der Kelten treffen. Der Verein für eiszeitliche und keltische Geschichte möchte hier das Leben der Kelten erlebbar machen. Um zu den Originalschau-

plätzen der Geschichte zu gelangen, müssen wir weiter aufsteigen. Die Kelten hatten ihr Oppidium im Bereich des Öchsengipfels angelegt.

Wir gehen rechts am Keltenhotel vorbei und steuern halblinks auf einen Durchgang zu. Markierungen der Rundwanderwege „1" und „2" leiten auf einen Fahrweg, der nach Rodenberg führt, einem Bauernhof im Sattel zwischen Öchsen und Dietrichsberg. Nach wenigen Minuten Anstieg erreicht man die zu Rodenberg gehörenden Viehweiden. Jetzt heißt es aufpassen! Nach 100 m verlassen wir die Rundwanderwege und

Keltenszene, Wandgemälde im Keltenhotel

folgen links dem mit einem grünen Haus markierten Weg, der zur Paulinenquelle und den Resten der keltischen Befestigungswälle führt.

Die Quelle liegt abseits des Hauptweges, ist aber dank einer großen Hinweistafel, auf der die Lage der keltischen Befestigungen erläutert ist, nicht zu verfehlen. Die Wallanlagen schlossen die Quelle mit ein. Doch die basaltene Quellfassung ist nicht keltischen Ursprungs, was unschwer an dem Plastikrohr zu erkennen ist, aus dem auch nur spärlich Wasser rinnt. Der radikale Basaltabbau der letzten Jahrzehnte hat die Wasserführung beeinträchtigt.

Auf dem Eselspfad zum Öchsengipfel

In den 20er Jahren des vergangenen Jahrhunderts hat die Paulinenquelle jedenfalls noch reichlich gesprudelt. Damals befanden sich auf dem Gipfel des Öchsen ein Gasthaus und ein Aussichtsturm. Johannes Koch, der Bergwirt, zog täglich mit seinem Lastesel zur Quelle, um Wasser für die Gäste zu holen. Wir folgen dem alten Eselspfad, der links neben der Quelle in Richtung Gipfel führt. Der markierte Weg führt unterhalb der Quelle noch ein kurzes Stück hangparallel, um dann ebenfalls als Pfad in die Höhe zu steigen. Der markierte Pfad und der Eselspfad treffen nach wenigen hundert Metern wieder zusammen.

Auf dem Eselspfad kommt man an Resten der keltischen Wallanlagen vorbei, doch sind diese nur schwer auf dem mit Basaltgeröll übersäten Waldboden auszumachen, die Ringwälle am Gipfel wurden durch den Basaltabbau

Am Nordabsturz des Öchsen

weitgehend vernichtet. Zeugnisse einer mehr als 2000 Jahre alten Geschichte wurden ausgelöscht.

Der steiler werdende Eselspfad trifft bald auf einen breiten, schräg nach oben ziehenden Weg, der jedoch nach wenigen Metern abrupt endet. Ein mit einem Hanfseil gesicherter Steig führt über einen Wall aus Erde und Basaltgeröll. Man verlässt den schützenden Bergwald und betritt eine andere Welt. Breite, geschobene Rampen und Halden tun sich auf. Eine verrostete Stahltrosse schaut aus dem Boden hervor. Man befindet sich in einer verlassenen Bergbaulandschaft. Salweiden, Ebereschen, Ahorn und Gräser überziehen den Rohboden, und die Wunden, die der Basaltabbau geschlagen hat, beginnen von selbst zu heilen. Eine ehemalige Werksstraße führt in Serpentinen nach oben. Die Rampen werden steiler. Abstürze grenzen an den Weg. Achtung, das Gelände ist nicht gesichert!

Die „goldenen Jahre" des Öchsen

Plötzlich endet die Straße. Vor uns befindet sich ein großer Platz, auf dessen Mitte sich das neu erbaute Haus des Rhönklubs, Zweigverein Vacha, befindet. Der Rhönklub möchte mit dem Haus an eine Tradition anknüpfen, die im 19. Jahrhundert ihren Anfang nahm. Damals existierte auf dem Gipfel eine Schutzhütte, die Waldarbeitern und Wanderern gleichermaßen als Unterkunft diente. Um die Aussicht zu genießen, kletterte man über Leitern in die Wipfel einer hohen Eiche. Nachdem die Hütte im März 1876 von einem Sturm zerstört wurde, ließ der Oberförster des Öchsenreviers einen zwölfeckigen Holzpavillon

mit Aussichtsplattform errichten. Zur Jahrhundertwende wurde man auf Betreiben des Rhönklubs noch professioneller. Im Jahr 1902 wurde auf dem Gipfel ein steinerner Aussichtsturm errichtet, der dem Zeitgeist entsprechend Bismarckturm genannt wurde. 1907 kam eine neue, bewirtschaftete Schutzhütte hinzu, der 1927, nach einem Brand, ein aus Stein gefügtes Gasthaus folgte. Das Ende für den Gastbetrieb kam 1963. Zwei Jahre nach dem Bau der Berliner Mauer verließ der letzte Bergwirt den Öchsen. Im Jahre 1978 wurden der Gasthof und der Aussichtsturm im Zuge des Basaltabbaus abgerissen. Die 2004 neu errichtete Schutz-

hütte befindet sich inmitten eines Naturschutzgebietes, sodass sich ein Schankbetrieb verbietet.

Hinter dem Haus führt eine steile Holztreppe auf das heutige, von Bulldozern flach geschobene Gipfelplateau, an dessen höchstem Punkt der Rhönklub ein Gipfelkreuz errichtet hat. Die Aussicht ist grandios. Im Osten schaut man zum Inselsberg, dem höchsten Berg im Nordteil des Thüringer Waldes. In südlicher und südwestlicher Richtung sind die Berge der Rhön zu erkennen. Das hessische Kegelspiel mit dem Soisberg liegt zum Greifen nahe. Im Norden ziehen die Kalihalden Hattorf und Wintershall den Blick an.

Basaltabbau reißt Wunden

Unterhalb des Gipfels, neben der Schutzhütte, kann man von einem Geländer gesichert einen Tiefblick wagen. Über 50 Meter bricht das Gelände hier senkrecht ab, ein Werk des Basaltabbaus. Steine wurden am Nordabhang des Öchsens schon im 17. Jahrhundert gebrochen. Die industrielle Ausbeutung begann aber erst 1899, als eine Drahtseilbahn

Sturm auf den Restgipfel

Basaltsäulen am Dietrichsberg

uralten Buchen stehen Bergahorn, Linden und Ulmen. So haben große Teile des Gipfelbereichs einmal ausgesehen.

An einem mit Basaltsteinen gestalteten Platz, der aus der Zeit des Reichsarbeitsdienstes stammt (siehe INFO-Tafel), biegt unser Weg rechts ab. Nach einigen hundert Metern ist der Sattel zwischen dem Öchsen und dem Dietrichsberg erreicht. Knorrige Buchen stehen am Waldesrand, Kühe grasen auf einer mit Hecken und Kirschbäumen bestandenen Weide. Was man von hier aus nicht sieht, ist das Basaltwerk, das den Dietrichsberg inzwischen ausgehöhlt hat wie einen kariösen Backenzahn. Wir bleiben bei unserer Idylle und wenden uns rechts, den Berg hinunter, wo wir in wenigen Minuten das Keltenhotel erreichen.

Vom Öchsen geht es zur „Hauptstadt" des Kalireviers, nach Heringen. Dort wollen wir dem Bergbaumuseum einen Besuch abstatten und die Kalihalde Wintershall besteigen. Der Weg dorthin führt über das thüringische Städtchen Vacha und den hessischen Nachbarort Philippsthal. In Vacha sollte man einen Zwischenstopp einlegen. Die Beschreibung eines Stadtrundgangs findet man auf Seite 153.

in Betrieb genommen wurde, die den Öchsenbasalt zum Vachaer Bahnhof transportierte. Zu Beginn des 20. Jh. lag die Jahresproduktion bei 150 Güterwaggons. 1986, kurz bevor man den Abbau einstellte, war man bei 6000 Waggons angekommen. Danach verlagerte der Volkseigene Betrieb (VEB) „Rhönbasalt" sein Tätigkeitsfeld auf den benachbarten Dietrichsberg. Als der VEB „Rhönbasalt" nach dem Zusammenbruch der DDR durch Einstieg eines westdeutschen Firmenkonsortiums gestärkt hervorging, sollte es dem Öchsen erneut „an den Leib gehen". Massive Proteste aus der Bevölkerung und die Gründung einer Bürgerinitiative zur Rettung des Öchsen haben dieses Vorhaben verhindert. Im Jahr 1992 wurde das Kapitel Öchsenbasalt nach umfangreichen Sanierungen und Gehölzpflanzungen endgültig abgeschlossen. Wenig später wurde der Öchsen als Naturschutzgebiet und als Be-

standteil des Biosphärenreservats Rhön ausgewiesen.

Für wildlebende Tier- und Pflanzenarten sind vor allem die nicht bepflanzten Tagebauflächen von Bedeutung. Auf den Rampen und Abhängen haben sich Gehölze von selbst eingestellt. Anstatt eines gepflanzten Försterwaldes entwickeln sich naturnahe Pionierwälder. Auch die nackten Felswände haben ihren Reiz. Hier siedeln Licht liebende Kräuter, Farne und Moose und auch der Uhu fühlt sich zu Hause.

Der Abstieg vom Öchsen ist zunächst identisch mit dem Aufstieg. Den Eselspfad lassen wir jedoch rechts liegen und folgen stattdessen dem weniger steilen Weg entlang einer Blockhalde, die von einem urigen Wald eingenommen wird (Markierung „grünes Haus"). Umgestürzte Bäume und herunter gebrochene Äste liegen auf dem Boden. Neben

Die Besteigung der Halde Wintershall

Termine: *Von März bis Oktober jeweils am Sonntag und Mittwoch um 15 Uhr. Mai - August auch am Samstag, ebenfalls um 15 Uhr. Tickets um 14 Uhr im Bergbaumuseum in Heringen besorgen.*

Anfahrt: *Von der A4 über die Abfahrt Friedewald oder Hönebach nach Heringen. Das Bergbaumuseum befindet sich in der Ortsmitte an der Hauptstraße Ecke Dickesstrasse. Wenn man von der Autobahn kommt, stößt man in Heringen direkt auf das Museum. Nach dem Kauf der Teilnahmekarten im eigenen PKW zum „Hintereingang" der Halde, der sich in ca. 400 m Höhe im Seulingswald*

befindet. Dazu über den Bengendorfer Grund Richtung Hönebach bis zum Abzweig Kleinensee (9 km). Ca. 700 auf der Kleinseerstraße, dann links zum Restaurant Bodesruh. Auf schmaler Waldstraße über das Mahnmal „Bodesruh" bis zum Fuß der Halde (3 km).

Tipps zur Haldenbesteigung: *Für die Besteigung wird festes Schuhwerk empfohlen. Zudem muss mit starkem Wind gerechnet werden. Bei unbewölktem Himmel an Sonnenbrille denken. Das Salz reflektiert das Sonnenlicht stark. Vorsicht mit Kindern! Die Abhänge der Halde sind extrem steil und*

das Haldengut steinhart. Dauer des Aufstiegs: 15-20 Minuten. Dauer der Führung: ca. 1 1/2 Stunden.

Der Weg auf das Gipfelplateau ist kurz, aber steil. Auf gut 300 m Strecke müssen 100 Höhenmeter überwunden werden. Dass es nicht mehr sind, liegt an dem Gelände, dem die Halde aufsitzt. Der Abraum wird auf einen zum Werratal abfallenden Hang des Seulingswaldes geschüttet. Der Aufstieg vom Werratal würde 200 m

Aufstieg zur Halde

Blick auf den Seulingswald und das Grüne Band (gelbes Birkenlaub)

Inmitten dieser Beckenlandschaft ist das Natur- und Vogelschutzgebiet Rhäden zu erkennen, eine Sumpfwiesen- und Gewässerlandschaft, durch die das Grüne Band verläuft. Was es mit dem Rhäden auf sich hat und wie man ihn am besten erkundet, wird im folgenden Kapitel beschrieben. Zuvor noch ein Blick vom Ostrand der Halde auf Heringen, das Kaliwerk Wintershall und auf das Werratal, das sich als weite Wiesenlandschaft präsentiert. Am südlichen Horizont zeichnen sich die Basaltkegel der Rhön ab. Auch die Halde Hattorf ist hier zu erkennen.

betragen und er wäre ungleich steiler, was jedem sofort klar wird, wenn er vom Gipfelplateau aus einen Blick nach unten wagt. „Bergführer" ist ein Angestellter der Kaliwerke. Er achtet darauf, dass alle zusammen bleiben und dass der Aufstieg in einem Tempo erfolgt, bei dem alle mithalten können.

Neben dem Aufstiegsweg verläuft das Förderband, auf dem der Abraum auf das Gipfelplateau transportiert wird. Ein Ausleger, der am Rande des Plateaus entlang wandert, verteilt das Salz. Ein Raupenschlepper arbeitet nach und schiebt Salzhaufen die steilen Abhänge hinunter. Eine nicht ungefährliche Arbeit!

Vom nordwestlichen Rand des Gipfelplateaus blickt man auf den Seulingswald und das Grüne Band, das sich als helles Birken-Band von den dunklen Nadelforsten abzeichnet. Es steigt nördlich von Heringen ins Tal hinab und quert die Werra in westlicher Richtung. In wildem Zickzack und ständigem Bergauf und Bergab wird die Aue bei Obersuhl umrundet, die sich nördlich der Halde ausbreitet.

Salzverteilung am Haldenrand

Walter Gräf, der Rhäden und das wiederhergestellte Naturerbe

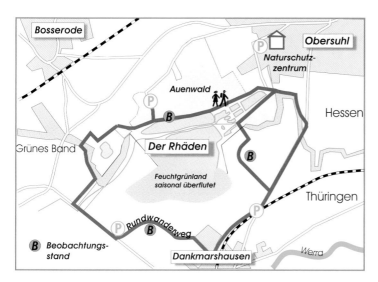

Erkundungstour: 6 km langer Rundweg mit INFO-Punkten und Beobachtungsständen, die mit Fernrohren ausgerüstet sind. Keine Anstiege. Gehzeit: knapp 2 Stunden. Auch als Radtour zu empfehlen.

Als am 26. Januar 1964 im Gasthaus Reiter in Obersuhl eine Vortragsveranstaltung über die Vogelwelt des Werratals stattfand, ahnte niemand, dass damit eine Entwicklung angestoßen wurde, in deren Verlauf eines der besten Vogelschutzgebiete Hessens, der Rhäden, entstehen sollte. Unter dem Eindruck der Vorführung erklärten sich 26 Besucher bereit, Mitglied im Bund für Vogelschutz zu werden. Kurz darauf gründeten sie die Ortsgruppe Obersuhl, deren erster Vorsitzender Walter Gräf wurde. Der „Ock", wie Walter Gräf von seinen Freunden genannt wird, ist noch immer der „Chef" der Gruppe und er kann auf eine beispiellose Leistung in

Sachen Naturschutz zurückblicken. Er und seine Mitstreiter haben eine trockengelegte Sumpf- und Seenlandschaft, den Rhäden, innerhalb von 3 Jahrzehnten wieder zu dem gemacht, was sie einmal war: ein Tummelplatz für Wasser- und Watvögel, ein Rückzugsgebiet für bedrohte Fische, Sumpf- und Wasserpflanzen. Um die Leistung der Naturschützer

würdigen zu können, müssen wir einen Blick in die Vergangenheit werfen.

Ein Naturparadies wird trockengelegt

Vor Urzeiten befand sich in der Nähe des heutigen Ortes Obersuhl ein großer, flacher See, den die Bauern „Rhäden" nannten, ein Hinweis, dass der See von einem breiten Schilfgürtel und von Sumpfwiesen umgeben war, für die Vogelwelt ein Paradies. In einem Bericht über eine im Mai 1859 durchgeführte Kahnfahrt auf dem Rhäden heißt es: *„Die Fahrt gewährte ...den Einblick in eine stets wechselnde, höchst interessante Szenerie, die durch die...an dem Rande des Rhäden umherschwärmenden Kiebitze und eine Anzahl ...stehender oder langsam ihrer Nahrung nachgehender Störche gebildet wurde... Unter den Sumpfvögeln nahm ei-*

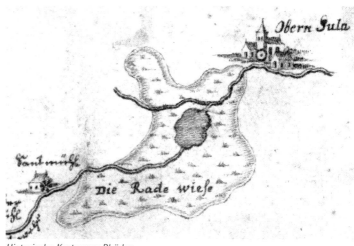

Historische Karte vom Rhäden

Kampfläufer

2. Durch Wiedereinstau im Oktober wurde ein Rastplatz für durchziehende Enten geschaffen.

3. Die Amphibienpopulationen explodierten.

4. Seltene Fischarten waren von selbst eingewandert (Moderlieschen, Dreistachliger Stichling) bzw. angesiedelt worden (Bitterling, Karausche, Schlammpeitzger). Für den Muschellaicher Bitterling hatte man Teichmuscheln eingebracht.

5. Am Rande der Weiher bildeten sich Rohrkolben-, Binsen- und Seggenbestände, die von Kleinrallen erobert wurden.

6. Am Seeufer breiteten sich Wiesen aus, die von Kiebitzen, Uferschnepfen, Kranichen, Störchen, Gänsen, dem Wiesenpieper und der Schafstelze genutzt werden.

Den offiziellen Stellen blieb nichts anderes übrig, als die Bauten nachträglich gut zu heißen und zu genehmigen und – da die amtlichen und ehrenamtlichen Naturschützer im Land des Lobes voll waren – die eine oder andere D-Mark zuzuschießen.

Bis zu diesem Zeitpunkt waren alle Arbeiten von der Vogelschutzgruppe selbst getragen worden. Mit der Unterstützung durch die Behörden wurde im Laufe der nächsten drei Jahre die Anlage professionalisiert. Windschöpfräder zur Optimierung der Bewässerung der Teiche wurden errichtet, ein Verteilerwerk für die Wasserzufuhr konstruiert, Rohrleitungen verlegt und eine Brücke gebaut. Darüber hinaus legten sich die Naturschützer eine Schafherde zu, mit der sie die Dammanlagen und Wiesen pflegten.

ne vorzügliche Stelle der Kampfläufer ein... Später aufgefundene Nester dieses in Niederhessen sonst nicht vorkommenden Vogels geben den Beweis, dass er hier brütet. Mehrfach erschienen auch rotschenklige Wasserläufer und einmal wurde der Ruf eines Bruchwasserläufers gehört."

Es sollte die letzte Kahnfahrt im Rhäden gewesen sein. Noch im selben Jahr (1859) wurde der See von den drei Anliegergemeinden Obersuhl, Bosserode (Hessen) und Dankmarshausen (Thüringen) trockengelegt und der Seeboden in Wiesen umgewandelt.

Neues Leben im Rhäden

Einhundertundelf Jahre später (1970) wurde die landwirtschaftliche Nutzung wieder aufgegeben. Die gerade einmal 4 Jahre alte Vogelschutzgruppe Obersuhl reagierte sofort: Ein Antrag auf Unterschutzstellung der brach gefallenen Wiesen wurde gestellt. Gerade noch rechtzeitig, denn die

Forstverwaltung hatte ein Auge auf den Rhäden geworfen. Sie wollte dort eine Lärchensamenplantage errichten.

Am 4. Oktober 1973 wurden 50 ha des Rhäden unter Naturschutz gestellt. Die Vogelschützer hatten nicht auf das Inkrafttreten der Schutzverordnung gewartet und bereits Drainagen unbrauchbar gemacht, Entwässerungsgräben aufgestaut und Vertiefungen geschoben. So entstanden mehrere Flachwasserseen und Weiher. Mit Hilfe von Ablassvorrichtungen konnte man die Wassertiefe entsprechend den natürlichen Schwankungen regulieren. Der größte Schwarzbau des Naturschutzes in Hessen hatte begonnen.

Die Erfolge blieben nicht aus:

1. Auf den Schlammflächen, die durch das sommerliche Absenken des Wasserspiegels entstanden, stellten sich Scharen durchziehender Watvögel ein.

Verankerung in der Gemeinde

Walter Gräf und seine Truppe feierten ihre Erfolge mit Blasmusik der vereinseigenen Kapelle. Selbstverständlich war dazu die Bevölkerung Obersuhls und der umliegenden Gemeinden eingeladen, denn eines war den Naturschützern klar: Ohne Einbeziehung der Bevölkerung würde man

Naturschutzzentrum:

Öffnungszeiten:
April – Oktober, sonntags von 10.00 – 12.00 Uhr und nach Absprache, Tel. 06626-1887

keine dauerhafte Unterstützung des Projektes bekommen. Also wurden Wanderwege angelegt und ein Beobachtungsturm gebaut. Dem „Ock" gelang es zudem, in einem Fachwerkhaus in der Nähe des Rhäden ein Naturschutzzentrum einzurichten.

Der Fall der innerdeutschen Grenze – neue Chance für den Rhäden

Bis 1990 verliefen Stahlgitterzaun und Kolonnenweg mitten durch den Rhäden. Mit dem Wegfall der innerdeutschen Grenze ergaben sich völlig neue Entwicklungsmöglichkeiten. Wenn es gelänge, die thüringische Nachbargemeinde und die dort wirtschaftende Agrargenossenschaft für ein länderübergreifendes Naturschutzprojekt zu gewinnen, dann hätte man die Chance, den Rhäden in seiner ursprünglichen Größe wieder herzustellen. Doch es war nicht einfach, die Menschen auf der thüringischen Seite von einem gesamtdeutschen Naturschutzprojekt zu überzeugen. Nach 40 Jahren Isolierung in der Sperrzone hatten die Dankmarshäusner zunächst andere Interessen.

Doch Walter Gräf ließ nicht locker und propagierte das Rhädenpro-

jekt als Teil eines Konzeptes zur Entwicklung des sanften Tourismus. In Obersuhl wusste man, dass der „Ock" damit keine Luftschlösser entwarf. Schließlich hatte sich der Obersuhler Rhäden zu einem Anziehungspunkt ersten Ranges entwickelt. Zur Zeit des Vogelzugs kamen aus ganz Hessen Busse mit Naturliebhabern, um Vögel zu beobachten. Die Dankmarshäuser Bürger staunten nicht schlecht, als sie sahen, wie viele Menschen sich für den Rhäden und für Vögel interessierten. Und die Gastwirte der ehemaligen Grenzorte freuten sich, dass die Naturliebhaber bei ihnen zu Mittag aßen.

Gräf bereitete so den Boden für Gespräche mit den Thüringer Entscheidungsträgern, wobei ihm seine vielfältigen Kontakte zu Hilfe kamen, die er schon vor der Wende geknüpft hatte. Das Wunder geschah: In Thüringen entschloss man sich, den Dankmarshäuser Rhäden als Naturraum zu

Silberreiher

Blick über den hessischen Rhäden zum thüringischen Dankmarshausen

entwickeln. Doch die Umsetzung dieses Vorhabens war nicht einfach. Schließlich wurde das Land von einer Agrargenossenschaft bewirtschaftet, die nicht besonders davon angetan war, dass ein

Walter Gräf

Teil ihrer Produktionsflächen wiedervernässt werden sollte. Hier galt es intelligente Lösungen zu finden und viel Überzeugungsarbeit zu leisten, was im Verein mit dem Flurneuordnungsamt Meiningen und der Oberen Naturschutzbehörde in Weimar gelang.

Was getrennt war, wächst zusammen

Das Land Thüringen kaufte die Flächen des Naturschutzgebietes und ließ die dort vorhandenen Äcker in Grünland umwandeln. Zudem wurden Stauanlagen errichtet, die das Wasser während der Wintermonate auf der Fläche halten. Von Mai bis Ende Novem-

ber wird das Wasser abgelassen und die Flächen des NSG werden von einer Mutterkuhherde der Agrargenossenschaft extensiv beweidet. Das Grünland hat sich dadurch einerseits zu einem idealen Biotop für Wiesenbrüter entwikkelt, andererseits lockt die periodische Überflutung von großen Teilen der Weideflächen zahlreiche durchziehende Watvögel an.

Schließlich wurde ein Wegesystem gebaut, das die Menschen an die Natur heranführt, ohne sensible Zonen zu berühren. Und damit zusammenwächst, was einst getrennt war, hat die Naturschutzgruppe Obersuhl vom hessischen Teil aus Wege in Richtung Thüringen gebaut und so zusammen mit den Dankmarshäusern einen ca. 6 km langen Rhäden-Rundweg geschaffen, der sowohl von Wanderern als auch von Radlern benutzt werden kann. Auch zwei neue Beobachtungsstände und INFO-Punkte wurden errichtet.

Der Rhäden, Baustein im Grünen Band

Die Natur hat es den Naturschützern in Ost und West inzwischen gedankt. Die Zahl der rastenden Enten und Watvögel hat erheblich zugenommen. Kampfläufer sind keine Seltenheit mehr. Die Rinderbeweidung und das periodische Trockenfallen haben sich bewährt. Ein Naturerbe ist durch die beherzte Initiative einer Gruppe von Naturfreunden neu entstanden.

Walter Gräf und die Naturfreunde im Werratal ruhen sich auf ihren Erfolgen nicht aus. In Abstimmung mit dem amtlichen Naturschutz sind sie dabei, weitere Trittsteinbiotope in der Werraaue auszubauen und sie im Sinne des Grünen Bandes Hessen-Thüringen zu vernetzen. Mehr dazu erfährt man bei der Beschreibung der „Grüne Band" - Radtour, die der Werra flussabwärts folgt.

Der Thüringer Zipfel und die A 44

Das Grüne Band geht eigene Wege. Zwischen Obersuhl und dem thüringischen Gerstungen steigt der ehemalige Grenzstreifen in die bewaldeten Buntsandsteinberge hinauf, schlägt einen mehrere km umfassenden Halbkreis, dem so genannten Thüringer Zipfel, und trifft 8 km flussabwärts, zwischen dem hessischen Wommen und dem thüringischen Sallmannshausen, wieder auf die Werra. Zu DDR-Zeiten verursachte der Thüringer Zipfel arge Verkehrsprobleme. Die Autobahn Eisenach-Bad Hersfeld wurde nicht fertig gestellt und für den Schienenverkehr musste eine grenzkonforme Ersatztrasse gebaut werden. Thüringische wie hessische Orte lagen wie Enklaven im Grenzgebiet und waren umständlich zu erreichen.

Das Grüne Band stellt für die Ortsverbindungen keine Barriere

Forsthaus Berlitzgrube

Am Grünen Band oberhalb Forsthaus Berlitzgrube

Auch auf die Werraaue würde sich die A 44 negativ auswirken. Ausgerechnet zwischen Wommen und Sallmanshausen, wo das Grüne Band auf die Werra trifft, ist der Bau eines Autobahndreiecks geplant. Die Werra war hier über einen 10 km langen Abschnitt Grenzfluss und zeichnet sich durch einen besonders naturnahen Verlauf mit weiten Schleifen und Mäandern aus. Zudem haben Naturschützer in dem breiten Talraum zwischen Wommen und Herleshausen Äcker und Wiesen erworben, um den Lebens- und Nahrungsraum der dort brütenden Wiesenvögel und Störche zu sichern. Der Bau eines Autobahndreiecks würde all diese Bemühungen konterkarieren. Mehr dazu im Radler-Kapitel.

dar und der Lückenschluss der Autobahn Eisenach - Bad Hersfeld (A4) zwischen den Abfahrten Wommen und Obersuhl war für die Entwicklung der deutschen Einheit unabdingbar. Der geplante Bau einer zusätzlichen Autobahn zwischen Kassel und Eisenach (A 44), deren Trasse im nördlichen Abschnitt des Thüringer Zipfels über 6 km unmittelbar am Grünen Band entlang führen würde, hätte dagegen eine nicht hinnehmbare Entwertung des Ge-

bietes zur Folge. Der Fernverkehr würde das zu DDR-Zeiten nur wenig genutzte Waldgebiet im Thüringer Zipfel einkreisen. Die Wanderwege für im Gebiet lebende Luchse und Wildkatzen zum Ringgau und zum Nationalpark Hainich würden ein für alle Mal zerschnitten. Eine einmalige, ruhige Erholungs-Waldlandschaft wäre zerstört. Direkt hinter dem Forsthaus Berlitzgrube würde die Trasse verlaufen. 50 Meter weiter beginnt das Grüne Band.

Jetzt richten wir unseren Blick auf die vor uns liegenden Berge, den Ringgau und das südliche Werrabergland, das Streifgebiet von Luchs und Wildkatze, Lebensraum von Uhu und Wanderfalke, eine Landschaft in der sich noch viele Elemente des alten Buchonias bewahrt haben.

Luchs

Durch den Ringgau und das südliche Werrabergland

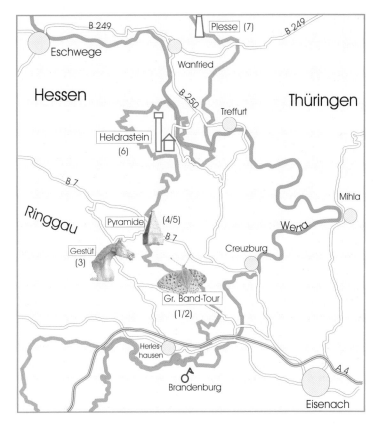

Die basaltenen Höhen der Rhön und das Buntsandsteinland Waldhessens liegen hinter uns. Nun geht es über die hessisch-thüringischen Kalktafelberge, die im Osten an den Nationalpark Hainich grenzen. Die Werra versucht den Kalkbergen auszuweichen und zieht in nordöstlicher Richtung, wo sie bei dem Ort Mihla jedoch auf den Höhenzug des Nationalparks Hainich prallt. Dem Fluss blieb nichts anderes übrig, als Schwachstellen im Kalk zu suchen, sich durch Spalten und Klüfte zu zwängen und diese mit der Kraft von Wellen und Strudeln zu erweitern. In weiten Schleifen wendet sich die Werra nach Nordwesten, wo sie ein tief eingeschnittenes Tal mit felsigen Steilabstürzen geschaffen hat.

Das Grüne Band folgt nicht den Werraschleifen, sondern zieht über mehrere km durch eine weite, offene Landschaft, den fruchtbaren Ringgau. Dann geht es durch große, geschlossene Buchenwälder bis an den Rand eines felsigen Steilabsturzes, den Heldrastein. Tief unten im Tal fließt die Werra. Das Grüne Band führt nicht direkt hinunter zum Fluss. Ein komplizierter Grenzverlauf zwingt es zu einer Schleife um das thüringische Dorf Großburschla. Im Werratal verläuft der ehemalige Grenzstreifen zunächst ein Stück flussaufwärts, um sich dann, kurz vor dem thüringischen Treffurt, wo es die Werraaue quert, wieder flussabwärts zu orientieren. Von hier an folgt das

Grüne Band den Höhen des hessischen Werraberglandes bzw. den Randbergen des thüringischen Eichsfeldes bis nach Niedersachsen.

Auf der Strecke zwischen Herleshausen und dem Werrabergland gibt es viel zu entdecken: Orte, die ihren dörflichen Charakter bewahrt haben (1), einen orchideenreichen Abschnitt des Grünen Bandes (2), ein Gestüt, das ein weltberühmtes Pferd hervorgebracht hat (3), die Grabpyramide des Schlossherrn von Lüdersdorf (4) und ein Baumkreuz, das die

Einwohner des thüringischen Ortes Ifta zusammen mit Künstlern entlang der ehemaligen Grenze gepflanzt haben (5). Im südlichen Werrabergland steigen wir auf den Heldrastein (6) und die Plesse (7), wo wir von Felskanzeln und Türmen die Aussicht genießen. Zudem lernen wir dort bunt blühende Steppenheiden kennen und erfahren etwas über Bergstürze und die Dynamik der Felslandschaft.

Bienenragwurz

Herleshausen, das Tor zum Ringgau

Wer vor der Wende mit dem PKW über Eisenach zu Verwandtenbesuchen in die DDR gereist ist oder die Transitstrecke nach Berlin genutzt hat, kennt ihn noch, den Grenzübergang Herleshausen /Wartha. In den ersten DDR-Jahrzehnten wurde der Verkehr auf einer Landstraße über die Grenze geleitet. 1984 wurde die bestehende Autobahnlücke mit einem Brückenschlag über das Werratal geschlossen. In 92 m Höhe rauscht seitdem der Ost-Westverkehr über das Tal.

Die Werra durchbricht hier die vorderste Front der Kalkberge, die um 200 m aufragen. Teilweise steht senkrechter Fels an. Die Grenzsperren der DDR steuerten vom thüringischen Wartha aus auf eine weithin sichtbare Felswand zu, ließen an der Autobahn eine Lücke für den Transitverkehr und zogen sich über Schutthalden und Geröll bis vor die senkrechte Wand.

Heute ist der von Gebüschen umgebene ehemalige Grenzstreifen unter den Felsen ein ausgespro-

chen wertvoller Abschnitt des Grünen Bandes. Das nach Süden ausgerichtete Kalkgestein sorgt für ein warmes Kleinklima. Unzählige Schmetterlinge gaukeln in den blumenreichen Säumen unter der Wand. Enziane und Orchideen kommen hier vor und auch die Felsen bergen zahlreiche Besonderheiten. Die Autobahn und das steile, weglose Gelände versperren den Zugang zur Felswand. Wer wissen möchte, was sich hinter dem Felsriegel verbirgt, der muss der Werra auf ihrem Weg durch die Thüringer Pforte folgen, der Engstelle, die die Autobahn überbrückt.

Von Herleshausen aus fährt man dazu auf der alten Transitstrecke unter der Autobahnbrücke hindurch, bis die Hauptstraße in einer Rechtskurve das Werratal quert. Vor der Werrabrücke führt eine Nebenstraße geradeaus nach Pferdsdorf, einem thüringischen Ort, der unmittelbar an der Grenze lag. Heute kann man von Pferdsdorf aus wieder ins hessische Willershausen gelangen, dem Ziel unserer Fahrt. Die Ortsdurchfahrt ist noch etwas kompliziert. In der Ortsmitte hält man sich links und folgt einem gefass-

ten Bachlauf, der nach knapp 100 m auf einer schmalen Brücke gequert wird. Direkt hinter der Brücke geht es einen steilen Betonweg hinauf. Keine hundert Meter weiter war vor der Wende die Welt zu Ende. Heute steht hier ein Ortsschild mit der Aufschrift „Willershausen 2 km".

Der Weg wird zur Straße und schon steht man am Grünen Band, das sich hier als buntblumiger Kalkmagerrasen präsentiert. Der ehemalige Grenzstreifen kommt von einem bewaldeten Höhenzug herunter und quert als gebüschreiche Brachfläche die vor uns liegende Feldflur. Auf dem Bergrücken dort, wo das Grüne Band als Schneise im Wald erscheint, befindet sich die Felswand, auf die wir von Wartha aus geblickt haben.

Die Fahrt geht weiter nach Willershausen, wo wir zu einer „Grüne Band" - Erkundung starten. Den PKW parkt man in der Nähe der Gaststätte Wartburgblick, die sich nicht weit vom Dorfeingang in der Pferdsdorfer Straße 9 befindet.

Willershausen

Zwei Kilometer Kolonnenweg
- Achterbahn über das Grüne Band

Grüne Band-Erkundung: 5 1/2 km lange Rundtour, wobei 2 km über das Grüne Band führen. Ca. 90 Höhenmeter Aufstieg zum ehemaligen Grenzstreifen, geringe Steigung. Auf dem grünen Band über den Kolonnenweg. Achtung Wegbefestigung aus Lochbeton! Am Kolonnenweg Steilstücke mit Anstiegen von insgesamt 140 Höhenmetern. Gehzeit: 2 1/2 Stunden.

Willershausen lag über Jahrzehnte abgeschieden am Rande der Welt. Hinter den Bergen gelegen und nur einen Kilometer von der innerdeutschen Grenze entfernt, war das schmucke Fachwerkdorf der Inbegriff einer Zonenrandgemeinde. Willershausen hat sich auch nach dem Fall der Grenze seinen ländlichen Charme erhalten, obwohl inzwischen „Fremde"

kommen, um hier dem Golfsport zu huldigen. Zentrum der betuchten Golfer ist eine alte Wasserburg, von der ein mächtiger Turm, das Wohnhaus, sowie Teile der Wassergräben erhalten sind. Der dezent in die Landschaft eingepasste Golfplatz erstreckt sich über die Hänge südlich des Dorfes. Unsere „Grüne Band" - Erkundung führt nach Norden, in Richtung auf das thüringische Dorf Ifta. Über die Pfersdorfers Straße, die ab der Ortsmitte den Namen Archfelder Straße führt, erreicht man nach ca. 200 m die von rechts kommende Iftaer Straße. Auf ihr geht es in die freie Flur.

Die alte Verbindungsstraße Willershausen - Ifta ist für den Verkehr gesperrt. Obstgehölze säumen den Weg und zur Kirschen- oder Zwetschgenzeit kommt man vor lauter Probieren kaum vor-

Hain-Wachtelweizen

Perlmuttfalter auf Betonie

Mücken-Händelwurz

Die ersten 400 m geht es ohne nennenswerte Steigungen oder Gefällstücke geradlinig über das Grüne Band, das sich hier als Waldschneise präsentiert. Rechts erstrecken sich blumenreiche Magerrasen, in denen sich der Hain-Wachtelweizen besonders schön ausnimmt.

Dann geht es plötzlich steil bergab, so steil, dass man sich kaum vorstellen kann, dass sich die Grenzer mit ihren Kübelwagen hier hinunter gewagt haben. Im Bereich des Gefälles weitet sich die Schneise zu einer Lichtung, auf der sich Hunderte von Schmetterlingen tummeln. Neben dem Dost wächst hier die Betonie, beides Blumen, für die die Schmetterlinge eine Vorliebe haben. Weiter unten, in einer Mulde,

wird es sumpfig. Ein kleiner Bach quert den Kolonnenweg.

Danach geht es kurvenreich bergauf und bergab. Die Grenzer in ihren Kübelwagen müssen sich wie in einer Achterbahn vorgekommen sein. Am Wegesrand stehen prachtvolle Exemplare der Mücken-Händelwurz. Daneben haben sich junge Fichten etabliert. Den Botaniker stimmt das traurig, denn er weiß, dass die Händelwurz im Schatten der heranwachsenden Gehölze bald verkümmern wird. Auch für die Licht liebenden Schmetterlinge und Käfer verliert das zuwachsende Gelände an Attraktivität. „Aber das ist", seufzt der Botaniker, „halt der Lauf der Natur." Und im Stillen denkt er sich, dass sich vielleicht doch eine Initiative findet, die die

wärts. Wir folgen dem Wiesental bis auf einen Höhenzug, der die Gemarkung von Willershausen begrenzt. Die Asphaltdecke endet und auf einem geschotterten Weg geht es in den Grenzwald, der sich jedoch schon nach wenigen Metern wieder lichtet. Wir sind am Grünen Band. Wir halten uns rechts und folgen dem ehemaligen Patrouillenweg der DDR-Grenztruppen, der von der Gemeinde Ifta freigehalten wird. Etwas störend sind die Löcher in den Betonplatten der Wegbefestigung. Doch wie zum Ausgleich ist dieser Grenzabschnitt ausgesprochen abwechslungsreich.

Mahnmal zur deutschen Teilung

Gehölze zurückschneidet und die Flächen mäht. Geschlossene Wälder gibt es in dieser Gegend reichlich. Lichtungen, die zum Inventar eines naturnahen Walds gehören, sind dagegen rar.

Nach einem weiteren Kurzanstieg erreichen wir eine Wegkreuzung mit Ruhebänken, Tischen und einem Kunstobjekt, das an die deutsche Teilung erinnert. Wo früher der Stahlgitterzaun den Weg versperrte, zeigt heute ein Wegweiser in alle Himmelsrichtungen, unter anderem nach Willershausen, dem Ausgangspunkt unserer Tour. Über einen Schotterweg gelangen wir wieder in den „Westen", wobei wir dem Wartburgpfad mit der Markierung „x9" nach Willershausen folgen. An einem ins Feld ragenden Waldzipfel wird der Blick frei ins Werratal und weiter bis in den Thüringer Wald. Die Wartburg ist zu sehen,

der 916 m hohe Inselsberg und die 92 m hohe Werratalbrücke.

Der Weg führt durch eine abwechslungsreiche Feldflur. An einen Streifen mit Futterrüben reiht sich ein Acker Kartoffeln. Daneben steht das Getreide. Woanders bekommen die Kühe schon lange keine saftigen Rübenschnitzel mehr, sondern müssen mit importiertem Soja-Schrot und Fertigfutter vorlieb nehmen. In die Feldflur sind Wiesen, Brachestreifen und Gehölzgruppen eingestreut. Für Vögel, Kleinsäuger und Insekten bleibt so inmitten der Agrarlandschaft Raum zum Überleben.

Futterrübe

Vom Ringgau ins Werrabergland

Auf dem Willershäuser Rundweg gewinnt man einen ersten Eindruck vom Ringgau. Auf der Fahrt

zum nächsten Wanderziel, dem Heldrastein, haben wir die Gelegenheit, weitere Impressionen von dieser stillen Landschaft zu sammeln. Die Route führt hinauf nach Archfeld und Altefeld, zweier Orte im zentralen Teil des Ringgaus. Am Ortseingang von Archfeld empfiehlt es sich, einen ersten Stopp einzulegen und den

Feldrittersporn und Klatschmohn

Weg, der rechts in die Feldflur führt, ein Stück entlang zu wandeln. Wir befinden uns auf einer Hochebene und die Archfelder laden im Sommer dementsprechend zu einer „Highlander Kirmes" ein.

Das Land ist offen, der Horizont ist weit, die Flur abwechslungsreich. In den Getreidefeldern blühen Ackerrittersporn und Klatschmohn. Im Winter rasten hier tausende von Zugvögeln. Ihr Anflug ist nicht durch Elektromasten und andere technische Gerätschaften verstellt. Zudem haben die Vögel auf der weiten Flur genügend Übersicht, um heranschleichende Katzen, Marder und Füchse rechtzeitig zu bemerken. Große Teile des Hochplateaus, das sich von Archfeld aus 10 km in westlicher Richtung erstreckt, sind daher als EU-Vogelschutzgebiet ausgewiesen. Hier darf nichts geschehen, was die Rast der Zugvögel stören würde.

Ahle Wurscht

Wenn man in Nord- und Osthessen eine Beliebtheitsskala heimischer Produkte aufstellen würde, dann stünde „Wurscht" ganz oben an der Spitze. Vom Fuldaer Schwartemagen über das Weckewerk Waldhessens bis zur Ahlen Wurscht Nordhessens, die vom Schwein stammenden Spezialitäten sind bei Alt und Jung, Vornehm und weniger Vornehm, gleichermaßen beliebt. Wurscht ist aber nicht gleich Wurscht und auch dann nicht, wenn „Ahle" drauf steht. Um vom Förderverein für Ahle Wurscht als echt anerkannt zu werden, muss das Kultprodukt Nordhessens, das von Insidern wegen seiner Form auch als „Stracke" bezeichnet wird, zwischen 6 Monaten und einem Jahr gereift sein und in einem Naturdarm stecken. Da-

mit aber nicht genug: die Schweine, die für die Wurscht herhalten, müssen mindestens 7 Monate alt und 150 kg schwer sein. Gewürzt wird mit Peffer und Salz. Geschmacksverstärker, Emulgatoren usw. haben in der Ahlen Wurscht nichts zu suchen.

Erläuterung für Auswärtige: Ahle bedeutet hier auf natürliche Art gereift. Weckewerk ist Bestandteil vom Schlachtekohl und wird mit Wecken, d.h. Brötchen hergestellt.

Komposition „Ahler Wurscht"

Preußisches Hauptgestüt im Hessischen Ringgau

Die Fahrt geht weiter nach Altefeld, einem 1913 von Preußen ge-

Derbysieger Alchimist

gründeten Hauptgestüt, das mit seinen in weiten Abständen über flachwelliges Weideland verteilten Gebäuden eigenartige Akzente setzt. Bereits beim Aufbau des Gestüts hatte man auf artgerechte Haltung gesetzt. Zwischen 1913 und 1919 entstanden ein Hengststall, Deckhallen, Mutterstutenställe sowie Laufställe für Jungstuten und Junghengste. Daneben hatte man auf dem 800 ha großen Gelände ein Hotel, eine Gestütsschule, eine Jugendherberge, eine Gärtnerei, eine Försterei, eine Schmiede, eine Schäferei und einen Gutshof errichtet. Von diesem Gestüt stammt der weltberühmte Hengst Alchimist, der so viele Derby-Siege holte, dass man ihm ein Denkmal setzte. Die wirtschaftlichen Schwierigkeiten

zur Zeit der Weimarer Republik führten zur Aufgabe des Gestüts. Im Jahre 1940 wurde Altefeld Heeresvollblutgestüt, das aber, wie man sich denken kann, keinen langen Bestand hatte. Heute ist das Gestüt in Privatbesitz, wobei die Pferdezucht nach den historischen Vorgaben der preußischen Gestütsverwaltung fortgeführt wird. Ohne Stress, artgerecht und naturverbunden sollen die Pferde hier aufwachsen, so will es Manfred Graf, der derzeitige Eigentümer. Auf dem Gestüt befindet sich ein kleines Museum, das man auf Anfrage besuchen kann. Man wende sich dazu an folgende Adresse: Hauptgestüt Altefeld, St. Georg-Straße 15, 37293 Herleshausen, Tel. 05654-6563, E-Mail info@gestuet-altefeld.de.

Fährt man an der Kreuzung hinter Altefeld geradeaus, so kommt man in den westlichen Teil des Ringgaus mit den ländlichen Orten Renda und Grandenborn. Das „Grande" erinnert an die Zeit, als sich Hugenotten in Hessen ansiedelten. Trotz oder vielleicht gerade wegen dieses französischen Einschlags wird in Grandenborn die weit und breit beste „Ahle Wurscht" hergestellt. Der Teichhof, ein alter Familienbetrieb, verarbeitet die aus Mett bestehenden Würste in größeren Mengen und hat deshalb auch immer Wurscht im richtigen Reifestadium vorrätig. (Teichhof: Inhaber Regina und Edgar Linhose, Am Teich 5, 37296 Ringgau-Grandenborn, Tel. 05659 810. Auf dem Teichhof bekommt man zudem ein leckeres Roggen-Sauerteig-Brot aus dem Holzbackofen). Was es mit der „Ahlen Wurscht" oder der „Stracken" auf sich hat, darüber informiert die Box.

Die Pyramide von Lüderbach

Zurück zur Altefelder Kreuzung, an der man sich von Grandenborn

Grabmahl des Schlossherrn von Lüderbach

kommend links hält (Von Altefeld her rechts). Man folgt ca. 1 km der Straße nach Netra und biegt dann rechts ab. In Windungen geht es den Nordabhang des Ringgaus hinunter und in den kleinen Ort Lüderbach, der sich durch seine

Wappen am Grabmahl

ländliche Geschlossenheit und ein kleines Schloss auszeichnet. Hinter dem Ort gewahrt man einen Hügel, auf dem eine merkwürdige Pyramide steht. Es lohnt sich anzuhalten und über einen Pfad hinaufzusteigen. Der Hang ist im Sommer von einem Blumenteppich überzogen, in dem die magentafarbenen „Blütenstände" des Feld-Wachtelweizens dominieren. (Bei den vermeintlichen Blütenschöpfen handelt es sich im botanischen Sinne um Hochblätter, die eigentlichen Blüten sind gelb.)

Die Pyramide auf der Hügelspitze entpuppt sich als Grabmal von

Feld-Wachtelweizen

Iftaer Baumkreuz

Adam Friedrich von Cappelan, dem Schlossherrn von Lüderbach, und seiner Schwester Friedericke die hier Ende des 18. Jh. beigesetzt wurden. Blickt man von der Pyramide in Richtung Osten, sieht man in circa einem km Entfernung einen weiteren Hügel. Über diesen läuft das Grüne Band, das hier den breiten Ifta-Graben quert.

Unser nächstes Ziel ist der an der B7 gelegene, ehemalige Grenzübergang von Ifta, der nur kurze Zeit am Ende der DDR bestand. Vor der Wende war die B7, die Kassel mit Eisenach verbindet, gesperrt. Von der Pyramide gelangt man in 1 km zur B7, der man rechts folgt. Nach ein paar hundert Metern passiert man den alten Stahlgitterzaun. Ein Parkplatz am Zaun gestattet es, das Iftaer Baumkreuz in Augenschein zu nehmen, das Künstler aus ganz Deutschland zusammen mit Bürgern von Ifta zur Erinnerung an

die Teilung entlang dem Grenzzaun und entlang der Bundesstraße kreiert haben. Inzwischen ist der tausendste Baum gepflanzt und die Aktion läuft weiter.

Wir setzen unsere Fahrt auf der B7 in Richtung Eisenach/Creuzburg fort, biegen dann aber, 2 km hinter Ifta, links ab und folgen der B250 in Richtung Treffurt. In Schnellmannshausen, einem Ort vor Treffurt, leiten uns Wegweiser nach Großburschla. Eine kurvenreiche Straße führt zwischen Feldern bergauf, bis zu einem unmittelbar auf dem Grünen Band gelegenen Wander-Parkplatz. Von dort beginnt der Aufstieg zum Heldrastein.

Wer sich in der Umgebung des Iftaer Baumkreuzes gern noch ein wenig umsehen will und das orchideenreiche Ziegental oder den ehemals grenznahen Weiler Wolfmannsgehau kennen lernen

möchte, dem sei folgendes Faltblatt empfohlen:

Grenzwanderweg
Grünes Band Thüringen
in der Wartburgregion

Zu beziehen im Landratsamt des Wartburgkreises in Bad Salzungen. Ansprechpartner ist Matthias Kirsten, Telf. 03695-616409, E-Mail MatthiasKirsten@wartburgkreis.de.

In dem Faltblatt werden Wandervorschläge entlang des 196 km langen Grünen Band -Abschnittes des Wartburgkreises gemacht, die im Detail im Internet unter

www.wartburgkreis.de/gruenes_band/ eingesehen werden können. Das Ganze wird durch Schautafeln entlang der Wanderstrecke komplettiert, deren Texte unter der gleichen Adresse im Internet abrufbar sind.

Der Heldrastein
– Felskanzel über dem Werratal

Wanderroute: *Vom Parkplatz aus steiler Anstieg über einen Treppenweg auf ein lang gezogenes Gipfelplateau mit felsigen Steilabbrüchen, einem Gasthaus und einem Aussichtsturm. Vom Gasthaus zum nördlichen Ende des Plateaus, dem Dreiherrenstein. Aufstieg wie Abstieg. Länge: 4 km. Anstieg:170 Höhenmeter. Gehzeit: 2 Stunden.*

Der Heldrastein ist ein Vorposten des Nordens. Von hier geht der Blick weit in das Werrabergland, fast bis an die Grenze Niedersachsens. Ein Treppenweg führt den steilen, mit Felsen durchsetzten Hang hinauf zum Aussichtsturm. Wer nach dem anstrengenden Aufstieg eine Stärkung benötigt, der kann in die an Sonn- und Feiertagen von Mai bis Oktober von 10 bis 17 Uhr geöffnete Hütte unter dem Turm einkehren. Der Turm ist das ganze Jahr über offen.

Bereits während des Treppenaufstiegs kommt man an phantastischen Felsbildungen vorbei. Mitten im Wald ragen gestufte Kalkwände in die Höhe. Das Gestein ist voller Klüfte und Spalten und bietet Fledermäusen einen idealen Unterschlupf.

Berg in Bewegung

Am Ende der „Treppenstraße" führt der Weg über eine Felsenschlucht, die nicht durch die Arbeit eines reißenden Flusses entstanden ist, sondern durch das langsame Abrutschen einer riesigen Felsplatte am Massiv des Hel-

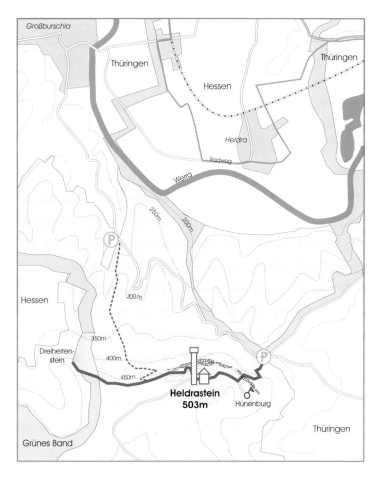

drasteins. Doch keine Angst, der Wanderweg führt durch sicheres Gelände. Nach außen, zur Abbruchkante hin, ist der Berg aber weiterhin in Bewegung. Risse tun sich in dem brüchigen Kalkgestein auf, Wurzelwerk wird auseinander gerissen – der Berg lebt. Hinzu kommen senkrechte Felsabbrüche mit Höhen von bis zu 60 Metern. Das Gelände abseits des Weges ist also hoch gefährlich. Nicht so für Uhu und Wanderfalke, sie fühlen sich in den unzugänglichen Felsabbrüchen wohl. Hier ist ihr Nach-

wuchs sicher vor menschlichen Störungen.

Auslöser für das Abdriften der vordersten Felspartien ist das Regenwasser. Es sickert durch die Klüfte und Spalten des Kalkgesteins hinunter bis auf den tonigen Buntsandsteinsockel (Röt) des Berges. Die Tonschichten weichen auf, werden breiig und der obere Teil des Berges rutscht wie auf einer schiefen Ebene mm um mm talwärts, so lange bis es zu einem Bergsturz kommt. Die zahlreichen Felsbildungen und Steilabbrüche des Werraberglandes sind aufgrund solcher Rutschungen entstanden, von denen sich der größte Teil in prähistorischer Zeit abgespielt hat. Bergstürze hat es im Werrabergland aber auch noch im 17. Jahrhundert (Plesse, S. 101) und selbst in der Gegenwart (Hörne, S. 117) gegeben.

Hinter der Schlucht führt der Wanderweg über flacher werdendes Gelände und nach ein paar hundert Metern ist das Gipfelplateau mit dem schmalbeinigen Aussichtsturm und der Berghütte erreicht. Vor der Turmbesteigung sollte man den Blick von der nur 100 Meter vom Turm entfernten natürlichen Aussichtsplattform genießen. Tief unter uns fließt die Werra mit dem thüringischen Ort Großburschla am linken Ufer des Flusses und den hessischen Orten Altenburschla und Heldra am rechten Ufer. Den Horizont begrenzen die Tafelberge der Hessischen Schweiz, über die sich das Grüne Band bis nach Bad Sooden – Allendorf zieht.

Bergschrund am Heldrastein

Zum Dreiherrenstein

Zu DDR-Zeiten war der Heldrastein militärisches Sperrgebiet. Die Grenze zur BRD verlief unterhalb der Abbruchkante des Plateaus entlang der nach Großburschla führenden Straße. Die DDR ragte mit der Gemarkung Großburschla wie ein Kopf mit einem dünnen Hals in die Bundesrepublik hinein und der Ort war nur über diesen Hals - einen 1 km breiten Korridor- mit dem Hinterland der DDR verbunden. Von der Abbruchkante des Gipfelplateaus blickt man direkt auf diesen Korridor und selbstverständlich befanden sich hier Bunker der Grenztruppen. Die Horchposten

sind inzwischen bis auf die Grundmauern abgerissen. Sie haben damit das gleiche Schicksal erfahren wie das Gasthaus, das vor dem Ausbau der Grenze auf dem Plateau des Heldrasteins stand.

Wir folgen dem Wanderweg zum 1 km entfernten Dreiherrenstein. Zunächst bleibt die Szenerie dramatisch. Es geht unmittelbar an den Felswänden der Nordabstürze des Heldrasteins entlang. Nach ein paar hundert Metern machen mit Wald bestandene Abhänge den Felsen Platz. Für Abwechslung sorgen die Tafeln eines Naturlehrpfades. Nach 750 m errei-

chen wir das Grüne Band, das an der Abbruchkante endet. Die Waldentwicklung auf dem ehemaligen Grenzstreifen ist voll im Gange, ein Anschauungsobjekt, das interessanter ist als jede noch so gut gemeinte Infotafel. Einige Meter weiter und man steht an dem dreieckigen Dreiherrenstein. Wer die Inschrift „KP Reg. B. Cassel" lesen kann (KP steht für Königreich Preußen), befindet sich bereits in Hessen. Eine Bronzetafel neueren Datums erklärt, wer die beiden anderen Herren sind: das Haus Sachsen-Weimar Eisenach (Gravur SWE) und das Königreich Preußen, einmal mit dem preußischen Adler als Wappen und ein-

Aussichtsturm auf dem Heldrastein

mal mit dem hessischen Löwen. Der Grund für die zweimalige Nennung Preußens: Kurhessen verlor 1866 seine Selbstständigkeit und fiel an Preußen. Eine Karte auf der Bronzetafel zeigt, in welch exponierter Lage sich Großburschla befand.

Unser Rückweg ist im Falle des Heldrasteins mit dem Hinweg identisch. Man sollte bei guter Sicht auf keinen Fall die Besteigung des Turmes versäumen, der weit über die Baumwipfel hinausragt. Man kann bis in die Rhön schauen, wo unsere Wanderungen am Grünen Band begonnen haben.

Unser nächstes Ziel ist die Plesse, der Hausberg des hessischen Grenzstädtchens Wanfried. Die kürzeste Verbindung vom Heldrastein-Parkplatz nach Wanfried führt über die ehemalige „Enklave" Großburschla, wobei man direkt unter den Felsabstürzen des Heldrasteins entlang fährt. Zu DDR-Zeiten wurde die Straße von der Stelle, an der sich heute der Wanderparkplatz befindet, bis zur ersten großen Kehre vom Stahlgitterzaun begleitet. Man mache sich klar, dass dies der einzige Verbindungsweg der Bürger von Großburschla mit der „Außenwelt" war. In der Ortsmitte von Großburschla biegen wir rechts

ab. Es geht über die Werra und das Grüne Band zu dem in Hessen gelegenen Bahnhof von Großburschla, der für die Großburschlaer über Jahrzehnte unerreichbar war. Als die Wende kam und die Menschen sich wieder frei bewegen konnten, war - Ironie des Schicksals - die Strecke inzwischen stillgelegt. Die Straße führt am Bahnhof vorbei zur B 250. Fünf km weiter ist Wanfried erreicht. Dort über die Marktstraße Richtung Erfurt. Am Ausgang der Altstadt rechts in die Plouescatstraße. Am Ende der Straße rechts und vor den nächsten, am Ortsrand gelegenen Wohnblocks auf einen Parkplatz.

Blick übers Werratal nach Norden

Nordabstürze des Heldrasteins

Bergsturz im Werratal

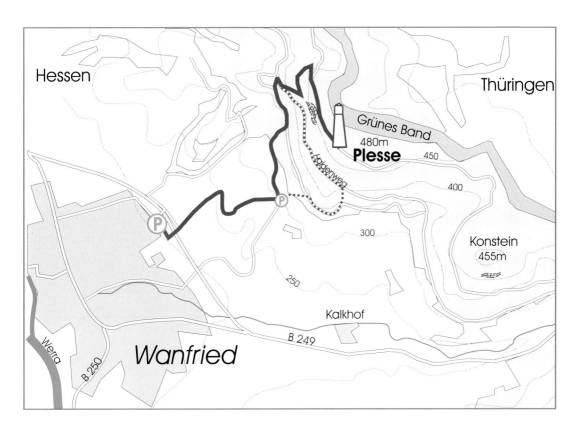

Wanderroute: *Vom Parkplatz am östlichen Ortsrand aus geht es auf die Plesse, den Hausberg von Wanfried, der durch einen riesigen Bergsturz gezeichnet ist. Zunächst über die offene Feldflur, dann durch herrlichen Buchenwald. Auf dem grenznahen Gipfel befindet sich ein Aussichtsturm. Aufstieg wie Abstieg. Länge: 6,2 km. Anstieg:180 Höhenmeter. Gehzeit: 2 1/2 Stunden.*

Am 24. Januar 1640 tobte über dem Werrabergland „ ein greulicher, ungewöhnlicher Sturmwind, bei welchem sich ein Stück des Berges von der Plesse, ein Viertel Stund von Wanfrieden, abgeben und in die 60 Ellen hoch heruntergefallen, alles was von Erden,

Sträuchern und Bäumen im Weg gestanden, auf 40 Schuh in die Breite in Grund weg und mit herunter gestürzt. Die Erschütterung in der Stadt war so groß, dass im städtischen Hochzeitsraum, in welchem Klaus Fischer Hochzeit gehalten, die Tassen ein Ellen hoch gesprungen sind." Dies berichtet uns die Chronik Wanfrieds. Seit dieser Naturkatastrophe, die sich zur Zeit des Dreißigjährigen Krieges ereignete, erhebt sich am 480 m hohen Hausberg Wanfrieds eine 200 m breite und 60 m hohe Felswand.

Heute, mehr als 360 Jahre nach diesem Ereignis, sind die ungeheuren Erd- und Geröllmassen, die im Januar 1640 den Berg hin-

unter stürzten, noch immer zu erkennen. Unterhalb der Plesse-Felswand befindet sich eine riesige Schutthalde, die bisher nicht zur Ruhe gekommen ist. Während die angrenzenden Hänge mit Buchenwald bestanden sind, ist die Halde nur von einer schütteren Grasflur überzogen, in die Kiefern, Espen und ein paar Fichten eingestreut sind. Manch einer fühlt sich beim Anblick der Plesse-Halde an alpine Kiefernwälder erinnert. Mit diesem Eindruck liegt man gar nicht so falsch, nicht nur weil auf der Halde der Fransenenzian blüht – der ist auf den Mittelgebirgs-Kalkmagerrasen relativ häufig – sondern weil sich unter den hier wachsenden Gräsern das Blaugras und die Erdsegge befin-

Die Plessewand

Der Wanderweg zum Plesseturm beginnt an dem Parkplatz zwischen Ortstrand und der Umgehungsstraße. Es führt zunächst ein kurzes Stück am Einschnitt der Umgehungsstraße entlang. Dann wird die Schnellstraße auf einer Fußgängerbrücke gequert. Ein Schild mit der Aufschrift „Aussichtsturm Plesse" weist den Weg. Nach einer halben Stunde erreicht man einen weiträumigen Grillplatz mit Brunnen und Kneipp-Tretbecken. An dieser Stelle befand sich ehemals ein Fachwerkhaus mit Nebengebäuden. Die Pächter des landwirtschaftlichen Anwesens hatten in dem Haus eine Schankstube eingerichtet, in der Wanderer und Beamte des Bundesgrenzschutzes gerne einkehrten. Im Jahre 1975 brannte ein Teil des Gebäudes ab. Doch anstatt das Haus wieder instand zu setzen, riss man es ab, um Platz für die besagte Freizeitanlage zu schaffen. Die Wanderfreunde und die Wanfrieder Bürger nahmen den Abriss ihres Ausflugsziels mit großem Bedauern zur Kenntnis.

Am Grillplatz wendet man sich links und folgt dem Wanderzeichen „P5" auf einem von Hecken gesäumten Wiesenweg in den Wald. Eine Zeit lang verläuft der Wanderweg auf einem nahezu hangparallel verlaufenden Holzabfuhrweg. Dann steigt er, zusätzlich begleitet von den Wanderwegkennzeichen „56" und „24", über einen rechts abzweigenden Pfad eine Stufe höher zum nächsten hangparallelen Weg, von dem ein schmaler Pfad abzweigt, der im Zickzack durch herrlichen Hochwald auf das Plateau der Plesse führt. Den Beginn des Zickzack-Pfades sollte man sich einprägen, denn von hier führt eine Abstiegsvariante zum Grillplatz.

den, zwei Arten, die eigentlich in den Alpen zu Hause sind.

Die Halde und die große Abrisswand sind nicht die einzigen Besonderheiten der Plesse. Nicht weit vom Bergsturz, an einem extrem steilen, der Mittagssonne ausgesetztem Hang, befinden sich die so genannten Steppenheiden. Es gibt nur wenige Stellen in Deutschland, an denen von Natur aus kein Wald herrschen würde. Die blumenreichen Steppenheiden auf der Plesse gehören dazu.

Über den Steilabstürzen, am Rande des lang gezogenen Plesse-Gipfels, steht der Plesseturm. Von seiner Aussichtskanzel blickt man weit in das Werratal hinein nach Eschwege und zum Hohen Meißner. Das Grüne Band ist vom Turm aus nicht zu sehen, obwohl die ehemalige Grenze zur DDR nur gut hundert Meter vom Rande des Steilabsturzes über die Plesse zieht. Hoch aufragende Buchen und Eschen verdecken den Blick.

Eibenwurzel

Steppenheiden

In der letzten Eiszeit haben in unseren Mittelgebirgen Pflanzen Fuß gefasst, die heute in den baumfreien Höhenlagen der Alpen oder in den arktischen Tundren wachsen. Als sich das Eis zurückzog, wanderten, begünstigt durch ein trockenes Klima, viele Pflanzen aus den Steppen und Waldsteppen Russlands ein. Zusammen mit den alpinen Arten, mit denen sie das hohe Lichtbedürfnis gemeinsam haben, bilden sie so genannte Steppenheiden. Als es feuchter wurde und der Wald vordrang, konnten sich die Steppen- und Alpenblumen nur an exponierten Sonderstandorten wie Felsnasen oder im Bereich von Bergstürzen halten.

Der Mensch hat durch Rodung und Beweidung das Areal der Licht liebenden Blumen und Gräser über Jahrhunderte hin wieder erweitert. Seitdem man die Nutzung der kargen Steil- und Trockenhänge aufgegeben hat, dringt der Wald wieder vor. Nur wo die Hänge extrem steil sind und der Boden in Bewegung ist, haben die Pflanzen der Steppenheiden eine

Graslilie und Blutroter Storchschnabel

Überlebenschance. An der Plesse und an zahlreichen anderen Stellen im Werrabergland sind diese Bedingungen gegeben.

So werden die Steilabstürze der Plesse im Mai und Juni vom Blutroten Storchschnabel und den weiß blühenden Graslilien geschmückt (Foto). Daneben kommen die Alpen-Distel und das alpine Blaugras vor. Wo festes Kalkgestein ansteht und der Grund für

Wurzeln sicherer ist, krallen sich Gehölze in den Fels. Neben der Eibe wachsen hier Cotoneaster, Mehlbeere, Hartriegel und Wildbirne. Die gleichen Gehölze finden sich auch am Rande der Offenflächen. Zusammen mit niedrigwüchsigen Eichen, unter denen man die Blüten des Blauroten Steinsamen findet, bilden sie einen natürlichen Mantel zum herrschenden Buchenmischwald.

Das „Comeback" der Wanderfalken

Auf der Höhe wendet sich der Wanderweg nach rechts und man erreicht nach circa 1/4 Stunde den Plesseturm. Der Weg führt oberhalb des großen Felsabbruchs entlang. An dieser Stelle ist es Wolfram Brauneis, einem Eschweger Naturschützer gelungen, Wanderfalken wieder anzusiedeln. Der Wanderfalke war spätestens mit dem Jahr 1975 in Hessen ausgestorben. Nur in Bayern und Baden Württemberg existier-

ten noch einige Paare dieser stolzen Vögel. Brauneis und seine Mitstreiter von der hessischen Gesellschaft für Ornithologie und Naturschutz erreichten es, dass an der Plesse und an anderen Orten Nordhessens wissenschaftliche Wiederansiedlungsversuche mit Vögeln aus Falknereien gestartet wurden. Das Projekt hatte Erfolg und seitdem haben sich die Falken wieder in ganz Hessen ausgebreitet. Bitte halten Sie sich vom Rande des Absturzes fern. Die Wanderfalken brauchen für ihr Brutgeschäft Ruhe. Einen lohnenden

und vor allem sicheren Tief- und Weitblick genießt man auf dem Aussichtsturm.

Wolfram Brauneis

Wanderfalke

Früher konnte man über den so genannten Schwindelpfad zur Freizeitanlage zurück gelangen.

Dieser Pfad führt jedoch durch die sensiblen Steppenheiden, die unter Naturschutz stehen. Es versteht sich von selbst, dass wir der Natur den Vorrang lassen. Der heute ohnehin verfallene Pfad wurde auch früher nur von trittsicheren und bergerfahrenen Wanderern mit Ortskenntnis genutzt. Der Pfad verläuft nämlich durch abschüssige und felsdurchsetzte Grashänge, auf denen ein Ausrutschen das Ende bedeuten kann. Unser Rückweg ist daher mit dem Aufstieg identisch. Am unteren Ende des Zickzackpfades besteht für Unternehmungslustige jedoch die Möglichkeit für eine kleine Variante. Man folgt dem hangparallelen Weg nach links, wobei man nach ca. 300 m am Fuße des Bergsturzes vorbei kommt. Nach weiteren 600 m Wegstrecke führt ein Pfad mit der Markierung „H" und „57" steil nach unten. Der Pfad vollführt eine Rechtskurve und verläuft eine zeitlang nahezu hangparallel. Dann „stürzt" er sich wieder nach unten und in wenigen Minuten ist der Grillplatz erreicht, von dem aus man über den Normalweg zum Parkplatz gelangt.

Von der Plesse geht es in die Hessische Schweiz, eine Wald- und Felsenlandschaft zwischen Eschwege, dem thüringischen Eichsfeld und Bad Sooden - Allendorf.

Aufstieg zur Plesse

Das nördliche Werrabergland mit der Hessischen Schweiz

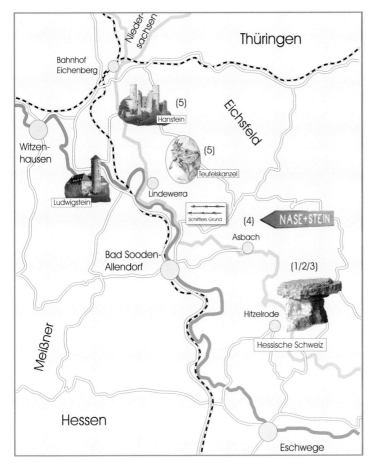

Schweiz, so nennt man die zwischen Eschwege und Bad Sooden – Allendorf liegende Wald- und Felsenlandschaft, wurde von ihrem naturgegebenen Gegenstück, den hochgelegenen Kalkrücken des Obereichsfeldes abgetrennt.

Heute sind die Hessische Schweiz und das Obereichsfeld über das Grüne Band verbunden, das sich hier durch eine Landschaft zieht, die ihresgleichen sucht.

Mehrere tausend Hektar zusammenhängender Buchenwald überziehen nahezu lückenlos die hoch über dem Werratal aufragenden Berge, dazwischen befinden sich zahlreiche senkrechte Abstürze, Felsbänder und kuriose Felsbildungen wie das Eibenloch (1), der Wolfstisch (2) und die Nase (4). Die naturnahen Wälder und die Felsen sind ein Rückzugsgebiet für Tiere und Pflanzen der versunkenen Urlandschaft Buchonias. Hier wächst die sagenumwobene Eibe, hier brüten Uhu und Wanderfalke.

Gleichzeitig findet man Arten, die an die Waldwirtschaft vergangener Jahrhunderte gebunden sind, wie den Frauenschuh, die schönste und prächtigste der Orchideen Deutschlands. Das Werrabergland wurde vor der Grenzziehung durch die DDR durchaus genutzt. Und so trifft man rechts und links des Grünen Bandes auf Zeugnisse menschlichen Wirtschaftens, wie

Zwischen Eschwege und Witzenhausen wird die Werra auf beiden Seiten von hohen Bergen begleitet, die bis nach Niedersachsen hinein streichen. Die Berge am Ostufer des Flusses bilden seit alters her die Grenze zwischen dem evangelischen Nordhessen und dem katholischen Obereichsfeld. Letzteres war bis zu Beginn des 19. Jahrhunderts im Besitz der Mainzer Erzbischöfe. Mit der Säkularisierung der Kirchengüter, zu Beginn des 19. Jahrhunderts, wurde das Obereichsfeld preußisch und mit der Bildung des Regierungsbezirks Erfurt, im Jahr 1944 thüringisch. Letzteres hatte schwerwiegende Folgen, denn nur ein Jahr später zog sich die Demarkationslinie zwischen der amerikanischen und der sowjetischen Besatzungszone durch das Werrabergland. Die Hessische

Auf der Teufelskanzel

den Niederwald an der Silberklippe (1) und die Schafhutung auf dem Gobert. Am Gobert kommt man zudem an einem alten Kalkofen vorbei und stößt auf eine verlassene Ansiedlung (2). In der Nähe der Nase schließlich liegt eine Burgruine im Wald versteckt.

Burgen gibt es auch zwischen Bad Sooden-Allendorf und Witzenhausen: auf den Bergen links der Werra der hessische Ludwigsstein und rechts der Werra der thüringische Hanstein. Vom Hanstein (5) aus führt ein Wanderweg zur Teufelskanzel (5), einem Ausguck mit einem traditionsreichen Waldgasthaus. Wenige km nördlich, direkt am Kreuzungsbahnhof Eichenberg, geht das Grüne Band Hessen-Thüringen in das Grüne

Band Thüringen-Niedersachen über, das in Richtung Harz zieht.

Unsere Erkundungen im nördlichen Werrabergland beginnen in der bei Eschwege liegenden Hessischen Schweiz. Die Landschaft ist so vielgestaltig, dass wir drei Touren ausgesucht haben (siehe Karte). Als erstes geht es zu der bei Neuerode gelegenen Silberklippe, wo wir längs der ehemaligen Grenze durch einen Niederwald streifen und dem Eibenloch einen Besuch abstatten. Ausgangspunkt der zweiten und der dritten Tour ist das im Zentrum der Hessischen Schweiz gelegene Hitzelrode. Hier starten wir zu der verlassenen Siedlung Gobert, wobei wir über die blumenreichen Kalkmagerrasen des Grünen Bandes und entlang von Felsabstürzen wandern.

Zudem besteigen wir die Hörne, einen Aussichtsberg ersten Ranges, zu dem ein „alpiner" Steig durch Felsbänder und märchenhaften Buchenwald führt. Auf der Route Nr. 4 geht es in die Gegend von Bad Sooden - Allendorf auf thüringisches Gebiet, wo wir zur „Nase", zum „Stein" und der ehemals hessischen Burg Altenstein wandern. Die fünfte Tour, die vom Hanstein zur Teufelskanzel führt, bildet den Abschluss unserer „Grüne Band" -Erkundung auf Schusters Rappen. Die vielen an der ehemaligen Grenze gelegenen hessischen und thüringischen Werrastädtchen und die Werraaue erkunden wir auf der Grünen Band-Radtour, die im zweiten Teil des Natur- und Kulturführers beschrieben ist.

Silberklippe

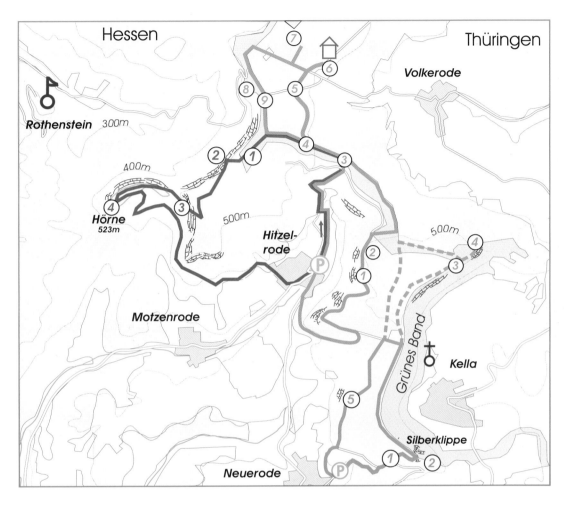

Kleine Runde: *Anfahrt von Eschwege über Grebendorf nach Neuerode. Im Ort die dritte Straße rechts, dann die dritte Straße links (T-Kreuzung). Zunächst am Waldrand, dann im Wald aufwärts bis zum 400 m hoch gelegenen Wanderparkplatz. Kurzer Rundwanderweg über das um 500 m hoch gelegene Kalkplateau des Meinhard mit einem direkt an der ehemaligen Grenze gelegenen Aussichtspunkt, der Silberklippe. Kulturhistorisch interessanter Niederwald mit riesigen Bärlauchfeldern sowie zahlreichen Frühjahrsblühern und Orchideen.*

Länge: 4,6 km. Anstiege: 100 Höhenmeter. Gehzeit: knapp 2 Stunden.

Große Variante: *Am Wendepunkt der kleinen Runde weiter entlang der östlichen Abbruchkante des Plateaus und auf der Grenze bis zu einer außergewöhnlichen Felsbildung, dem Eibenloch. Im Bogen zurück zum Ausgangspunkt der Tour. Dabei teilweise über den Kolonnenweg und, identisch mit der kleinen Runde, entlang der westlichen Abbruchkante mit weiterem Aussichtspunkt. Strecke der Großen Variante: 8,1 km. Keine*

zusätzlichen Auf- und Abstiege. Gehzeit: 3 Stunden.

Knoblauchduft im Buchenwald

Der Silberklippenweg ist das ganze Jahr über empfehlenswert. Besonders interessant ist die Tour jedoch Mitte Mai, wenn der Bärlauch seine Blüten öffnet. Auf dem Weg zur Silberklippe (Markierungen A und B) kommt man durch regelrechte Bärlauchfelder. Noch bevor man den Wildlauch sieht, hat man bereits den Knob-

Bärlauch

Eschwege und das Werratal blickt. Die Aussicht ins Thüringische wird leider durch Bäume verdeckt. Doch ein Pfad führt zu einem etwas tiefer gelegenen Felsen, der eigentlichen Silberklippe, von der aus man über das thüringische Grenzdorf Kella hinaus weit in das Obereichsfeld schaut.

Wir folgen dem Pfad und überschreiten dabei die Landesgrenze. Achten Sie beim Rückweg zum hessischen Aussichtspunkt auf den am Rande der felsigen Bergkante stehenden Grenzstein. Er stammt aus dem Jahre 1837 und trägt die Gravuren KH für Kurhessen und KP für Königreich Preußen - eine politische Einheit Thüringen gab es damals nicht.

lauch- oder Zwiebelgeruch in der Nase. Auf dem Hochplateau des Meinhard schaut man dann über ein Meer von weißen Blüten. Bärlauch hat von jeher Verwendung in der feinen Küche gefunden und ist derzeit wieder im Kommen. Aber bitte, sehen Sie von Ernteaktionen ab. Sie befinden sich inmitten eines Naturschutzgebietes. Bärlauch kann man ebenso wie Schnittlauch im eigenen Garten ziehen. Steckzwiebeln erhalten Sie in Gärtnereien.

Der Weg führt mitten durch die Bärlauchfelder zu einem freien Platz, von dem aus man auf

Der mit einem gelben B markierte Wanderweg führt nun über einen längeren Abschnitt direkt an der Grenze entlang, wobei er stets auf

Blick von der Silberklippe auf die Werraseen bei Eschwege und den Leuchtenberg

hessischer Seite bleibt. Auf der thüringischen Seite wäre eine Weganlage auch viel mühsamer gewesen, denn unmittelbar an der Grenze bricht das Plateau des Meinhards steil ab. Die DDR hatte daher auch darauf verzichtet, hier oben Sperrriegel aufzubauen. Kolonnenweg und Stahlgitterzaun verliefen unten, am Hangfuß. Der Wald an den nach Thüringen gerichteten Steilhängen hatte 40 Jahre Schonzeit. Nur eine Grenzschneise wurde geschlagen. Sie ist bis heute zu erkennen. Auch einige der schwarz-rot-goldenen Grenzpfähle, die den Hoheitsanspruch der DDR deutlich machten, sind noch zu sehen.

Artenvielfalt im Niederwald

Der Wanderweg schlängelt sich als Pfad über das leicht wellige Hochplateau, meist nur einige

Meter von der Grenzlinie entfernt. Rechts, im Thüringischen, stehen hoch aufragende alte Buchen. Im Hessischen ist der Wald dagegen über die gesamte Strecke auffallend jung. Dabei ist der Waldboden im Gegensatz zu forstlichen Kulturen dieser Altersklasse, den so genannten Stangenhölzern, über und über mit Kräutern bedeckt. Neben dem Bärlauch wachsen hier Anemonen, Türkenbund, Schlüsselblume, Goldnessel, Orchideen, kurz gesagt, das ganze Repertoire der Frühjahrsblüher und Buchenwaldpflanzen.

Auch bei den Gehölzen herrscht eine große Artenvielfalt. Ahorn, Esche, Buche, Linde und Hainbuche stehen in bunter Mischung. Dabei zeigen viele Bäume merkwürdige Wuchsformen. So wachsen aus einem knorrigen Sockel gleich mehrere unterschiedlich starke Triebe hervor, wie bei einem alten Olivenbaum. Oder es

Frauenschuh

bilden sich zahlreiche buschige Triebe. Wären da nicht einige dikkere Stämme darunter, könnte man meinen, einen Haselnussstrauch vor sich zu haben. Daneben finden sich windschiefe und krumme Exemplare, auf deren verdickter Basis Moose und Pilze wachsen. Es sieht aus wie in einem Märchenwald.

Niederwald

Alter Eschen-Stockausschlag im Niederwald

Der Niederwald – Energie-wald von anno dazumal

Waldbesitzer und Förster, die für gewöhnlich darauf abzielen, geradschaftige und astfreie Bäume zu erziehen, würde es beim Anblick dieses Waldes grausen. Hier wäre nur Brennholz zu machen. Aber genau das war die Funktion dieser Fläche. Man hackte die Bäume ab, lange bevor sie die heute übliche Hiebsreife erreicht hatten. Sofort nach dem Abholzen trieben die Bäume wieder aus und nach zwei bis drei Jahrzehnten konnte man erneut Brennholz gewinnen. Neuanpflanzungen und Kulturpflege erübrigten sich. Ahorn, Hainbuche, Esche, Linde und Eiche vertragen diese Behandlung recht gut. Die Buche kommt damit weniger gut zurecht. Nadelhölzer, mit Ausnahme der Eibe, überleben diesen Eingriff gewöhnlich nicht. Diese Nut-

zungsform, bei der es um Energie-erzeugung und/oder die Produktion von Eichenrinde für das Gerberhandwerk ging, wird als Niederwaldbetrieb bezeichnet. Man stellt ihm den heute üblichen Hochwaldbetrieb gegenüber, der auf die Produktion von geradschaftigem Bau- und Möbelholz abzielt. Im Hochwald werden die Bäume meist älter als 100 Jahre und der Nachwuchs wird über Pflanzgut und/oder Selbstansamung (Naturverjüngung) erzielt.

Der Niederwaldbetrieb ist seit längerem außer Mode gekommen. Das einst so florierende Gerberhandwerk Eschweges existiert nicht mehr. Aus der Sicht des Artenschutzes ist dies zu bedauern, denn im Gegensatz zum meist dunklen Försterwald gewährt der Niederwald Pflanzen, die gerne im Schutz von Gehölzen stehen,

aber dennoch ein gehöriges Quantum Sonnenlicht benötigen, einen Lebensraum. Prominentester Vertreter ist der Frauenschuh, der bis vor kurzem in der Hessischen Schweiz noch relativ häufig war. Dem Niederwald gehört sicherlich nicht die Zukunft. Aber es lohnt sich, die letzten noch verbliebenen Flächen in althergebrachter Form zu bewirtschaften, aus Gründen des Artenschutzes und als kulturhistorisches Denkmal.

Über Waldlichtungen zum Eibenloch

Nach einigem Auf und Ab öffnet sich der Wald und der Weg führt über eine Lichtung, die von hoch wachsenden Wacholderbüschen und Kiefern eingerahmt wird. Es sind dies die Reste einer ehemals

DDR-Grenzpfahl

einem artenreichen Magerrasen entwickelt. Ein paar Schritte rechts führt der ehemalige Grenzstreifen den Steilhang des Plateaus hinunter bis auf die Feldflur von Kella. Von hier blickt man weit hinein ins Eichsfeld und in das südliche Werrabergland.

Man sollte auf keinen Fall versäumen, dem nahe gelegenen Eibenloch einen Besuch abzustatten, einer geologischen Besonderheit in der felsigen Abbruchkante. Wind und Wetter haben hier eine Mauer aus Fels herauspräpariert, in der sich ein großes fensterartiges Loch befindet, vor dem mehrere Eiben hoch gewachsen sind.

viele Hektar umfassenden Freifläche, die bis in das 20. Jahrhundert hinein große Teile des Hochplateaus am Meinhard einnahm. Mitte des 19. Jahrhunderts hatte man auf dem kargen Boden Akkerbau betrieben. Einige Ecken waren beweidet. Daneben existierten zahlreiche kleine Kalksteinbrüche. Heute dominieren hier Kiefernwälder, unter denen sich der Wacholder als Zeuge der ehemaligen Beweidung halten konnte.

An der Lichtung kommt vom thüringischen Kella her ein Weg herauf, der das Hochplateau quert und im weiteren Verlauf entlang der westlichen Abbruchkante nach Neuerode führt. Diesem Weg folgt die kurze Variante der Silberklippenrundtour, wobei noch ein hervorragender Aussichtspunkt „mitgenommen" wird.

Die lange Variante verläuft geradeaus zum 1,2 km entfernten Grenzeck, wo das Grüne Band als breite Schneise quer durch den Wald zieht. Das Gelände wird von Schafen beweidet und hat sich zu

Das Eibenloch

Mit dem Abstecher zum Eibenloch ist der Wendepunkt der Silberklippen-Tour erreicht. Der Weg zurück führt ein kurzes Stück über das Grüne Band (vom Eibenloch her rechts halten). Dort, wo das Grüne Band im rechten Winkel nach Norden abknickt, schlagen wir die entgegengesetzte Richtung ein (links abbiegen) und gehen weiter durch Wald, bis nach gut 1 km der Rundwanderweg B erreicht wird. Ab hier verlaufen die große und die kleine Rundtour wieder gemeinsam. Man kommt an dem oben erwähnten Aussichtspunkt an der westlichen Abbruchkante des Meinhard vorbei. An klaren Oktobertagen, wenn das Werratal noch unter der Decke des Morgennebels liegt, ist der Blick phantastisch. Am westlichen

Horizont taucht das mächtige Basaltmassiv des Meißner aus der Nebeldecke auf. Im Norden tritt das Massiv des Hohensteins und der Hörne mit ihren Felsabbrüchen glasklar hervor.

Die Hörne ist das Ziel der übernächsten Tour. Jetzt stehen erst einmal der Gobert und die Goburg auf dem Programm. Dazu fahren wir von Neuerode tiefer in das Gebirge hinein, genauer gesagt bis nach Hitzelrode, dem am höchsten gelegen Ort der Hessischen Schweiz.

Blick über das Werratal zum Meißner

Moderne Wüstung am Grünen Band

Wanderroute: Rundwanderweg über das bis 540 m ansteigende Hochplateau des Gobert im Zentrum der Hessischen Schweiz mit zahlreichen Aussichtspunkten, kulturhistorischen Denkmälern, u. a. einer Wüstung aus der Zeit der DDR. Ein Drittel der Strecke verläuft über das Grüne Band, das sich inmitten von Buchenwäldern als buntblumiger Magerrasen präsentiert. Länge: 9,5 km. Anstiege: 200 Höhenmeter. Gehzeit: 4 Stunden. An Sonn- und Feiertagen (bei nicht zu schlechtem Wetter) werden in dem auf halber Strecke liegenden Thüringer Antennenhäuschen Kaffee und Kuchen angeboten.

Das Pferdeloch

Wenn man in Hitzelrode zur Kirchturmspitze schaut, ahnt man, warum die Umgebung des Ortes den Beinamen Hessische Schweiz bekommen hat. Hinter dem Turm blickt nicht der Himmel hervor, sondern eine Felswand. Unsere zweite Hessische-Schweiz-Tour führt zu diesem exponierten Punkt hinauf, wozu es aber keiner Kletterkünste bedarf.

Pferdeloch, Salzfrau und Wolfstisch

Man folgt vom Parkplatz in der Ortsmitte aus der Straße in Richtung Neuerode. Am Dorfende zweigt der Rundwanderweg R3 links ab, der in einer lang gezogenen Linkskurve bis auf die vorläufige Endhöhe von ca. 480 m steigt. Oben trifft man auf den Fernwanderweg 5x, der zusammen mit dem Rundwanderweg R3 oberhalb der Felsen verläuft,

auf die man von Hitzelrode aus blickt. Jeder der Felsabstürze hat einen eigenen Namen. Wir kommen an der Salzfrau, dem Pferdeloch und dem Wolfstisch vorbei, von denen man jeweils einen Schwindel erregenden Tiefblick hat.

Den größten Felskomplex bildet das Pferdeloch mit senkrechten Wänden, Felsrippen, Schluchten, Kaminen und Felstürmen. Am Wolfstisch treffen wir auf eine

Der Wolfstisch

kuriose Felsbildung: wenige Meter vor dem senkrechten Abbruch lehnt ein von der Natur geschaffener, steinerner Tisch an einem Baum.

Um die Ecke wartet schon die nächste Attraktion, ein aufgelassener Kalkofen. In ihm wurde Kalkschotter gebrannt, den man in kleinen, über das Plateau verteilten Steinbrüchen gewann. Inzwischen hat die Natur das Gelände um den Kalkofen zurück erobert. Doch Bandeisen halten den Ofenturm noch immer fest zusammen.

Zwei Kilometer übers Grüne Band

300 m hinter dem Kalkofen verläuft der Wanderweg neben dem Grünen Band. Ein schmaler Pfad

führt zum Kolonnenweg, dem wir in nördlicher Richtung folgen. Das Grüne Band präsentiert sich auch hier als Waldschneise und wird durch Schafe offen gehalten. Zur Sommerzeit sind die windgeschützten Magerrasen ein Eldorado für Schmetterlinge. Besonders begehrt ist der rosa blühende Dost. Aber auch auf dem gelben Johanniskraut lassen sich die Falter gerne nieder. Im Spätsommer blüht hier der Fransen-Enzian, im Frühherbst sind die Magerrasen von Spinnweben überzogen.

Der ehemalige Grenzstreifen ist inzwischen weit mehr als eine geradlinig durch den Wald verlaufende Schneise. In den Randzonen kommen Sträucher hoch, die den Wald mit den Rasenflächen auf vielfältige Weise verzahnen. Es ist ein Biotop entstanden, der Licht und Vielfalt in die Buchenwälder bringt. An einer Stelle hat man ein kleines Stück des Stahlgitterzaunes stehen lassen. Hier befindet sich ein mit Bänken und Tischen ausgestatteter Rastplatz, an dem der BUND im Sommer sein „Grüne Band" – Ökopicknick veranstaltet. Das Picknick, an dem

Mohrenfalter

Köstlichkeiten aus der Region angeboten werden, ist Teil einer von Hitzelrode startenden „Grüne Band"- Führung. Informationen und Termine unter www.bund-osthessen.de. Auf dem Foto sind die Organisatoren des Picknicks des Jahres 2004 zu sehen: Karla und Carl Schneider sowie Heide Tilgner (rechts). Karla Schneider hat nach der Wende, in Zusammenarbeit mit der Universität Jena, die Vegetation entlang dem Grünen Band kartiert. Das Ergebnis der Kartierung bildete die Grundlage für die spätere Schutzgebietsausweisung.

Nicht weit vom Rastplatz führt der Kolonnenweg an eine Stelle vorbei, an der sich einst ein Säge-

werk befand. Die Fichtenkulturen, die hier das Grüne Band begrenzen, beflügeln die Vorstellung vom frisch geschnittenen und nach Harz riechenden Holz. Das Sägewerk selbst hat keine Spuren hinterlassen. Es gehörte zu dem 1 km entfernten Forsthaus Goburg und lag an der Straße, die das Forsthaus mit Hitzelrode verband. Die alte Forststraße ist erhalten geblieben, teilweise ist noch die alte Straßenbefestigung zu erkennen.

Wir folgen der alten Straße in einen dunklen Fichtenforst. Welch ein Kontrast zu dem lichtdurchfluteten Grünen Band und den angrenzenden Buchenwäldern! Die Fichten stehen dicht gedrängt in Reih und Glied. Am Waldboden ist es so dunkel, dass außer Pilzen keine Pflanze hoch kommt.

Ordensschwesternzuflucht im Forsthaus

Nach einigen hundert Metern lichtet sich das Dunkel ein wenig. An einer Wegkreuzung steht völlig überraschend ein Marien-Bildstock, der von einer gepflegten Anlage eingerahmt wird; Blaufichten kontrastieren mit hellem Kalkgestein und Rasenflächen. Die Marienstatue hat eine bewegte Vergangenheit hinter sich. Ursprünglich stand sie im Garten des Kölner St. Georg-Hauses, einem Alters-Pflegeheim des Caritasverbandes. In einer Bombennacht im Juni 1943, in der das Pflegeheim zerstört wurde, brachten fünf Frauen die Statue in Sicherheit. Da Köln kein sicherer Ort mehr zu sein schien, wurde die Statue gut verpackt zu dem abgelegenen Forsthaus Goburg geschickt. Dorthin hatte der Kölner Erzbischof Josef Frings gute Beziehungen. Frings erreichte

Ökopicknick am Grünen Band

auch, dass ein Teil der obdachlos gewordenen Heiminsassen in der Goburg untergebracht wurden. Im Dezember 1943 wurde die Marienstatue in der Nähe des Forsthauses feierlich aufgestellt. Doch auch der neue Platz war nicht sicher. Als das Kriegsende nahte und die Rote Armee in Thüringen einrückte, wurden nicht nur die Heiminsassen, sondern auch die Madonna evakuiert. Sie landete in den Händen einer in Volkerode ansässigen Familie und wurde hier bis zur Wende aufbewahrt.

Volkerode liegt im Thüringischen, am Fuße des Gobert - so heißt der knapp 500 m hohe Bergrücken, auf dem die Goburg liegt. Der Ort ist wie das gesamte Eichsfeld seit alters her katholisch geprägt. Der Katholizismus hat auch im Eichsfeld die DDR-Zeit unbeschadet überstanden und so kam es, dass die Marienstatue im August 1991 zum zweiten Mal auf den Gobert wanderte. Nach einer feierlichen Einweihung hat die Madonna hier in der Nähe des Grünen Bandes vielleicht einen dauerhaften Platz gefunden.

Von dem Bildstock bis zur Goburg sind es nur wenige hundert Meter. Der erste Hinweis darauf, dass wir uns dem alten Forsthaus nähern, ist eine mit Obstbäumen bestandene Wiese. Kurz darauf erreicht man drei mächtige Linden. Sie standen im Garten des Forsthauses. Von dem Haus selbst ist zunächst nichts zu sehen, erst auf den zweiten Blick gewahrt man von Weiden und Brombeeren überwucherte Mauerreste. Die DDR-Grenztruppen haben das Haus im Jahre 1962 „aus Sicherheitsgründen" abgerissen. Zu dieser Zeit begann man auch, die Ländereien rund um das Forsthaus mit Fichten aufzuforsten.

Ruine des Forsthauses Goburg

Antennenhäuschen

Die Goburg war früher ein Gutshof, zu dem 374 ha Land gehörten. Trotz der Höhenlage betrieb man Ackerbau. 1928 ging der Gutshof in den Besitz des Freiherrn Georg von Lünink über, der auch das auf der anderen Seite des Berges, über der Werra thronende, Schloss Rothestein erworben hatte. Lünink machte aus dem Gutshof ein Forsthaus, in dem zuerst sein Förster, dann der Sägemeister und schließlich die katholischen Schwestern mit ihren Pfleglingen wohnten. Nach dem Krieg wurden die Ländereien im Zuge der Bodenreform einem „Neubauern" übergeben. Bis zum Jahre 1959 wohnten verschiedene Familien im Forsthaus und bewirtschafteten das umliegende Land. Im August 1959 setzte sich der letzte Bewohner des Forsthauses in den nur wenige hundert Meter entfernt liegenden Westen ab. Mit all seiner Habe einschließlich der Rinder überwand er unbeschadet den damals bereits existierenden Grenzzaun. Damit war das Schicksal der Goburg besie-

Die Stasiröhre

einen jungen Eschenwald ein. Zu Zeiten der DDR stand hier noch kein Baum. Die Flächen wurden bis zur Grenze hin frei gehalten. Der junge Eschenwald, der nach der Wende von selbst entstanden ist, zeigt, welche Kraft in der Natur unseres Landes liegt. Vom Uhlenkopf hat man einen phantastischen Blick auf das Werratal mit dem Schloss Rothestein und Bad Sooden-Allendorf, sowie dem dahinter liegenden Meißner und dem Kaufunger Wald.

gelt. Zwei Jahre nach der Flucht wurde das Haus abgerissen.

Die Natur hat inzwischen alles in Beschlag genommen. Doch wenn man sich in der Umgebung der Ruine näher umschaut, so entdeckt man vieles, das an den alten Gutshof erinnert: Reste der Stallungen, die Zisterne, Obstgehölze, Schneebeeren...

Kaffee und Kuchen am Antennenhäuschen

Wir verlassen den geschichtsträchtigen Ort und wandern über ein geometrisch angeordnetes System von Schneisen in Richtung Grünes Band. Ein paar Meter vor den drei Linden führt eine Schneise durch Fichtendickungen nach oben. Nach 200 m biegt man rechts ab. Man kommt so zum „Antennenhäuschen", einer ehemaligen Funkstation der Grenztruppen, neben der der Heimatverein Volkerode eine Hütte errichtet hat. An Sonn- und Feiertagen bekommt man hier Kaffee und Kuchen. Die Funkstation, über dessen Dach noch immer Antennen aufragen, wird bald von den Fichten überwachsen sein. Die Bedingungen für Amateurfunker, die diese

Anlage betreiben, werden zunehmend schlechter.

Nach der Kaffepause geht es auf dem breiten, zum Antennenhäuschen führenden Forstweg zurück. Rechts des Weges befinden sich Forstkulturen, die einen ökologisch guten Eindruck machen. Zwischen allerlei Sträuchern finden sich Ahorn und junge Buchen, die man durch einen Zaun vor Wildverbiss geschützt hat. Rechts des Weges stehen dagegen Fichtenmonokulturen wie eine Mauer.

Nach gut 200 m Wegstrecke treffen wir auf eine Schneise, der wir bergwärts folgen. Auf diesem Weg überschreitet man den höchsten Punkt des Eichsfeldes (543 m), der mit einer Bronzetafel markiert ist. Drei Wegminuten danach steht man am Grünen Band. Der ehemalige Grenzstreifen läuft hier direkt an der felsigen Abbruchkante des Gobert zum Werratal entlang. Wir halten uns links, passieren nach 500 m ein Schild, das auf den 150 m entfernt liegenden Aussichtspunkt Uhlenkopf hinweist. Der kurze Abstecher, der bis unmittelbar an die Abbruchkante heranführt, ist lohnend. Man überquert den von Schafen offen gehaltenen Grenzstreifen und taucht dann in

Die Agentenschleuse vom Uhlenkopf

Es geht weiter über den Kolonnenweg, wo man nach 5 Minuten an der „Stasiröhre" vorbei kommt. Unter dem Kolonnenweg und dem Grenzstreifen verläuft eine Betonröhre, durch die man in gebückter Haltung hindurch kriechen kann. Das Ende dieser 38 m langen Röhre liegt im „Niemandsland" unmittelbar vor der hessischen der Grenze. Einwohner von Volkerode hatten den Durchschlupf im Januar 1990 nur wenige Tage nach der Grenzöffnung entdeckt und interpretierten das „Bauwerk" als Agentenschleuse.

Der Kolonnenweg führt nun ein kleines Stück bergauf und knickt kurz darauf nach links ab. Von nun an geht es in Riesenschritten bergab nach Hitzelrode zum Ausgangpunkt der Tour. Wir passieren die Stelle, auf der das Sägewerk stand. Dann wird das Stahlgitterzaun-Denkmal erreicht, wo wir Thüringen und das Grüne Band verlassen. Direkt hinter der Grenze treffen wir auf den vom Wolfstisch herkommenden Rundwanderweg R 3, der uns in einer halben Stunde hinunter nach Hitzelrode leitet.

Der Hörneweg
– ein Steig mit "alpinem" Charakter

Die Hörne

Wanderroute: Rundwanderweg mit zahlreichen Aussichtpunkten und felsigen Partien. Der teilweise schmale Steig erfordert Trittsicherheit und Schwindelfreiheit. Von Hitzelrode über die buntblumigen Magerrasen des Grünen Bandes zu der in Hessen gelegenen "Schönen Aussicht" mit Schutzhütte und Blick ins Werratal. Durch Buchenwald und einen Steilabsturz (Treppe) zu dem zur Werra vorgeschobenen Gipfel der Hörne. Schutzhütte und Tiefblick ins Werratal. Durch Wald zurück nach Hitzelrode. Länge: 8,7 km. Anstiege: 260 Höhenmeter. Gehzeit: knapp 4 Stunden.

Der Hörneweg ist Naturgenuss pur. Allerdings ist der Weg nur für Wanderer geeignet, die Spaß am Bergsteigen haben. Vom Parkplatz folgt man den Zeichen des Rundwanderweges 1, der am Bürgerhaus vorbei talaufwärts führt. Zunächst über Wiesen und Weiden, dann durch Wald geht es in mäßiger Steigung und weit ausholenden Schleifen hinauf zum Grünen Band und dort über den Kolonnenweg weiter ansteigend, bis der höchste Punkt des ehemaligen Grenzstreifens erreicht ist.

Das Grüne Band wendet sich nach rechts, der Hörneweg läuft in die entgegengesetzte Richtung. Markierungen auf dem Kolonnenweg und ein „Wanderpfahl" weisen den Weg zu unserem Zwischenziel, der in Hessen gelegenen „Schönen Aussicht". Auf einem schmalen Pfad geht es durch einen Zipfel des Grünen Bandes, der früher von den Grenztruppen zur besseren Übersicht baumfrei gehalten wurde. Heute kommen überall Gehölze hoch, unter denen die Esche besonders zahlreich vertreten ist. Auf den verbleibenden Freiflächen hat sich das Laserkraut ausgebreitet, das seinen Verbreitungsschwerpunkt in den Alpen hat und im Werrabergland

Der heimliche „Buchenwald-Nationalpark" am Grünen Band

Felsen des Uhlenkopfs

Schloss Rothestein

nur im Bereich felsiger Abbruchkanten vorkommt. Bleiben Sie zu ihrer eigenen Sicherheit daher bitte auf dem markierten Pfad! Buchenwald und Grenzsteine markieren das Ende des „Thüringer Zipfels". Von nun an schlängelt sich der Pfad über hessisches Territorium.

Ein heimlicher Buchennationalpark

In fünf Minuten ist die „Schöne Aussicht" erreicht, die hält, was sie verspricht. Von der mit einem Geländer gesicherten Abbruchkante blickt man hinunter ins Werratal und über Buchenwälder, die lückenlos Berg und Tal überziehen, ein Bild wie in einem Nationalpark. Im linken Blickfeld erscheint der Hörnegipfel, das Ziel unserer Tour. Rechts erkennt man die Felsen des Uhlenkopfes, auf

denen wir bei der vorhergehenden Tour gestanden haben. Die Felsköpfe stellen Lichtinseln im Meer des Buchenwaldes dar, ein Element der Artenvielfalt.

Neben dem Aussichtpunkt befindet sich eine Schutzhütte, von der ein gekennzeichneter Wanderweg direkt nach Hitzelrode führt. Wer sich nicht trittsicher fühlt, kann hier innerhalb einer Stunde auf bequemen Wegen zum Ausgang der Tour zurückkehren.

Der Hörne-Steig (Markierung 5X) führt rechts an der Hütte vorbei. Nach fünf Minuten gelangt man an einen quer über den Weg ziehenden Erdwall, der von Archäologen als Rest einer frühzeitlichen Befestigung interpretiert wird. Der Wall riegelt einen Ausläufer der Hochfläche ab, den Hohenstein (569 m), der nach allen Seiten steil abfällt, eine ideale Vor-

aussetzung für eine Fliehburg. Am Rande einer Waldwiese geht es leicht bergab, bis sich der Weg verzweigt. Der linke Weg führt nach Hitzelrode, der rechte zur Hörne.

Felswände, alte Eiben und ein frischer Bergsturz

Nach einem leichten Anstieg geht es durch die südlichen Steilhänge des Hohensteins hinunter zur Hörnelücke. Der Weg wird zu einem abschüssigen Steig, der durch eine der ursprünglichsten Zonen der Hessischen Schweiz führt. Man kommt an hohen Felswänden und steilen, ständig in Bewegung befindlichen Kalkschutthalden vorbei, die eine vom Menschen kaum beeinflusste Vegetation tragen. Mehrere große Eiben säumen den Steig, und auf den unter uns liegenden Hängen

Breitblättriges Laserkraut

hat sich auf grobem, zur Ruhe gekommenen Kalkschutt ein Bergwald aus Linden, Ahorn, Eschen und Ulmen etabliert. Auch nach dem Gang durch den Steilabsturz, den man durch eine Treppenanlage entschärft hat, geht es urig weiter. Auf dem Weg zur Hörnelücke wandern wir unter dem Schatten hoher Buchen, streifen durch Jungwuchs und bekommen so eine kleine Vorstellung von der Urnatur unserer Mittelgebirge.

Die Hörnelücke ist ein Joch zwischen dem hinter uns liegenden Hohenstein und der vor uns liegenden Hörne. Es geht gleich wieder nach oben auf einen schmalen Rücken, der zur Hörne überleitet. Rechts des Weges wird der Wald schütter und ein ungeheuer steiler und tief reichender Abhang tut sich auf. Schotter und nackte Felspartien sind zu sehen, der Boden ist nur dürftig von Vegetation bedeckt. Man könnte meinen, einen großen Steinbruch vor sich zu haben. Doch was man hier sieht, ist Natur pur. Wir stehen am Rande eines riesigen Bergsturzes, der sich

im Jahr 1985 ereignet hat. Allergrößte Vorsicht ist angesagt! Bitte bleiben Sie auf dem Weg! So kann nichts passieren. Einige Schritte weiter wird dann der Blick frei auf das im neugotischen Stil errichtete Schloss Rothestein, das sich besonders romantisch ausnimmt, wenn es inmitten von Nebelschwaden auftaucht. Der Hörnegipfel stellt nur den Abschluss des Höhenrückens dar, den wir eben überschritten haben. Von der Werra aus erscheint die Hörne jedoch als imposanter Gipfel, der knapp 400 Höhenmeter direkt über dem Fluss aufragt. Die Hörne bildet den Wendepunkt des Weges. Von nun an geht es zurück nach Hitzelrode. Der Weg ist gut markiert (Rundwanderwegzeichen „23") und kaum zu verfehlen.

Mit der Hörne, dem Gobert und der Silberklippe haben wir die interessantesten Punkte des von Eschwege aus zu erreichenden Teils der Hessischen Schweiz erkundet.

Nun geht es durch das Werratal nach Bad Sooden - Allendorf und weiter nach Asbach, von wo aus wir zu einer Besteigung von Nase und Stein starten, zwei Felsformationen, die in dem seit 1945 zu Thüringen gehörenden Teil der Hessischen Schweiz liegen.

Bevor man zur Wanderung in die Waldeinsamkeit oberhalb von Asbach aufbricht, sollte man einen kleinen Abstecher zum Grenzmuseum Schifflersgrund unternehmen. Der Weg dorthin führt von der B27 über die Werra in Richtung Allendorf, wo man der Beschilderung folgt. Es geht durch ein Wohngebiet und dann über eine sehr schmale Straße 2 1/2 km bergauf. Das Grenzmuseum liegt am Rande einer ackerbaulich genutzten Terrasse, gut 150 Höhenmeter über der Werra.

Bereits vom Parkplatz aus kann man sich einen ersten Eindruck von den ehemaligen Grenzbefestigungen verschaffen. Man blickt in ein Tälchen, in dem auf einer Länge von ca. 1 1/2 km der Metallgitterzaun im Original erhalten ist. Parallel zum Zaun sind die Reste des Kraftfahrzeugsperrgrabens sowie der Spurensicherungsstreifen und der Kolonnenweg zu erkennen. Ein Abzweig des Kolonnenweges führt zur Museumsanlage, die man stilgerecht durch ein Grenzzaun-Durchlasstor betritt. Der Eintrittspreis ist mit 3 Euro pro Person erschwinglich. Für Kinder unter 14 Jahren ist der Eintritt frei.

Das Grenzmuseum ist täglich geöffnet:
November - Februar:
Mo. - Fr. 10.00 - 16.00,
Sa. - So. 13.00 - 16.00
März - Oktober:
Mo. - So. 10.00 - 17.00

Kontakt: Grenzmuseum „Schifflersgrund", 37318 Asbach / Sickenberg, Telf.: 036087- 98409.
E-Mail: gremu1991@aol.com

Um Asbach, den Startpunkt unserer nächsten Wanderung zu erreichen, muss man - manch einer wird sagen: Gott sei Dank! - nicht wieder über die schmale Straße zurück nach Bad Sooden - Allendorf. Man bleibt auf der Höhe und folgt der hier etwas breiter werdenden Straße bis in den kleinen Ort Sickenberg. In Sickenberg hält man sich rechts und nach weiteren 2 km ist man am Ziel. Ein Tipp für Besitzer größerer Kfz: Wenn man in Sickenberg links abbiegt, so gelangt man nach Wahlhausen und von dort nach Bad Sooden-Allendorf.

Waldeinsamkeit im Tauschgebiet

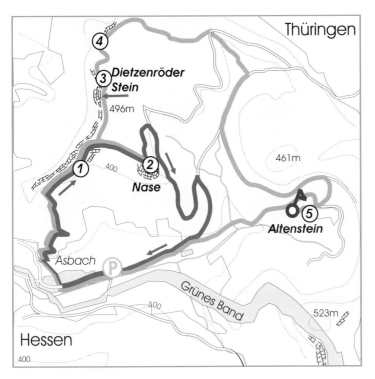

Wanderroute klein: *Rundwanderweg über einen herausragenden Felsgrat, die „Nase". Der Weg führt durch herrliche Buchenwälder, die im Bereich der Felsen und Steilabstürze mit Eiben durchsetzt sind. Länge: 5,9 km. Anstieg: 200 Höhenmeter. Gehzeit: 3 Stunden.*

Wanderroute groß: *Bis zur „Nase" ist die große Route mit der kleinen identisch. Von der „Nase" ein kurzes Wegstück zurück und weiter entlang einer Abbruchkante zu den Felsen des Dietzenröder Steins, einem hervorragenden Aussichtspunkt. Im Bogen durch Wald bis zur Burgruine Altenstein. Über den ins Tal führenden Weg zurück nach Asbach. Strecke: 8,3 km. Anstiege: 260 Höhenmeter. Gehzeit: knapp 4 Stunden*

Wer im Sommer 1945 mit der Bahn von Bebra nach Göttingen fuhr, war seines Lebens nicht sicher. Zwischen der Werrabrücke bei Oberrieden und dem Neuseesener Tunnel wurde scharf geschossen und dies, obwohl der Krieg schon seit Monaten beendet war. Die Strecke verlief auf einem 3 km langen Abschnitt durch die sowjetische Besatzungszone, auf der die Züge zur Zielscheibe für sowjetische Soldaten wurden. Als ein Lokführer tödlich getroffen wurde, drangen die Amerikaner auf Verhandlungen. Eine Stilllegung der Strecke Bebra – Göttingen kam für sie nicht in Frage. Schließlich handelte es sich um eine der wichtigsten Nord-Süd-verbindungen innerhalb der von den West-Alliierten beherrschten Besatzungszone.

Am 17. September 1945 vereinbarten der amerikanische Brigadegeneral W.T. Sexton und der russische Generalmajor V.S. Askalepov bei einem Treffen in Wanfried einen Gebietsaustausch. Die thüringischen Orte Werleshausen und Neuseesen, durch deren Gemarkung die Bahnlinie lief, kamen zur amerikanischen Besatzungszone. Im Gegenzug wurden die bei Sooden-Allendorf gelegenen hessischen Orte Asbach, Sickenberg, Vatterode und Weidenbach der sowjetischen Besatzungszone zugeordnet. Unter Punkt 2 der Vereinbarungen hieß es: „Der Rückzug der Truppen zu der neu festgelegten Demarkationslinie wird bis 19. September 1945, 18:00 Uhr, amerikanische Zeit, abgeschlossen." Und unter Punkt 3 wurde vermerkt: „Die in den bezeichneten Gebieten wohnende Bevölkerung bleibt dort mit ihrem Eigentum."

Für die in die Sowjetzone eingetauschten hessischen Dörfer war dies ein schwerer Schlag. Besonders schlimm hatte es Asbach getroffen. Hier verlief die neue Demarkationslinie unmittelbar vor den Häusern. Das nur 3 km entfernte Sooden-Allendorf, zu dem das Dorf gehörte, war über 4 Jahrzehnte unerreichbar. Wenn man heute von Bad Sooden-Allendorf hinauf nach Asbach fährt, erinnert kaum noch etwas an die

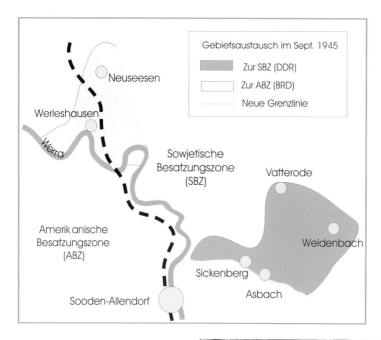

Gebietsaustausch im Sept. 1945

Zur SBZ (DDR)

Zur ABZ (BRD)

Neue Grenzlinie

Neuseesen

Werleshausen

Werra

Sowjetische
Besatzungszone
(SBZ)

Vatterode

Amerikanische
Besatzungszone
(ABZ)

Weidenbach

Sickenberg

Asbach

Sooden-Allendorf

der vom BUND in Bad Sooden-Allendorf verdient gemacht hat (Foto Seite 114). Die Erkundung der Nase ist für all diejenigen ein Muss, die sich einen Eindruck von der Schönheit und Geschlossenheit des hessisch - thüringischen Waldgebietes zwischen Eschwege und Witzenhausen verschaffen wollen.

Der Weg zur Nase ist gut ausgeschildert. Wir starten am Ortseingang von Asbach und steigen über einen an der Kirche vorbei führenden Weg hinauf zum nahe gelegenen Waldrand. Von dort geht es über einen schmalen Pfad und später auch über Wege weiter aufwärts. Nach ca. 1 1/2 Stun-

ehemalige Grenze. Allenfalls die Straße ist ein wenig schmal. Die Landschaft, die sich hinter dem Ort erstreckt, macht jedoch noch immer den Eindruck, als sei die Zeit stehen geblieben. Die alte Landstraße zu dem hinter den Bergen gelegenen ehemals hessischen Ort Weidenbach ist inzwischen für den Durchgangsverkehr gesperrt. Man orientiert sich wieder nach Hessen. Lang gestreckte Höhenzüge mit herrlichen Buchenwäldern schließen das Tal ab. Die Hessische Schweiz und die Goburg liegen um die Ecke. Bis zur Stasi-Röhre sind es gerade einmal 3 km.

Kleine Runde

Die Gegend um Asbach hat ihre Attraktionen: Die Nase, eine ins Land ragende Felsrippe, den Dietzenröder Stein, ein Felsabbruch, der es mit den Steilabstürzen bei Hitzelrode aufnehmen kann und eine Burgruine, den Altenstein. Zu alledem sind die Wälder in dem Grenzgebiet voller botanischer Kostbarkeiten, um deren Schutz sich die Botanikerin Carla Schnei-

Waldschluchten am Aufstieg zur Nase

den erreicht man eine mit Felsen durchsetzte Rippe, der unser Weg in Richtung auf die vor uns liegende Hochfläche folgt. Schluchten und Felsen durchziehen den Wald. Dunkelgrüne Eiben vermitteln eine altgermanische Atmosphäre. Es wird steiler und bald ist das Hochplateau erreicht. Hier verzweigt sich der Weg. Links geht es zum Dietzenröder Stein, rechts zur Nase. Wir folgen dem „Nasenweg", der auf eine weit herausragende Felsrippe führt. In den alten Bundesländern hätte man die Nase sicherlich mit einem Geländer umgeben. In Thüringen vertraut man darauf, dass die Leute selbst wissen, welche Gefahren ein Felsabsturz birgt.

Der Blick von der Nase geht hinunter ins Tal nach Asbach und zu den gegenüberliegenden Bergen, von denen sich das Grüne Band über steile Hänge hinunter nach Asbach zieht.

Wer nur einen kurzen Ausflug machen möchte, der kehrt von der Nase aus nach Asbach zurück. Dazu folgt man am „Einstieg" zum Felsgrad einem nach rechts abzweigenden Pfad, der auf Grafitti-Art mit einem rot-orange-farbenen N markiert ist. Der Pfad trifft auf einen Holzabfuhrweg, der in großen Schleifen ins Tal zur alten Landstraße Asbach –Weidenbach führt. Von hier bis Asbach ist es nur noch eine halbe Wegstunde.

Große Runde

Wer für eine Wanderung gerüstet ist, dem wird empfohlen, den Dietzenröder Stein und die Burgruine Altenstein „mitzunehmen". Dazu kehrt man auf dem Hinweg zurück bis zum Ende des Steilaufstiegs und folgt dort dem nach rechts führenden Pfad zum

Frauenschuh, botanische Kostbarkeit in den Grenzwäldern

„Stein". Der Steilabbruch ist auch hier wieder enorm. Man blickt hinunter auf Dietzenrode und die nördlich angrenzenden Waldberge, die das Ende des Grünen Bandes Hessen-Thüringen ankündi-

Burgruine Altenstein

gen. Hinter dem Wald liegt die Burg Hanstein und von dort sind es nur noch 4 km bis nach Niedersachsen. Hinter dem „Stein" geht es über die Wanderwege „17" und „2" zur Landstraße Asbach-Weidebach, der wir etwa 400 m bergab folgen. Dann wechseln wir nach links auf eine leicht ansteigende Forststraße und folgen dieser, bis uns ein nach rechts abbiegender Weg hinunter auf eine große Waldwiese führt. Hinter der Wiese erhebt sich ein Hügel mit den Resten der Burg Altenstein. Die Burg wurde überwiegend aus rotem Buntsandstein errichtet, ein farblicher Gegensatz zum graugelben Kalkgestein der umliegenden Berge.

Ein dreimal verlassener Ort

Der Altenstein hatte eine für hessische Burgen übliche „Karriere" durchlaufen: Im 13. Jahrhundert zum ersten Mal urkundlich erwähnt, wechselte die Burg mehrfach den Besitzer, bis sie schließlich der Herrschaft des hessischen Landgrafen einverleibt wurde. Bis Anfang des 19. Jh. war der Altenstein Zentrum eines Amtsitzes. Nach dessen Auflösung im Jahre 1821 wohnte hier nur noch der Förster. 1955, zu Zeiten der jungen DDR, machte der Förster Feriengästen Platz. Doch das Ferienvergnügen währte nicht lange. Ende 1961, im Jahr des Berliner Mauerbaus, wurde das Ferienlager wegen der Grenznähe geräumt. Nun wurde es ruhig auf dem Altenstein.

Seit dem Fall der Grenze trifft man hier wieder ab und zu auf Wanderer. Nur einmal im Jahr ist auf dem Altenstein richtig was los. An Himmelfahrt feiert der Heimatverein auf dem Burggelände ein Frühlingsfest. Vom Al-

tenstein ist es nicht weit bis Asbach. Der Weg führt rechts neben der Burg hinunter ins Tal und dort zwischen Wald und Wiesen zur Landstraße Asbach- Weidenbach.

Von Asbach geht es zum Burg Hanstein und zur Teufelszkanzel und damit zu unserer nördlichsten „Grüne Band" - Wanderung. Wir fahren auf der B 27 von Bad Sooden - Allendorf bis zu dem unter der Burg Ludwigstein liegenden Abzweig nach Werleshausen und von dort über eine schmale und steile Straße hinauf in das thüringische Dorf Bornhagen, über dem die Burg Hanstein liegt. In Bornhagen führt rechts eine Straße den Burgberg hinauf zum Ortsteil Rimbach, wo wir uns am Ortseingang links halten. Es geht ein kurzes Stück steil bergauf und an einer Gaststätte vorbei zu einem Wanderparkplatz, von dem aus wir zur Teufelskanzel starten.

Im thüringischen Asbach

Teufelskanzel und Kolonnenweg - Zickzack

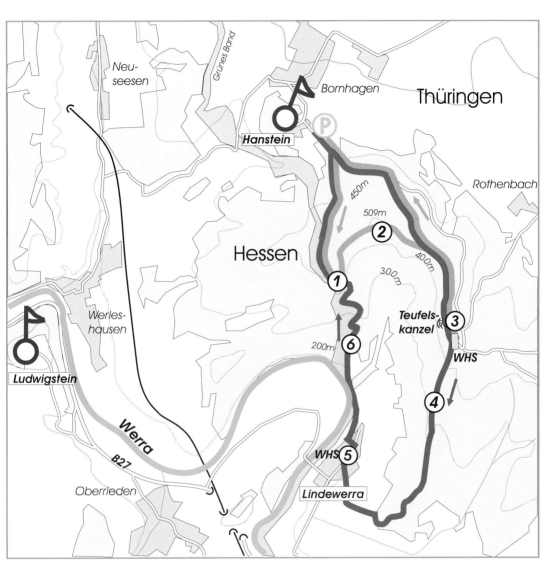

Wanderroute: *Von der Burg Hanstein über das Grüne Band und den Junkersberg zur Teufelskanzel, einem Sandsteinfelsen mit Tiefblick auf das Werratal. Am Felsen eine ganzjährig bewirtschaftete Ausflugsgaststätte. Über den Hauptwanderweg zurück zum Parkplatz. Länge: 5,6 km. Anstiege: 140 Höhenmeter. Gehzeit: 2 Stunden.*

Zusatzprogramm: *Von der Gaststätte auf markiertem Pfad hinunter zu dem im Werratal gelegenen Grenzort Lindewerra. Über das Grüne Band und den steil ansteigenden Kolonnenweg im Zickzack zurück auf die Ausgangshöhe und zur Burg Hanstein. Strecke: 9,1 km. Anstiege: 370 m. Gehzeit: 4 1/2 Stunden.*

An der unteren Werra, zwischen Bad Sooden-Allendorf und Witzenhausen, liegen zwei Burgen einander gegenüber, deren Besitzer nicht eben befreundet waren. Auf dem rechts der Werra liegenden Hanstein lebte seit 1308 eine Ritterfamilie gleichen Namens, die links über dem Fluss thronende Ludwigsburg hatte der hessische Landgraf Ludwig im Jahre 1415 als Antwort auf die zuneh-

Burg Hanstein mit dem Dorf Rimbach

In der zweiten Hälfte des 20. Jh., als die mittelalterlichen Händel längst der Vergangenheit angehörten, beobachteten von den Burgen aus wieder Wachtposten argwöhnisch die Bewegungen der gegenüber liegenden Seite. Wie früher verlief die Grenze unten an der Werra und es hätte nicht verwundert, wenn DDR-Grenzer und Bundesgrenzschutz Neidköpfe angebracht hätten. Seit dem Fall der Grenze ist der Hanstein wieder ein beliebtes Ausflugsziel von Hessen, Thüringern und Niedersachsen. Am Fuße des Burgbergs führt das Grüne Band vorbei. Dort befindet sich ein Parkplatz, von dem aus man den Burgberg über den Kolonnenweg zu Fuß erklimmen kann. Wer sich 100 Höhenmeter Anstieg sparen möchte, fährt bis auf den Wanderparkplatz oberhalb des Burgdorfs Rimbach. Von dort starten wir zu unserer Erkundungstour in Richtung Teufelskanzel, einem in Thüringen liegenden Felsen über dem Werratal, neben dem sich eine traditionsreiche Ausflugsgaststätte befindet. Der Andrang auf dem Wanderparkplatz ist recht groß. Teufelskanzel und Gaststätte gehören zu den beliebtesten Ausflugszielen der Göttinger und Kasseler Bevölkerung.

Heide über dem Werratal

Auf den ersten zwei km unserer Tour werden wir dennoch kaum einem Menschen begegnen. Wenige Meter hinter dem Wanderparkplatz, am Rande des Waldes, biegen wir vom Hauptweg rechts ab, was nicht heißen soll, dass wir das Ausflugslokal meiden. Wir machen lediglich einen Schlenker über das Grüne Band und den Aussichtspunkt Werrablick, wobei wir der Wandermarkierung „X5" folgen. Ein paar hundert Meter weiter ist der Kolonnenweg er-

menden Fehden der Hansteins bauen lassen. Die Achtung, die die Hansteins den hessischen Fürsten zollten, äußert sich in einem in Stein gehauenen, hämisch blickenden Neidkopf, der neben dem Burgtor seine Zunge in Richtung Ludwigstein herausstreckt. Die Anwort ließ nicht lange auf sich warten: Auch am Ludwigsstein befindet sich ein Neidkopf und der streckt seine Zunge in Richtung Hanstein.

Grenzposten auf dem Junkersberg

Werraschleife unter der Teufelskanzel

reicht. Von dieser Stelle aus hat man einen schönen Blick auf den Burgberg. Eine Bank lädt ein, den Ausblick in Ruhe zu genießen. Es geht weiter über den ehemaligen Grenzstreifen, der hier ein anderes Gepräge hat, als in der Hessischen Schweiz oder im Ringgau. Überall scheint roter Buntsandstein hervor, der einen armen und sauer reagierenden Boden entstehen lässt. Anstatt Eschen und Enzian wachsen hier Birken und Heidekraut. Es muss nicht immer Kalkmagerrasen sein, auch Heide hat ihren Reiz. Am Aussichtspunkt Werrablick sind die Heideflächen besonders schön ausgebildet. In dem fahlen Heidekraut kommen die roten Blüten von Nelken und das zarte Blau der Glockenblumen gut zur Geltung. Dazu setzt der niedrigwüchsige Behaarte Ginster mit seinen knallgelben Blüten kostrastreiche Farbtupfer.

Grenzposten im Hinterland

Der Weg zur Teufelskanzel führt über die Heideflächen geradewegs nach oben. Wir verlassen den ehemaligen Grenzstreifen und tauchen in den vor uns liegenden Wald ein. Auf einer windexponierten Bergkante, die mit Buntsandsteinbrocken übersät ist, geht es weiter aufwärts zur einsam gelegenen Junkerskuppe. Über den flachen Gipfel der Kuppe zieht sich ein verrosteter Stahlgitterzaun. Einige Platten haben sich von den Betonpfählen gelöst und hängen windschief herunter. Hinter dem Zaun schaut ein verlassener Betonbunker hervor. Wir stehen an einem versteckten Grenzposten, dessen Aufgabe es war, die Kammlinie der Werraberge zu bewachen. Die eigentliche Grenze verlief unten an der Werra. Das am Fluss gelegene thüringische Dorf Lindewer-

ra war also von zwei Seiten durch Grenzbarrieren abgeschlossen, durch den Grenzzaun am Fluss und durch die Sperren auf dem Kamm der Werraberge. Auf der Junkerskuppe wurde nichts von Denkmalschützern hergerichtet. Hier ist noch alles so, wie es die Grenztruppen hinterlassen haben.

Werrablick und Biergarten im Walde

Von der Junkerskuppe aus erreichen wir in wenigen Minuten den Hauptwanderweg zur Teufelskanzel. Damit tauschen wir die Stille der abgeschiedenen Bergrücken mit der fröhlichen Geräuschkulisse, die von den zahlreichen Spaziergängern ausgeht. Der Weg zur Teufelskanzel ist dennoch lohnend. Er folgt der Kammlinie der Werraberge, wobei er immer hart an den Steilabstürzen zur Werra

Richtig gut wird die Aussicht aber erst an der Teufelskanzel, einem großen Monolith aus Buntsandstein, den der Teufel auf der Flucht vor Hexen verloren haben soll. Man erklimmt ein paar in den Fels gehauene Stufen und blickt dann hinunter auf die Werra, die an dieser Stelle eine große Schleife vollführt, ein Bild, das seit über 100 Jahren die Postkarten schmückt.

Wer sich satt gesehen hat, aber Hunger und Durst verspürt, den lädt das benachbarte Gasthaus ein, bei dem an schönen Tagen auch im Freien serviert wird. Bereits 1882 wurde an dieser Stelle ein Schankbetrieb errichtet, wobei man sich zunächst mit einem Fachwerkhäuschen begnügte. Da der Besucherstrom stark zunahm – u. a. hatte sich die Studentenschaft aus Göttingen die Teufelskanzel als Wanderziel auserkoren – und man zudem Tanzveranstaltungen organisierte, wurde der Fachwerkbau zu Beginn des 20. Jahrhunderts durch einen größeren Steinbau ersetzt. Im Jahre 1930 kam die nächste Erweiterung und sicher hätte man bald den Fahrweg zur Teufelskanzel als Straße ausgebaut, wenn nicht der Zweite Weltkrieg dazwischen gekommen wäre. In der DDR-Zeit lag die Teufelskanzel im Bereich der Grenz-Sperrzone und nur Privilegierten war es vergönnt, von der Teufelskanzel aus hinüber in die „BRD" zu blicken. Vereinzelt nutzen noch Jagdgesellschaften das ehemalige Gasthaus als Unterkunft. Ansonsten war es hier oben still.

bleibt. Der mit Blöcken übersäte Pfad vermittelt die anregende Stimmung eines Höhenweges, sicher einer der Gründe für die Beliebtheit der Strecke. Ab und zu bietet sich ein Blick über die Baumwipfel hinunter zur Werra.

Doch die Teufelskanzel war nicht vergessen. Gleich nach der Wende wurde der Gastbetrieb wieder aufgenommen und inzwischen wurde hier natürlich auch gebaut. Der Besucherstrom ist enorm und es gilt darauf zu achten, dass die Entwicklung nicht ins Endlose geht. Wenn man mit dem Pkw bis zum Gasthaus fahren darf, ist nicht nur die Grenze des ökologisch Erträglichen überschritten, auch der Charme, den die Teufelskanzel und das Gasthaus noch besitzen, wäre zerstört.

Wer es bei einem Spaziergang belassen möchte, rüstet sich nun zum Rückweg. Von den drei möglichen Wegen führt der schönste zurück über den Kamm, wobei man dieses Mal dem Hauptwanderweg folgt und die Junkerskuppe links liegen lässt. In gut einer

Waldgasthaus an der Teufelskanzel

Das Grüne Band bei Lindewerra, rechts der Junkersberg

Stunde ist man am Ausgangspunkt der Tour.

Zusatzprogramm für Unentwegte

Konditionsstarke Wanderer, die sich mit der oben beschriebenen Tour noch nicht ausgelastet fühlen, folgen vom Gasthaus aus der Fortsetzung des Kammweges, der über alte Hohlwege zu dem im Werratal gelegenen Lindewerra führt. In Lindewerra empfiehlt es sich, im Gasthaus zur Traube einzukehren, nicht nur, weil man hier hervorragenden Kuchen oder Eis mit Früchten der Saison oder so exotische Sachen wie Rhabarbersaft bekommt, sondern auch, weil ein anstrengender Aufstieg be-

vorsteht. Man folgt dazu im Dorf dem Werratalradweg Richtung Witzenhausen. Sobald man die letzten Häuser hinter sich gelassen hat, blickt man auf einen 200 m hohen Steilhang, über den sich der ehemalige Grenzstreifen geradewegs nach oben zieht. Der Kolonnenweg vermag dieser Steigung nicht zu folgen und zieht sich, immer noch weithin sichtbar, im Zickzack nach oben. Nach einer kurzen Schonfrist, während der wir dem Radweg entlang der Werra folgen, geht es auf dem Kolonnenweg in sportlicher Manier in die Höhe.

Am Werrablick, dem Aussichtspunkt am Abzweig zur Junkerskuppe, ist der Aufstieg geschafft. Über den bereits bekannten Weg

erreicht man in einer halben Stunde den Wanderparkplatz. Dabei kommt man an der Ruhebank vorbei, auf der man bereits am Hinweg Rast gemacht hat. Der Hanstein leuchtet in der Abendsonne und die letzte Wanderung unserer „Grüne Band" -Erkundung klingt aus. Im nächsten Kapitel werden wir das Grüne Band mit dem Rad erkunden, wobei wir mehr von der Werraaue sowie den Dörfern und Städten erfahren, die an der Grenze lagen.

Die Radtour

Die Radtour

Start und Ziel

Die „Grüne Band" - Radtour beginnt in 820 m Höhe, am Roten Moor, in der Nähe der Ulsterquelle und endet nach 198 km am 240 m hoch gelegenen, ehemaligen Grenzbahnhof Eichenberg, direkt am Dreiländereck Hessen-Thüringen-Niedersachsen. Da die Strecke -sofern man mit dem PKW zum Startpunkt gelangt - keine nennenswerten Steigungen aufweist, ist sie für trainierte Radler problemlos in 2 Tagen zu schaffen. Wer eine genüssliche Tour plant und dabei Land und Leute kennen lernen möchte, sollte sich jedoch drei Tage Zeit nehmen. Die Drei-Tage-Empfehlung gilt im besonderen Maße für alle, die den Startpunkt „by fair means" erreichen wollen, das heißt mit der Bahn anreisen und vom Endbahnhof aus zum Startpunkt hinauf radeln.

Logistik

Der Startpunkt, das „Haus am Roten Moor", liegt nur 8 km vom Bahnhof Gersfeld entfernt, und von Fulda aus fährt unter der Woche stündlich eine Regionalbahn nach Gersfeld. Selbst an den Wochenenden verkehrt dieser Zug regelmäßig, wenn auch in zweistündigen Abständen. Man kann also durchaus ohne Einsatz eines PKW zum Ausgangspunkt der Tour gelangen. Man sollte für die Anfahrt jedoch bedenken, dass von Gersfeld bis zum Roten Moor 300 Höhenmeter zu überwinden sind.

Mit dem von Fulda nach Hilders führenden Milseburg-Radweg

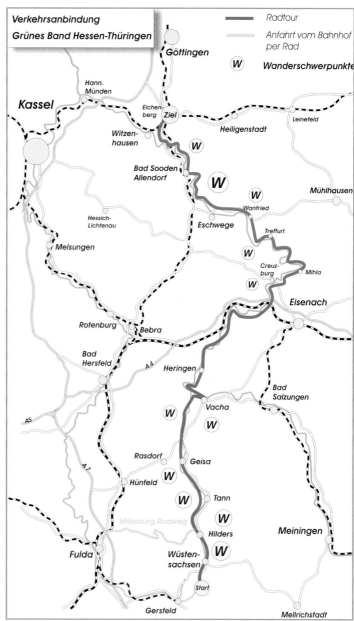

existiert eine zweite Möglichkeit, die Tour ohne PKW-Anreise zu absolvieren. Sie bietet sich für diejenigen Radler an, die es bei geringeren Steigungen belassen möchten. Der Milseburg-Radweg verläuft auf der ehemaligen Bahnstrecke Fulda – Hilders, wobei der Übergang ins Ulstertal durch einen 1,2 km langen Tunnel entschärft wird. Kurz vor Hilders, beim Weiler Aura, trifft man auf

Das INFO-Haus am Roten Moor

den vom Roten Moor kommenden Ulstertal-Radweg. Mit dem Milseburg-Radweg spart man sich die moutainbikewürdige Bergfahrt zum Roten Moor. Andererseits verzichtet man auf die genussvollen Talfahrten von der Ulsterquelle nach Wüstensachsen und durch das obere Ulstertal.

Unabhängig welche Entscheidung man hinsichtlich des Zugangs trifft, empfiehlt es sich, die erste Etappe im hessischen Tann oder dem thüringischen Geisa ausklingen zu lassen. Hier gibt es Quartiere und zahlreiche Einkehrmöglichkeiten. Zudem sollte man sich Zeit für den Streckenabschnitt in der Rhön lassen. Von Gersfeld bis Tann sind es 41 km. Fährt man über den Milseburg-Radweg, so erreicht man Tann nach 39 km.

Als nächstes Etappenziel bietet sich das 78 km entfernte Creuzburg an. Wer konditionsstark ist,

schafft die restlichen 88 km über Eschwege und Bad Sooden-Allendorf an einem Tag. Man kann die Grüne-Band-Radtour also an einem verlängerten Wochenende absolvieren. Wer sich für das Werrabergland mehr Zeit lassen möchte, kann in Bad Sooden-Allendorf Station machen. Selbstverständlich finden sich auch an den dazwischen liegenden Orten günstige Übernachtungsmöglichkeiten.

Die Heimfahrt mit der Bahn gestaltet sich einfach: Vom Bahnhof Eichenberg, dem Endpunkt der Radtour, verkehren regelmäßig Züge (Regional-Express und Regional-Bahn mit Fahrrad-Mitnahme) nach Kassel, Göttingen, Halle und Bad Hersfeld. Von Kassel und Bad Hersfeld aus gelangt man mit dem Regional-Express problemlos nach Fulda und Frankfurt.

Zugänge mit dem Rad

Die Bergfahrt Gersfeld – Rotes Moor

Länge: 8 km
Höhenprofil: Gersfeld 500 m, Rotes Moor-Kiosk 820 m
Dauer: 1 – 1 1/2 Stunden

Es existieren zwei Aufstiegsvarianten mit recht unterschiedlichen Anstiegsprofilen. Variante A beginnt mit einem Steilanstieg, der von Gersfeld bis auf die Hochfläche der Rhön führt. Von dort geht es dann in geringer Steigung bis zum Roten Moor. Variante B beginnt sanfter und hat den Hauptanstieg im Mittelteil.

Beide Varianten verlaufen zunächst gemeinsam vom Gersfelder Bahnhof zu einer am Beginn der Innenstadt liegenden, verkehrsreichen Ampel-Kreuzung. Hat man sich für die Aufstiegsvariante A entschieden, biegt man knapp 100 Meter nach der Kreuzung rechts ab und folgt den Hin-

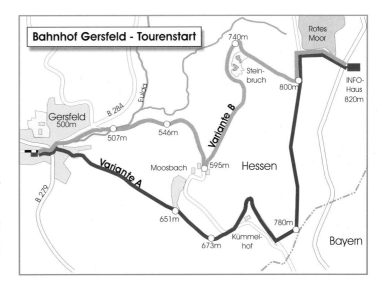

weisschildern des Fernradweges R1 Richtung Bischofsheim. Wer viel Gepäck mit sich führt, wird die nächsten 500 Meter sicher schieben, denn der R1 ist im Stadtbereich von Gersfeld eher nach dem Geschmack von Mountainbikern. Dafür ist der Verkehr gering und man wird mit einer herrlichen Aussicht belohnt.

Bereits nach einer viertel Stunde Anstieg liegt Gersfeld tief unter uns im Tal. Hinter der Stadt erhebt sich der Nall, eine mächtige Basaltkuppe. Im Norden erstrecken sich die Hänge der Wasserkuppe, des höchsten Berges von Hessen. Im Süden blickt man auf die Steilhänge des Simmels- und des Himmeldunkberges, über die die Grenze zu Bayern verläuft. Es schließt sich ein Kranz von Bergen an, die zum Truppenübungsplatz Wildflecken gehören, in dem bis heute scharf geschossen wird, und das nicht nur mit Gewehren.

Nach 20 – 25 Minuten erreicht man den Ort Mosbach, wo die Hälfte des Anstiegs geschafft ist. Man folgt dem R1 bis zum Wanderparkplatz Schwedenwall, der in knapp 750 m Höhe auf einem Sattel zwischen dem Himmeldunkberg und dem Roten Moor liegt. Hier links auf einem befestigten Weg, zunächst noch leicht ansteigend, den Wanderzeichen Richtung Rotes Moor folgen.

Auf dem Weg zum Roten Moor, im Hintergrund der Nall

Alter Steinbruch an der „Waldauffahrt" zum Roten Moor

Durch Fichtenaufforstungen, die ab und zu durch Wiesen unterbrochen werden, geht es nahezu schnurgerade bis zum Moor. Am Moor rechts und auf einer Forststraße in wenigen Minuten zum INFO-Haus am Roten Moor.

Der „Moor-Kiosk" ist im Sommer täglich von 10 bis 19 Uhr geöffnet. Auf der Terrasse kann man sich bei Kaffee und Kuchen gut von den Strapazen des Aufstiegs erholen.

Die Aufstiegsvariante B folgt in Gersfeld ca. 300 m der B 284. Hinter der Fuldabrücke rechts auf einem Radweg, leicht ansteigend, über Wiesen. Die nächste Straße rechts und mäßig ansteigend, ca. 2 km Richtung Mosbach. An den ersten Häusern des Ortes im spitzen Winkel links und auf einer schmalen, für den Kfz-Verkehr gesperrten Straße, mäßig ansteigend bis in den Wald. Auf einer geschotterten Forststraße in einem großen Bogen um ein aufgelassenes Steinbruchgelände, wobei man direkt an der Abbruchkante vorbei kommt. Bitte Absperrungen respektieren! Es besteht die Gefahr, dass man in einen der tief unten gelegenen Seen stürzt. In mäßiger Steigung weiter bis zum Roten Moor, wo man auf die Aufstiegsvariante A trifft.

Zugangsmöglichkeit für Quereinsteiger

Länge: 31 km
Höhenprofil: Fulda-Bahnhof 275 m, Fulda-Lehnerz 340 m, Almendorf 295 m, Bahnhof-Milseburgtunnel 550 m, Hilders-Aura 440 m
Dauer: 2 – 2 1/2 Stunden

Der Milseburg-Radweg beginnt leider nicht am Fuldaer Bahnhof, sondern 4 km außerhalb, am Stadtrand. Der Anfang des „Schienenweges" ist jedoch leicht zu finden. Vom Bahnhof Fulda aus folgt man der Kurfürstenstraße in nördlicher Richtung bis zur Leipziger Straße, wo man auf den hessischen Fernradweg R3 trifft, der zum Milseburg-Radweg führt. Nach rechts und nach der Bahnunterführung wieder rechts in die Amand-Ney-Straße. An der Kirche links in die Scharnhorststraße und über deren Verlängerung, die Zeppelinstraße, leicht ansteigend bis zur Wörthstraße. Hier leicht links versetzt in die weiter bergan führende Tannenbergstraße und an Spielplätzen und Schrebergärten vorbei, sowie unter der B 27 hindurch. Hinter der Unterführung wieder auf die Leipziger Straße und weiter zum Fuldaer

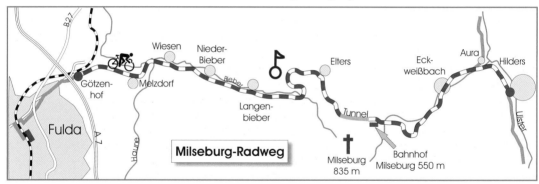

Milseburg-Radweg nahe Schloss Biberstein

Vorort Lehnerz. In Lehnerz in Richtung Steinau und kurz vor der Autobahnbrücke in Richtung Stöckels. Der Milseburg-Radweg beginnt direkt hinter der Autobahnbrücke mit dem ehemaligen Bahnhof Götzenhof.

Am „Götzenhof" hielt früher der Schienenbus Fulda - Hilders, heute ist hier der Startpunkt für zahlreiche Feierabendradler und Inliner-Fahrer. Mit der Eröffnung des Radweges hat man das Bahnhofschild wieder angebracht. Von nun an macht das Rad fahren Spaß. Der Belag ist glatt und es geht mit leichtem Gefälle in die freie, ebene Landschaft hinaus. Nur die engen „Drängelgitter", mit denen man die Straßenübergänge gesichert hat, nerven den mit Gepäcktaschen nicht ganz so manövrierfähigen Tourenfahrer ein wenig.

In der Ferne sind die Berge der Rhön zu sehen, unter denen ein markanter Gipfel herausragt, die Milseburg. Auf diesen 880 m hohen Berg steuert der Radweg zu. Bei Almendorf erreichen wir das Tal der Haune, einem Nebenfluss der Fulda. Hier wird mit 295 m der tiefste Punkt des Milseburg-Radweges überschritten. Von nun an, bis zum 550 m hoch gelegenen Pass am Bahnhof Milseburg, geht es bergauf. Doch die Steigung bleibt vorerst gering: Melzdorf 300 m, Wiesen 305 m, Niederbieber 326 m. Wir fahren über die weite Feldflur am Rande des Biebertals. Erst bei Langenbieber (km 9,5) beginnt die Bergwelt der Rhön und damit eine Steigung, die für den Radler nicht unerheblich ist. Für die meisten Inliner ist hier der Umkehrpunkt. Viele von ihnen besuchen den Biergarten oder die Imbissstation am ehema-

ligen Bahnhof, bevor sie sich auf den Rückweg nach Fulda machen. Auch für Radler ist Niederbieber ein beliebter Treff, obwohl es auch hinter dem Milseburgtunnel noch Gaststätten längs der Strecke gibt.

Gleich hinter dem Bahnhof muss man ordentlich in die Pedale treten. Eine Rampe führt auf eine eigens für den Radweg konstruierte Holzbrücke hinauf, auf der eine Straße überquert wird. Wer eine Erfrischung benötigt, dem ist das Schwimmbad zu empfehlen, an dem man wenig später vorbeifährt. Hinter dem Freibad setzt die Trasse zu einer großen 180-Grad-Schleife an, in deren Verlauf das Biebertal gequert wird. Wir fahren nun in entgegengesetzter Richtung auf einen Berg zu, dessen Gipfel vom Schloss Bieberstein gekrönt wird. Hier wohnt kein

Westportal des Milseburgtunnels

geöffnet, So von 10-18 Uhr. Darüber hinaus beherbergt das ehemalige Bahnhofsgebäude ein privates Honigkuchen- und Wachsmuseum. Wer lieber etwas Kräftiges möchte, der ist mit dem Gasthaus „Milseburg" im nahe gelegenen Oberbernhards gut bedient. Hier bekommt man Gerichte vom Rhöner Weideochsen, aber auch gut zubereitete, vegetarische Mahlzeiten.

Freiherr oder Bischof, sondern Schüler; das Schloss ist ein Internat der Hermann-Lietz-Stiftung. Früher hatte das Internat einen eigenen Bahn-Haltepunkt. Heute befindet sich am 427 m hoch gelegenen Bahnhof Bieberstein ein Rastplatz des Radweges.

Die Trasse vollführt nun eine zweite Schleife und man hat wieder die Milseburg und ihre Nachbarberge vor Augen, die sich wie eine Mauer vor uns aufbauen. Nach 2 km ist der Milseburg-Tunnel erreicht. Aus dem Portal weht uns ein eiskalter Wind entgegen. Ein Fallgitter hängt über dem Eingang, befremdendes Begleitwerk für die Fahrt in den Berg. Im Tunnel herrscht gelbes, gedämpftes Licht. Ein Bewegungsmelder schaltet die in regelmäßigen Abständen angebrachten Natriumdampflampen an, ohne die eine Befahrung des Tunnels nicht möglich wäre. Bei feuchtkaltem Gegenwind geht es bergauf. Der Tunnelausgang ist erst nach zwei Minuten Fahrt, und dann auch nur als kleines Licht in der Ferne, zu sehen. Nach 5 bis 6 Minuten ist es jedoch geschafft und man befindet sich wieder im Freien. Wenn man zurück schaut, sieht man, dass auch der Tunnelausgang mit Gittern bewehrt ist. Der Grund: Von November bis März wird der Tunnel wegen überwinternder Fledermäuse gesperrt. Auch im Sommer nutzen Fledermäuse den Tunnel, weshalb die Lampen der Tunnelbeleuchtung allein auf den Boden gerichtet sind. Die Metallverkleidungen an den Wandausbuchtungen haben jedoch nichts mit den Flattertieren zu tun. Sie wurden angebracht um zu verhindern, dass sich im Tunnel jemand versteckt und RadfahrerInnen auflauern kann. Darüber hinaus sorgen zwei Überwachungskameras und vier Notrufsäulen für Sicherheit im Tunnel.

Direkt hinter dem Tunnel befindet sich der ehemalige Bahnhof Milseburg, mit 550 m zugleich der Scheitelpunkt des Radweges. Von hier bis zum Ulstertal-Radweg geht es bergab. Im Bahnhofsgebäude hat der Maler Oscar Hartmann eine Galerie eingerichtet. Sein Galerie-Café ist Mi bis Sa von 10-12 Uhr sowie von 13-18 Uhr

Die Fahrt ins Ulstertal verläuft rasch. Zwei Holzbrücken bahnen den Weg. Unterhalb der zweiten Brücke, bei Eckweißbach, befinden sich erneut zwei Gasthäuser, die auf den Radlerbetrieb eingestellt sind: „Zum Rosenbachschen Löwen" und „Kühler Grund". 1 1/2 km weiter, dort, wo der Milseburg-Radweg das Tal quert, heißt es aufpassen! Hier treffen wir auf den Ulstertal-Radweg, der auf unserer Talseite in Richtung Tann führt. Das heißt, wir verlassen den Milseburg-Radweg, der am nur 2 km entfernten Bahnhof von Hilders seinen Endpunkt erreicht. Von nun an geht es auf dem Ulstertal-Radweg nach Norden.

1. Etappe: Rotes Moor – Tann

Strecke: 30 km
Höhenprofil: Rotes Moor 820 m – Wüstensachsen 600 m – Hilders 430 m – Tann – 360 m

Vom Roten Moor führt eine Straße direkt hinunter ins Ulstertal. Die Verlockung ist groß: 200 Höhenmeter Abfahrt auf Asphalt versprechen einen furiosen Tourenstart. In weniger als 10 Minuten könnte man in Wüstensachsen sein. Doch der Weg ist das Ziel und auf diesem Weg liegt die Ulsterquelle, die erste Station der „Grüne Band" -Radtour. Um zur Quelle zu gelangen, radelt man zunächst 1 km auf der Straße Richtung Wüstensachsen. Dann, kurz bevor die Gefällstrecke beginnt, biegt man in einem spitzen Winkel rechts ab. Auf einem Waldweg geht es bis zur nächsten Weggabelung, an der man sich links hält. Über einen Schotterweg gelangt man eine „Etage" tiefer, wo rechts nach einer Minute die Quelle erreicht wird (km 1,4).

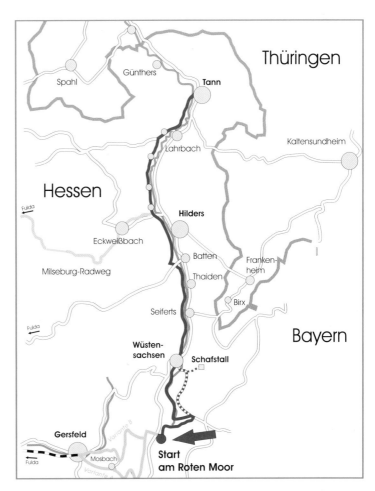

Die Ulster: Quelle und Wildwasser

Das Quellwasser rinnt aus einem Holzrohr hervor, plätschert über aufgeschichtete Basaltsteine und wird unter dem Forstweg hindurchgeleitet. Die Ulster beginnt ihren Weg zur Werra in Röhren, was für die an Quellen und Quellbäche gebundene Organismen nicht förderlich ist. Feuersalamander, Rhönquellschnecke und co. sind dennoch nicht bedroht. Im angrenzenden Naturschutzgebiet „Kesselrain" und auf den dar-

Die Ulster als Wildbach

unter liegenden Weiden befindet sich eine ganze Reihe naturnaher Quellen.

Nach kurzer Rast auf den Bänken oberhalb der Ulsterquelle geht die Fahrt weiter in Richtung Wüstensachsen. Wir folgen dem Forstweg, der durch naturnahen Mischwald aus Bergahorn, Eschen und Erlen führt. Gelber Eisenhut, Alpen-Milchlattich und Platanenblättriger Hahnenfuß verleihen dem Wald einen alpin-montanen Charakter. Als weitere Besonderheiten kommen die Alpenspitzmaus und ein vom Aussterben bedrohter Schmetterling, der Schwarze Apollo, vor.

Nach 1 1/2 km führt die Fahrt ins Freie, wo man auf die Straße Wüstensachsen – Oberelsbach trifft, den Zubringer zur Hochrhönstraße. Auf der Straße fahren wir ca. 500 m bergab, biegen dann links ab und folgen einem befestigten Wirtschaftsweg, der uns wieder näher an die Ulster bringt. Als Alternative bietet sich die Schnellfahrt auf der Straße an. Dabei kann man die Gelegenheit nutzen, Schäfer Weckbach und den BUND-Rhönschafen einen Besuch abzustatten. Dazu muss man in der großen Linkskurve vor Wüstensachsen rechts abbiegen. Auf einem Wirtschaftsweg geht es in wenigen Minuten zum Schafstall, wo man sich mit Original Rhöner Öko-Schaf-Salami eindecken kann. Auf der Originalroute erreicht man nach 2 1/2 km Schotterpiste ein Wäldchen, in dem die Ulster über Basaltgeröll stürzt (km 6,4). Bänke laden zur Rast ein und von einer Fußgängerbrücke aus kann man die kleinen Katarakte bewundern.

Wüstensachsen – Vom Bauerndorf zum Fremdenverkehrsort

Vom „Ulsterfall" rollt man in wenigen Minuten hinunter nach Wüstensachsen (km 8,9). Bis in die sechziger Jahre des vergangenen Jahrhunderts war das 600 m hoch gelegene Dorf von der Landwirtschaft geprägt. Dann vollzog sich innerhalb weniger Jahre ein radikaler Wandel. Das westdeutsche Wirtschaftswunder war bis in das Zonenrandgebiet vorgedrungen und viele Landwirte fanden in Fulda eine gut bezahlte Arbeit. Die meisten Berufspendler führten die Landwirtschaft zunächst im Nebenerwerb weiter. Doch mit der Zeit wurden immer mehr Höfe aufgegeben. Zugleich öffnete sich die Rhön für den Fremdenverkehr. All dies blieb nicht ohne Wirkung auf das Ortsbild. Die kleinen, mit Schindeln gedeckten Häuser machten großen, glatt verputzten Gebäuden Platz und die Miste, die sich früher vor dem Haus befand, verschwand aus dem Blickfeld der Dorfbewohner. Die Menschen wollten nicht länger an die früheren bescheidenen Verhältnisse und an die Mühsal der Landarbeit erinnert werden.

Von Bachforellen und Lammsalami

Mit der Ausweisung des Biosphärenreservats Rhön Anfang der 90er Jahre begann sich die Sichtweise im Ort erneut zu ändern. Man besann sich auf alte Werte. Auf den kargen Gemeindeweiden werden wieder Rinder gehalten. Ein ökologisch wirtschaftender Schäfer, Dietmar Weckbach, hat sich angesiedelt, der Forellenhof Keidel hat sich auf die Produktion heimischer Bachforellen spezialisiert und dank des Einsatzes von Kronenwirt Jürgen Krenzer sind die alten Apfelsorten des oberen Ulstertals wieder gefragt. Die Erzeugung regionaler Lebensmittel und die Selbstvermarktung sind „in". Rhön-Produkte und Spezialitäten werden in Hofläden und Gasthöfen angeboten, wovon

Schaffleisch, Schafschinken, Schafsalami, EU-zertifiziert Führungen durch die Stallungen und zu den Schafweiden (nach Vereinbarung) Schafe im Eigentum des BUND-Hessen

Schäfer Weckbach
36115 Ehrenberg/Wüstensachsen
Mittelstr. 1
Tel. 06683-291
Mobil 0171-6989286

Frische und geräucherte Bachforellen-Wildlinge, selbst gezogen von den Eiern wilder, in Bächen der Rhön lebender Bachforellen. Daneben Saiblinge und Lachsforellen.

Lothar Keidel,
Forellenhof 1 (außerhalb des Ortes an der Straße nach Gersfeld)
36115 Ehrenberg/Wüstensachsen
Tel. 06683- 919090
Keidel-Forellen@t-online.de

man sich nicht nur in Wüstensachsen, sondern auch in den Nachbarorten Melperts und Seiferts überzeugen kann.

Dem Radler präsentiert sich Wüstensachsen zunächst mit einem

Neubaugebiet. Über die August-Spiegel-Straße und die Oberelsbacher Straße gelangt man jedoch im Nu in die Dorfmitte. Hier geht es über die Geschäftsstraße von Wüstensachsen, die Rhönstraße, bis zur Bundestrasse 278, wo man sich rechts hält. 200 m weiter, vor einer Tankstelle, biegt man links ab und verlässt Wüstensachsen über den Melpertser Weg.

Brot, Getreideprodukte, Rindfleisch, Schweinefleisch, Eier, EU-zertifiziert:

Veys´s Hofladen
36115 Ehrenberg/Melperts
Kirchweg 1
Tel. 06683-1276
rudolf.vey@t-online.de
Mo-Fr 14-18 Uhr,
Mi geschlossen, Sa 8-13 Uhr.

Wir befinden uns jetzt auf dem Ulstertal-Radweg, der die Ulster bis zur Mündung in die Werra begleitet. Die Bedingungen sind optimal: Der Radweg verläuft auf der straßenfreien Seite des Tals. Es geht generell bergab -Tann liegt 250 m tiefer als Wüstensachsen, aber damit es nicht zu langweilig wird, hat man immer wieder kleine Steigungen eingebaut. Der Radweg umgeht so die steilen Prallhänge der Ulster. Ein hoch aufragendes Steilufer ist auch der Grund für die Steigung zu Beginn des Radweges. Als Ausgleich geht es in rasanter Fahrt hinunter nach Melperts, einem Dorf, in dem Veys´s Hofladen mit einem großen Angebot an regionalen und ökologischen Produkten aufwartet (km 10,8).

Jenseits der Schnitzelparaden – Rhöner Küche

Wer originell und regionaltypisch essen gehen möchte, der ist in Seiferts, dem nächsten Ort, an der richtigen Stelle (km 12,1). Das seit vier Generationen im Besitz der Familie Krenzer befindliche Gasthaus „Zur Krone" wirbt nicht mit der üblichen Schnitzelparade. Hier gibt es phantasievolle Gerichte rund um das Rhönschaf, gebackene Bachforellen aus Wüstensachsen, Säiwerzer (übersetzt: Seifertser) Hackfleisch - Kraut - Pfanne und weitere, neu entdeckte Gerichte aus der Rhön. Empfehlenswert ist auch die Rhöner Senfprobe, bestehend aus Apfel-, Hagebutten- und Zwetschgensenf, sowie der Bärlauchpesto. Zum Nachtisch serviert man hausgemachtes Zwetschgen-Eis, umhüllt mit knusprigen Apfelchips auf warmer Vanillesoße, oder Honig-Schmand-Creme mit Hagebutten-Apfelsherrysoße. Dazu gibt es naturtrüben Rhöner Bio-Apfelsaft, der von heimischen Streuobstwiesen stammt, Hollerblüten - Limo, Rhönschaf-Schwarzbier oder einen Schoppen vom hausgemachten Apfelwein. Eine weitere Besonderheit ist der in den Kellern des Gasthofs gereifte Apfelsherry.

Neben dem Gasthof hat der Kronenwirt ein architektonisch ansprechendes Holzhaus errichtet, in dem eine Apfel-Schaukelterei und eine Apfelweinstube untergebracht sind. An Tischen aus Rhöner Ahornholz kann man durch eine Glasscheibe dem Treiben in der Kelterei zuschauen. Jürgen Krenzer hat damit nicht nur den Rhöner Apfelwein von seinem Image des "Arme-Leute-Getränks" befreit, aufgrund seiner Initiativen haben die Rhöner Streuobstbestände und nicht zu vergessen das Rhönschaf wieder eine wirtschaftliche Zukunft.

Zum Gasthaus „Zur Krone" gelangt man, indem man in Seiferts die zweite Straße rechts abbiegt, die Ulster überquert und hinter der Brücke links bis zur Bundesstraße (Eisenacher Straße) vorfährt. Zur Weiterfahrt folgt man der Eisenacher Straße ca. 150 m Richtung Ortsmitte und biegt kurz vor dem Abzweig nach Fladungen links ab. Es geht über die Ulster, und drei Minuten später befindet man sich wieder auf dem Radweg.

Ulstermühle in Hilders

Wasserkraft und Fischaufstiege

Kurz vor Thaiden, dem nächsten Ort, führt der Radweg direkt an einem Wehr vorbei (km 13,4). Die schräg zur Ulster verlaufende Staumauer leitet das Wasser über einen Graben der Dorfmühle zu, wo es eine Turbine antreibt, die umweltfreundlichen Strom produziert. Für Fische stellen Wehre jedoch zumeist unüberwindbare Wanderhindernisse dar. Um diesen Negativeffekt zu mindern, baut man Fischpässe. Am Thaidener Wehr befindet sich der Fischpass direkt am Abzweig des Mühlgrabens. Er besteht aus mehreren hintereinandergeschalteten Becken, durch die das Wasser von der Wehrkrone bis zum Wehrfuß hinunter plätschert. Forellen, die den Bach hinauf wandern, um im Oberlauf abzulaichen, erkennen den Fischaufstieg an der Strömung.

Voraussetzung für das Funktionieren des Aufstiegs ist, dass sich im Bachbett unterhalb des Wehres genügend Wasser befindet. Die Menge des Wassers, die das Wehr überströmt, kann der Müller mit Hilfe eines Schiebers, dem Schützen, regeln. Das Thaidener Wehr ist in dieser Hinsicht vorbildlich. Hier fließt ausreichend Wasser in das so genannte Mutterbett. Das ist nicht überall so. Am Mittellauf der Ulster gibt es ein Wehr mit einem völlig ausgetrockneten Mutterbett. Hier gibt es für Fische kein Durchkommen. Um das letzte Quäntchen Kilowatt herauszuholen, lässt man das Leben im Bach erlöschen. Aber auch am Thaidener Wehr gibt es Probleme. Der Fischaufstieg setzt sich oft mit Getreibsel zu. Angler oder der Müller müssen den Aufstieg ständig kontrollieren und immer wieder frei machen. Generell ist das Thaidener Wehr jedoch ein Beispiel dafür, dass

Ulsterwehr bei Thaiden

Wasserkraftnutzung und Bach-
ökologie vereinbar sind.

Von Biergärten, Forellen-
stuben und Rhöner Wei-
deochsen

Der nächste größere Ort im Ulstertal ist der Marktflecken Hilders (km 18,3). Zur Ortsmitte gelangt man, indem man über die
Ulsterbrücke bis zur nächsten
Ampelkreuzung fährt. Man hält
sich geradeaus und gelangt so in
die Geschäftsstraße von Hilders,
die Marktstraße. Hier befindet

sich die Sonnen-Metzgerei von
Ludwig Leist, in der man Bio-
Wurstwaren aus der Region probieren kann. Besonders empfehlenswert ist die Salami, die von
Rhöner Weideochsen stammt. An
die seit 1688 bestehende Metzge-
rei ist eine Gaststätte mit Biergarten angeschlossen. Auch hier stehen wieder die Rhöner Weideochsen im Mittelpunkt. Auf der Spei-
sekarte finden sich Ochsenspieß,
Ochsenbraten und Ochsentartar.
Daneben wird Deftiges vom
Schwein angeboten, 12 Monate
gereifter Schinken, hausgemach-
te Blut- und Leberwurst, Schwar-

temagen und natürlich Lammfleisch aus der Rhön.

Wer sich noch nicht sofort ent-
scheiden kann, der trifft ein paar
Häuser weiter auf die nächsten
Speisegaststätten: das große Tra-
ditionsrestaurant „Engel" und
gleich gegenüber, am Beginn der
Kirchstraße, die Pizzeria „Italia".
Doch damit nicht genug! Rechts
neben der Kirche befindet sich der
„Gasthof Hohmann", in dessen
Forellenstube man zarte Rhöner
Bachforellen serviert bekommt.
Hilders wird jedoch nicht von
Gaststätten dominiert, sondern
wie es sich geziemt von der Kirche. Der barocke Bau thront
mächtig und erhaben am Ende
zweier steiler Treppen auf einem
Hang am oberen Ende der Kirchstraße. Ein architektonisches Kon-
trastprogramm bietet die Dorfmitte mit ihrem aus der Blütezeit
der modernen Stadtgestaltung
stammenden Gemeindehaus.

Wer nach diesem Ausflug ins Ani-
malische Obst, Gemüse und
Milchprodukte benötigt, dem sei
der an der Ulsterbrücke und direkt
am Radweg gelegene Supermarkt
der tegut-Kette empfohlen. Hier

Rhöner Weideochsen

Das Wort Hornochse kennt jeder.
Doch wer weiß eigentlich noch,
was einen Ochsen von einem Bullen unterscheidet? Nun, der Bulle,
manchmal auch Stier genannt, ist
das männliche Gegenstück zur
Kuh. Der Ochse dagegen ist säch-
lich, er hat seine Männlichkeit
eingebüßt. Durch die Kastration
sind die Tiere weniger stürmisch,
aber immer noch kräftig, weshalb
man sie früher gerne als Zugtiere
einsetzte. Die Ochsen hatten oder
haben noch einen weiteren Vorteil: Ihr Fleisch ist fein marmoriert

und ausgesprochen zart und saf-
tig. Einziger Nachteil: die Mast
geht beim Ochsen langsamer
vonstatten als beim Bullen. Wer
heute ein Rumpsteak auf dem
Teller hat, muss mit Bullenfleisch
auskommen, außer er hat Fleisch
von einem Rhöner Weideochsen
bestellt. Mit den Weideochsen haben bäuerliche Betriebe der Rhön
eine alte Gourmet- Tradition wieder aufleben lassen und noch einen drauf gesetzt: Die Rhöner
Ochsen leben auf Weiden, die
nicht mit Mineraldünger und
Herbiziden behandelt werden

dürfen. Ihr Fleisch hat also BIO-
Qualität.

Bahnhof Hilders

kann man sich mit konventionellen, aber auch mit biologisch angebauten Produkten eindecken.

Zwei Tipps für Gewässer-Freunde: 1. Vom Parkplatz des Supermarktes blickt man auf ein Wehr, das mit einer gut funktionierenden Fischtreppe ausgerüstet ist. 2. Flussabwärts verläuft parallel zum Radweg ein Fisch- und Gewässerlehrpfad.

Wenige Meter vom tegut-Markt entfernt befindet sich der ehemalige Bahnhof von Hilders, an dem heute keine Züge, sondern Radler ankommen. Die Natur hatte das Gelände um den Bahnhof und die Gleisanlagen zurück erobert. Auf den Gleisanlagen wird der Wildwuchs geduldet. Rund um den Bahnhof hat man die Birken-, Eschen- und Espenwildlinge wegen Renovierungsarbeiten jedoch gefällt. Ein wenig Spontannatur

hätte dem künftigen „Bahnhofsrestaurant" sicher gut gestanden.

Ein kurzes Stück verlaufen Ulstertal-Radweg und Milseburg-Radweg auf einer gemeinsamen Trasse. Am Weiler Aura (km 20,3) trennen sie sich wieder. Der Ulstertal-Radweg biegt rechts ab und folgt bis Neustädtges (km

25,4) einer Nebenstraße. Danach muss man sich mit einer Hauptstraße abfinden, die man jedoch nach 1 km, am Ortseingang von Mollartshof (km 26,4), wieder verlässt. Bis Tann (km 30,0) radelt man dann auf oder entlang der ehemaligen Trasse der Ulstertalbahn.

Tann
– kleine Stadt mit großem Naturkundemuseum

Tann wurde auf einem steil abfallenden Hang über der Ulster erbaut. Vom Radweg aus tritt vor allem das Schloss des Reichsfreiherrn von Tann in Erscheinung, ein mächtiges, 5 Stockwerke hohes, streng gestaltetes, gelbes Bauwerk, das auf dem Steilhang über der Ulster thront. Der Radweg quert die Ulster und führt unterhalb des Schlossgartens entlang. Um in die Tanner Altstadt zu gelangen, biegt man gegenüber der Ulstermühle rechts ab und folgt der Brunnengasse bergauf bis zur Marktstraße, die nach rechts auf den Marktplatz führt.

Der Aufstieg lohnt sich, nicht nur wegen des Schlosses der Freiherren von Tann. Tann ist eine Stadt

Portal des Tanner Schlosses

Im Tanner Freilichtmuseum

im Kleinformat mit Stadtmauer, Stadttor, Markplatz, Brunnen, Fachwerkhäusern, Gaststätten, einer Buchhandlung und einem ausgezeichneten Naturkundemuseum, ein Muss für jeden Touristen. Bereits in der Eingangshalle bietet sich Außergewöhnliches: Eiszeitliche Jäger stellen Rentieren nach. Ein 2,5 m hoher Elch steht mitten im Raum. Gleich nebenan finden sich lebensgroße Wisente und Auerochsen, alle so hervorragend präpariert und platziert, dass man glaubt, lebendige Tiere vor sich zu haben. Im ersten Stock begeistern stimmungsvoll gestaltete Dioramen, in denen Bären, Wölfe, Wildkatzen, Hirsche, Auerhähne, Hamster und viele weitere heimische Tiere präsentiert werden. Präparate von

Freilichtmuseum und Naturmuseum von April - Oktober täglich von 10-12 Uhr und 14-17 Uhr geöffnet. Führungen auch nach Vereinbarung

Tel. 06682-8977 oder -8544

zahlreichen heimischen Vogelarten komplettieren die Sammlung. Daneben erhält man Informationen zur vulkanischen Entstehung der Rhön.

Gleich gegenüber dem Naturmuseum befindet sich das Rhöner Museumsdorf mit Wohnbauten,

Scheunen und Stallanlagen aus der guten alten Zeit.

Auch außerhalb des Tanner Museumsdorfes existieren historisch interessante Gebäude: das Schloss der Freiherren von Tann, das aus dem Jahre 1592 stammende Ochsenbäckerhaus, in dem sich heute die Rhönbücherei mit dem Internetcafe www.ochse.de befindet oder das benachbarte

Im Tanner Naturkundemuseum

„11-Apostelhaus", ein aus dem frühen 16. Jh. stammendes Bürgerhaus, das mit Flachreliefs von 10 Aposteln und Jesus verziert ist. (Die zweite Figur von links mit der Weltkugel ist Jesus!). Die fehlenden 2 Apostel befinden sich, verdeckt durch das Nachbarhaus, auf der Südseite des Gebäudes. Eine weitere Besonderheit: Tann ist seit 1534 evangelisch. Der Reichsfreiherr Eberhard von der Tann war ein Freund Martin Luthers. Während die umliegenden, zum Territorium Fuldas gehörenden Städte bald wieder zum „rechten Glauben" zurückfanden, blieb Tann protestantisch. Die Bürger von Tann pflegten bis zur Gründung der DDR daher auch besondere Beziehungen zu den benachbarten evangelischen Gemeinden Thüringens, wie Unter- und Oberweid oder Kaltennordheim.

Zu guter Letzt ein Hinweis für Hungrige. Direkt neben dem Naturkundemuseum befinden sich ein Eiscafé und zwei Speisegaststätten. Zobels Landmetzgerei, an die der Gasthof mit dem sinnfälligen Namen „Zur Rhön" angeschlossen ist, wartet mit einer täglich neuen Mittagskarte auf, mit gutbürgerlicher Küche und Gerichten wie Rinderschmorbraten, gefüllte Roulade, Schweineschnitzel und Spießbraten.... Wer noch ein paar kulinarische Erinnerungen mitnehmen möchte, der kann im Ochsenbäckerhaus regionale Produkte wie Wein, Likör, Marmelade, Honig und verschiedenes mehr erstehen.

Insider-Tipp

Nur gut 1 km vom Grünen Band entfernt, im Tanner Ortsteil Schlitzenhausen, liegt der Gasthof „Lämmchen". Hier (und nur hier!) gibt es original Rhöner "Dutsch mit Porreebröh". Porreebröh lässt sich ins Hochdeutsche mit Lauchbrühe oder Lauchsoße übersetzen. Was Dutsch ist, muss man erklären: Auf einen Boden aus Kartoffelteig wird dünn geschnittenes Lakefleisch ausgelegt. Es folgt eine weitere Schicht Kartoffelteig nebst einer ordentlichen Portion Schmand. Das Ganze wird im original Holzbackofen gebacken und dann mit der Porreebröh übergossen. Zum Dutsch-Essen sollte man sich anmelden, da er nur an bestimmten Tagen gefertigt wird. Daneben werden im „Lämmchen" weitere authentische rhöner Spezialitäten gereicht und dazu, wie der Name des Gasthofs andeutet, Gerichte vom Lamm und Wild.

Kontakt: Gasthof/Pension "Zum Lämmchen"; Margit Wolf, Roßbergstraße2, 36142 Tann/Rhön (Schlitzenhausen); Tel. 06682-466; www.zum-laemmchen.de.

Radler, die dem Gasthof Lämmchen einen Besuch abstatten wollen, fahren von Tann aus auf der Hauptstraße in Richtung Geisa. Kurz nach dem Tanner Ortsende biegt die Kreisstraße 32 links ab nach Schlitzenhausen. Nach gut 1 1/2 km in mäßiger Steigung hat man das Dorf und den Gasthof erreicht. Um nach dem Dutsch zum Radweg zurückzukehren, braust man einfach die Straße nach Günthers hinunter.

2. Etappe: Tann – Vacha

Strecke: 33 km
Höhenprofil: *Tann 360 m – Geisa 280 m – Vacha 225 m*

Wenige Kilometer unterhalb von Tann passieren wir zum ersten Mal die ehemalige deutsch-deutsche Grenze. Das Grüne Band kommt von den Hochflächen der thüringischen Rhön, quert das Ulstertal und erklimmt wenige km weiter die Basaltkegel der Kuppenrhön. Dort, wo der ehemalige Grenzstreifen durch die Ulsteraue läuft, hat sich während der letzten 5 Jahrzehnte, abgeschirmt von Störungen, ein wertvolles Stückchen Natur entwickelt.

„Lebendige Ulster"

Nirgendwo ist die Ulster so lebendig wie hier. „Der Fluss ist verwildert", hätte man früher gesagt und meint damit, dass sich das Wasser ohne wasserbauliche Lenkung den Weg selbst sucht. Wasseramsel und Eisvogel lieben diesen Streckenabschnitt. Und auch

„Fliegenfischer" in der Ulster bei Günthers

die Reiher und den seltenen Schwarzstorch zieht es in die „Grenzaue". Ein Betreten des Gebietes, das durch Verordnung beiderseits der Grenze geschützt ist, verbietet sich von selbst. Wer sich einen Eindruck von der Ulster und ihrer Aue verschaffen will, dem sei der Blick von der Ulsterbrücke in Günthers empfohlen. Anderthalb km von der „Grenze" entfernt präsentiert sich die Ulster hier bereits in einem recht naturnahen Zustand.

Die Ulster hat sich zudem „gemausert". Aus dem Bach ist ein

Äsche

kleiner Fluss geworden, mit flachen Ufern, einem Gehölzsaum und einzelnen, aus dem Wasser herausragenden, Basaltsteinen. Dabei ist das Wasser nicht tief. An manchen Tagen sieht man Angler inmitten des Gewässers stehen. Sie hoffen, dass eine Forelle nach der „Fliege" – einer Plastik-Attrappe – schnappt, die sie mit Engelsgeduld immer wieder durchs Wasser ziehen.

Als besonderes Anglerglück wird der Fang einer Äsche gewertet, ein Fisch, der in den vergangenen Jahrzehnten selten geworden ist. Ursprünglich war die Äsche im Mittellauf der Ulster die beherrschende Fischart. Sie ist wie die Bachforelle ein Raubfisch, liebt jedoch etwas langsamer fließendes Wasser als die Forelle, die in den turbulenten Oberläufen zu Hause ist. Wenn man mit den Anglern spricht, so hört man zumeist, dass die Kormorane daran schuld seien, dass die Äschenbestände zurückgegangen sind. Kormorane sind große, schwarze, unter Naturschutz stehende Vögel, die bei uns überwintern und dabei vom Fischfang leben. Dass Kormorane Äschen fressen, ist nicht von der Hand zu weisen. Die eigentlichen Ursachen für den Rückgang der Ulster-Äsche muss man jedoch in den umfangreichen Begradigungen der thüringischen Ulster suchen, die man in

den siebziger Jahren durchgeführt hat. Den in Schwärmen auftretenden Äschen fehlen die Versteckmöglichkeiten, um ihren Fressfeinden auszuweichen. Die Lösung für das inzwischen auch für andere Flüsse heiß diskutierte Äschen-Kormoran-Problem besteht also in der Renaturierung der Bäche und Flüsse und nicht im Abschuss der Vögel.

Von Tann führt der Radweg auf der Trasse der Ulsterbahn bis zur ehemaligen Grenze und von dort weiter über das thüringische Motzlar nach Schleid. Bei Günthers kommt man direkt an der

oben erwähnten Ulsterbrücke vorbei (km 3,1), von der es sich lohnt einen Blick auf den Fluss zu werfen.

Über die ehemalige Grenze nach Geisa

Ein km weiter, und man ist an der ehemaligen Grenze, deren Hinterlassenschaft sich in Form einer großen Asphaltfläche und einem verlassenen Unterstand darstellt (km 4,1). Zur Wende hatte man hier hastig einen Übergang eingerichtet, der wenig später aufgrund der Wiedervereinigung überflüssig wurde. Motzlar, den ersten thüringischen Ort, lässt der Radweg links liegen, aber durch Schleid (km 7,6) führt er mitten hindurch. In Schleid beeindruckt die Kirche, die der Fuldaer Baumeister Gallasini im 18. Jh. geschaffen hat. Vier toskanische Pilaster und die Statuen von Petrus und Paulus prägen die Hauptfront des barocken Bauwerkes. Bemerkenswert ist auch ein steinernes Hoftor aus dem Jahre 1591, das

Hofportal in Schleid

Geisa mit ev. Kirche (links), Rathaus (rechts) und kath. Stadtkirchhe (Mitte)

Stadt, Land, Fluss: Nach den Betrachtungen über die Ulster ist es an der Zeit, die ehemalige „Grenzstadt" Geisa zu erkunden, deren historischer Kern sich auf der anderen Seite des Flusses erstreckt. Dazu geht es links über die Brücke bis zum Gasthaus „Zum goldenen Stern", das am Beginn der Altstadt liegt. Hier hält man sich links und gelangt so über die Hauptstraße zum höher gelegenen Marktplatz, wo man den Weg am besten zu Fuß fortsetzt. Eine Beschreibung Geisas, verbunden mit Vorschlägen für einen Stadtrundgang, findet man im Wanderkapitel auf Seite 157.

Zur Weiterfahrt folgt man entweder der offiziellen Ulstertal-Route, die auf einem separaten Radweg entlang der Bundesstraße verläuft oder man radelt abseits der Straße auf einer „Land-

mit zwei Engeln verziert ist. Der Radweg führt direkt daran vorbei.

Von Schleid geht es zunächst über eine Nebenstraße, dann auf einem Weg entlang der Ulster bis zum Kulturhaus der Stadt Geisa (km 10,2). Am Flussufer neben dem Gebäude verkündet eine INFO-Tafel, dass die Ulster im Jahre 1990 von der Landesgrenze bei Motzlar bis unterhalb von Pferdsdorf nebst einem 30 m breiten Uferstreifen unter Naturschutz gestellt wurde. Die Naturschutzverwaltung hat mit dieser Ausweisung zu retten versucht, was es nach der Ulster-Begradigungen noch zu retten gab, und das war erstaunlicherweise nicht wenig. Trotz der Laufregulierung gehört die Ulster noch immer zu einem der besten Flüsse Thüringens. 16 Fischarten kommen hier vor, unter ihnen seltene und gefährdete Arten wie Schneider, Äsche und Barbe. Zudem hat sich die Ulster im Bereich des Grünen Bandes an mehreren Stellen wieder naturnah entwickelt. Uferabbrüche, Kiesbänke und Flussverzweigungen sind entstanden. Der 30 Meter breite Uferrandstreifen ga-

rantiert dem Fluss Raum für die Selbstentfaltung und er schafft verwaltungstechnisch einen Korridor für Renaturierungen.

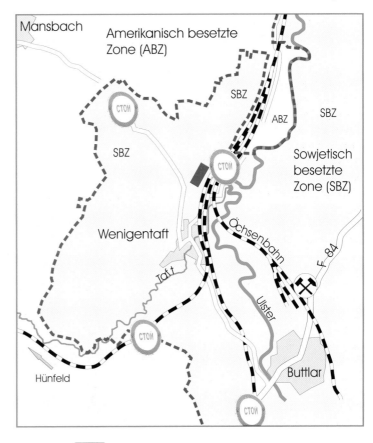

Die Ulstertalbahn, Wandgemälde am ehemaligen Bahnhof Pferdsdorf

schaftsroute", die 1,2 km länger ist und eine Steigung von 30 Höhenmetern beinhaltet. Um zur offiziellen Route zu gelangen, fährt man zurück über die Ulsterbrück und folgt der Bahnhofstraße bis zur B 278. Dort hält man sich links Richtung Buttlar/Eisenach. Die „Landschaftsroute" führt links am Gasthaus „Zum goldenen Stern" vorbei über die Rasdorfer Straße. Nach einer kurzen Steigung biegt man rechts in die Buttlarer Straße (zweite Straße nach dem Gasthaus), die leicht ansteigend auf einer alten, von Obstbäumen gesäumten Landstraße durch bunt-

blumige Wiesen und Weiden führt. Oberhalb der Straße erstreckt sich das Naturschutzgebiet Rasdorfer Berg, das Teil des Grünen Bandes ist. Bei der folgenden Abfahrt ins Ulstertal bzw. zur Bundestraße bitte Vorsicht! Aus der lückig gewordenen Asphaltdecke der Straße schauen Split und Schotter hervor.

Endstation Natur –Schienenkreuz wird Baustein des Grünen Bandes

An der Bundesstraße trifft man auf den offiziellen Radweg, dem man ein kurzes Stück in Richtung Geisa folgt (rechts halten). Nach ca. 200 m mündet links eine von Borsch kommende Straße, auf der wir in den Ort fahren. Vorsicht beim Queren der stark befahrenen Bundesstraße! In Borsch (km 13,6) die erste Straße links, die nächste rechts und an einem Bachlauf entlang. Nach 50 m links über den Bach und leicht ansteigend den Ort hinaus, wobei man an den Gebäuden einer ehemaligen Landwirtschaftlichen Produktionsgenossenschaft (LPG) vorbei kommt. Hinter der LPG hält man sich links und fährt auf einem befestigten Wirtschaftsweg

am Rande der Ulteraue bis auf eine Straße. Auf ihr geht es weiter nach Buttlar, wo wir wieder auf den markierten Ulstertal-Radweg treffen (km 16,4). Wir halten uns rechts und folgen dem „Radweg" auf der stark befahrenen Bundesstraße durch den Ort. Kurz vor dem Ortsende biegt der Radweg links ab. Wir lassen den Verkehr hinter uns und radeln auf der Trasse der stillgelegten Öchsenbahn in Richtung Wenigentaft. Die Öchsenbahn war eine 10 km lange Stichbahn, auf der man Kali und Basaltschotter aus den Bergwerken Öchsen und Buttlar zu dem bei Wenigentaft gelegenen Schienenkreuz transportierte. Bis zur Gründung der DDR herrschte auf dem Bahnhof Wenigentaft rege Betriebsamkeit. Von Süden kamen die Züge aus der Rhön, von Norden aus dem Werratal, vom Osten stieß die Öchsenbahn hinzu und aus dem Westen liefen Züge aus Hünfeld ein. Der Bahnhof war so groß, dass die Rangiergleise bis in das 300 m entfernte Hessen reichten.

Als die DDR im Jahre 1952 mit „Sicherungen zum Schutz ihrer Grenzen" begann, kam für den Bahnhof Wenigentaft das Aus. Die Verbindungen nach Hessen wurden gekappt und der Betrieb auf den thüringischen Strecken eingestellt. Wer von Wenigentaft aus in den 3 km flussabwärts gelegenen Nachbarort Pferdsdorf wollte, musste nun einen beträchtlichen Umweg in Kauf nehmen. Zwischen die beiden thüringischen Orte schob sich nämlich ein Stück Hessen, der so genannte Ulstersack. Auf dem Bahnhofsgelände und im Ulstersack wurde es still. Nur noch die Bauern aus dem hessischen Mansbach kamen ab und zu in das unterhalb von Wenigentaft gelegene Ulstertal, um ihre Wiesen zu düngen oder

Endstation Grünes Band, stillgelegtes Bahngelände im Ulstersack

um Heu zu machen. Auf den in Hessen liegenden Gleisanlagen des Rangierbahnhofs kamen Gehölze hoch und langsam begann sich ein Wald zu entwickeln. Endstation Natur!

Der Radweg führt direkt an den alten Bahnhofsgebäuden vorbei (km 18,4), die ohne Züge und Gleise verloren in der Landschaft stehen. Wenige Meter hinter dem Bahnhof passieren wir zum zweiten Mal das Grüne Band, das als breiter Heckenstreifen die Ulsteraue quert.

Wir radeln nun durch den Ulstersack, der sich als breites, von bewaldeten Höhenzügen flankiertes Wiesental präsentiert. Rechts des Weges erstrecken sich die Wiesen der hessischen Bauern. Grillen zir-

Schäfer Lückert aus Pferdsdorf (Rhön)

pen. Ab und zu eine Vogelstimme. Sonst ist es völlig ruhig. Die nächste Straße verläuft fernab hinter den Bergen. Laut Karte fahren wir an den Gleisen des ehemaligen Rangierbahnhofs entlang. Doch außer einem Damm, der den Radweg begleitet, ist nichts Technisches zu sehen, nur Natur. Nach einer Weile führt der Weg auf den Damm. Das muss der Bahnübergang gewesen sein. Und richtig, unter den Büschen am Wegrand

schauen Gleise hervor. Ein Stück weiter finden sich mehrere verrostete Weichen. Zwischen den Schwellen stehen Birken. Im filigranen Schatten einer Robinie ein Puffer. So sieht es aus, wenn die Natur von der Technik Besitz ergreift. Fünf Jahrzehnte ist der Eisenbahnwald inzwischen alt. Seit dem Bau des Eisernen Vorhangs hat hier kein Mensch mehr eingegriffen und das soll auch so bleiben. Der gesamte Ulstersack ist als Naturschutzgebiet ausgewiesen.

Der Schäfer vom Ulstersack

Auf der Weiterfahrt plötzlich Hundegebell. Der Urheber der Ruhestörung ist bald geortet. Eine 500 Köpfe umfassende Schafherde zieht über den breiten Brachestreifen, der jetzt den Weg begleitet. Der Schäfer heißt Thomas Lückert und stammt aus dem thüringischen Pferdsdorf. Er ist Profi und hat bereits zu DDR-Zeiten Schafe durch die Vorderrhön geführt. Das Schäferhandwerk hat er von seinem Vater gelernt, der ihm ebenso wie sein Sohn zur

In Pferdsdorf (Rhön)

Hand geht, ein Familienbetrieb ohne Show und Schnörkel. Dafür beherrschen die Pferdsdorfer ihr traditionsreiches Handwerk wie kaum jemand in der Umgebung. Die vier Hunde hören auf den kleinsten Pfiff. Ein Zeichen von Herrchen, und Hexe rennt wie ein geölter Blitz um die Herde und treibt sie zu einem kompakten Pulk zusammen. Die anderen Hunde schauen aufmerksam, aber ruhig zu. Hexe ist die Jüngste der vier pechschwarzen Hunde. Sie muss noch lernen.

Die Lückerts haben den Auftrag, das Grüne Band zu pflegen und mit ihren Schafen für die Erhaltung von gebüschreichen Magerrasen zu sorgen. Im Herbst und Winter ziehen sie auch über die Wiesen des Ulstertals. Ihre Aufgabe erfüllen sie meisterhaft. Neben der heute üblichen Koppelhaltung, bei der die Schafe durch Elektrozäune zusammengepfercht werden, praktizieren sie die alte Huteweide, für die Erhaltung der arten- und strukturreichen Magerrasen noch immer die beste Weideform.

Auf die Frage, ob die Ulster hier auch so naturnah sei wie das Tal, schüttelt Thomas Lückert den Kopf. Nein, der Abschnitt in dem die Ulster Grenzfluss ist, sei begradigt und mit Steinen befestigt, ein Werk der DDR-Grenztruppen. Die Pioniere der NVA hätten mit Billigung der „BRD-Oberen" sogar auf hessischem Gebiet gearbeitet. Darauf hätte man sich in den siebziger Jahren in der gemeinsamen Grenzkommission geeinigt. Wir haben nachgeschaut. Es stimmt, was er sagt. Doch am Beginn und am Ende des Grenzabschnitts ist die Ulster wildromantisch. Hier gibt es felsige Prallwände, Kiesbänke und einen Weiden-Urwald. Flussabwärts, in Richtung Pferdsdorf, wird man die Ulster in Kürze renaturieren.

Wir machen uns wieder auf den Weg, der bei km 20,6 erneut das Grüne Band quert. Dass wir wieder in Thüringen sind, erkennt man an dem asphaltierten Weg. Die Menschen in Pferdsdorf und Wenigentaft hätten es nach der Wende gerne gesehen, wenn man die Straße, die die Dörfer einst verband, wieder frei gegeben hät-

Die Mündung der Ulster in die Werra

te. Aufgrund der Weigerung der hessischen Biosphärenreservat-verwaltung, einer Straße durch den Ulstersack zuzustimmen, ist es bei einem Radweg geblieben. Die Einstellung der Pferdsdorfer hierzu kommt am Ortseingang zum Ausdruck. „Wenigentaft 2 km" steht da schwarz auf goldenem Grund.

Davon unabhängig stehen die Pferdsdorfer dem Rad positiv gegenüber. Anneliese Rexroth, die Wirtin vom Dorfgasthaus „Grüner Baum", hat an der Ulsterbrücke (km 22,0) einen Imbissstand aufgebaut, an dem sie die Radler an Sonn- und Feiertagen mit Thüringer Bratwürsten und Getränken versorgt. Schließlich besteht die Gefahr, dass die Radler achtlos an Pferdsdorf vorbei fahren. Man sollte aber trotz der bequemen Verköstigung über die Ulsterbrücke fahren und sich im Dorf umsehen. Pferdsdorf ist das letzte Rhöndorf auf unserer Radtour nach Norden und dazu ein besonders schönes. In der Mitte des Ortes, bei der Kirche, befindet sich ein altes, mit Buntsandsteinen eingefriedetes und von Linden beschattetes Rondell (km 22,3). Hier lohnt es sich eine Rast einzulegen.

Was macht das Salz in der Ulstermündung?

Ab Pferdsdorf radeln wir auf der alten Trasse der Ulstertalbahn nach Unterbreizbach, dem thüringischen Kali-Ort (km 26,2). Welch ein Gegensatz zu Pferdsdorf. Links das modernisierte Kaliwerk der Wintershall AG, rechts Gleisanlagen und eine Bergarbeitersiedlung, in der Mitte, als kanalisierter Fluss, die Ulster. Das Ganze wird überragt von der hessischen Kaliabraumhalde Hattorf,

Burg Wendelstein in Vacha mit Werrabrücke und Öchsen

die sich auf dem Hang oberhalb von Unterbreizbach erstreckt. Wenig später passieren wir die ehemalige Grenze (km 27,8) und fahren ein kleines Stück an der Ulster entlang, die sich hier wieder relativ naturnah gibt. Kurz vor der Mündung in die Werra darf sich der Fluss noch einmal durch die Wiesen schlängeln. Doch auf den letzten Metern spielt man der Ulster übel mit. Über ein Rohr wird so viel Salzlauge in den Fluss geleitet, dass die Fische meinen, in der Nordsee zu schwimmen. Auf der Kiesinsel im „Mündungsdelta" der Ulster wachsen zudem Pflanzen, die im Watt Nordfrieslands zu Hause sind. Für das Kaliwerk Hattorf ist die Einleitung praktisch: indem überschüssiges Salz von der Werra kostenlos in die Nordsee verfrachtet wird, spart man Haldenschüttung.

Der Ulstertalradweg führt nicht, wie man denken könnte, zur Ulstermündung, sondern endet ohne rechten Abschluss an der B 62 im Bereich eines Gewerbegebietes der Gemeinde Philippsthal, genauer gesagt an der Einmündung der Wiesenstraße in die Straße „Am Zollhaus" (km 29,5). An dieser Stelle treffen wir auf den Werratalradweg, der von der Werraquelle im Thüringer Wald kommt und zum Zusammenfluss von Fulda und Werra im niedersächsischen Hannoversch Münden führt. Bevor wir der Werra flussabwärts folgen, unternehmen wir einen kleinen Abstecher in das 2 1/2 km entfernte thüringische Städtchen Vacha. Wir wenden uns dazu rechts und folgen der B 62 bzw. der Straße „Am Zollhaus" durch Philippsthal. Achtung! An der nächsten Ampel nicht links in

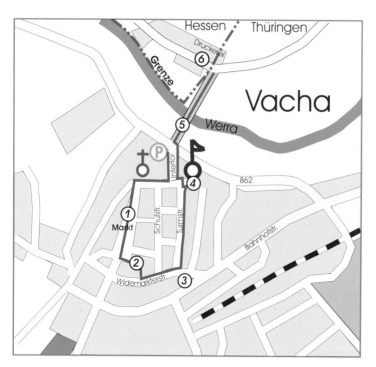

Brücke den hessischen Werbern in die Hände.

Die 200 m lange Vacher Brücke überspannte ursprünglich drei Werraarme: Die alte Werra, einen Mühlengraben und einen Verbindungsarm, der dazu diente, den Mühlgraben bei Hochwasser zu entlasten. Durch die Flussaufspaltung wurde Energie gewonnen, der Fischbestand vermehrt und die Hochwassergefahr vermindert. 1974 wurden die drei Werraarme verfüllt und ein neues Flussbett gebaggert, in dem das Wasser durch die beiden mittleren der insgesamt 14 Brückenbögen fließt.

Richtung Ortsmitte, sondern geradeaus über einen kombinierten Rad- Fußweg leicht ansteigend bis zur Landesgrenze fahren. Von dort aus geht es bergab und durch das Werratal nach Vacha (km 31,9).

Grenzbrücke über die Werra

Ein breiter Brachestreifen, einige Meter Betonmauer und ein Wachtturm erinnern an die Grenzsicherungsanlagen der DDR, die entlang der Werra bis zu der vor uns liegenden Sandsteinbrücke führten. Über die nahezu 700 Jahre alte Brücke, die Vacha mit dem nördlichen Werraufer verbindet, verlief die alte Handelsstraße Frankfurt-Leipzig und spätere Reichsstraße 84. Seit dem Mittelalter nutzten zahllose Kaufleute den Vachaer Werraübergang. Die Heerscharen des Dreißigjährigen Krieges und Napoleon zogen mehrfach über die Brücke und Gottlieb Seume fiel unter der

Ritter Vitus auf dem Brunnen vor dem Vachaer Rathaus

Das Vietche im Töpfche

Vacha – Neubeginn nach Abseitsstellung

Die Keimzelle Vachas, die aus dem 12. Jh. stammende Burg Wendelstein, wurde zum Schutz einer Werrafurt erbaut. Der Übergang war so stark frequentiert, dass man schon bald eine Holzbrücke errichtete und diese 1328 durch eine massive Sandsteinbrücke ersetzte. Jahrhunderte lang rollte der Ost-West-Verkehr über diese Brücke, wovon Vacha nicht unwesentlich profitierte. Im Jahr 1937 installierte man an der geschichtsträchtigen Brücke sogar eine Ampelanlage, die erste in der Region.

Mit der Teilung Deutschlands avancierte die Brücke zur Grenzfestung und Vacha geriet ins Abseits, ein Schicksalsschlag, den die kleine Stadt bis heute nicht ganz überwunden hat. Die Bahnlinie wurde stillgelegt. Das Amtsgericht, das Finanzamt, das Vermessungsamt und weitere Verwaltungen gingen verloren. Mit der Wende kam die wirtschaftliche Schwächung aufgrund der Schließung zahlreicher Kalischächte hinzu.

Die Probleme Vachas lassen sich in der Altstadt ablesen. Zu DDR-Zeiten wurde hier nicht mehr investiert und an den Bürgerhäusern begann der Putz abzublättern. Nach der Wende wurde renoviert und neu gestrichen. Doch selbst am Marktplatz sind noch nicht alle Häuser wieder hergerichtet. Andererseits hatte Vacha nicht unter dem Sanierungseifer geltungssüchtiger Bürgermeister und Ortsvorsteher zu leiden. Die Bausubstanz blieb größtenteils erhalten. Auch Totalrenovierungen, bei denen das Geschäft im Parterre den Stil des Hauses bestimmt und das Fachwerk zur Fassade wird, sucht man in Vacha vergeblich. Auf dem „Markt", dem Geschäftszentrum der Stadt, herrscht keine hektische Betriebsamkeit wie in den Fußgängerzonen so mancher westdeutschen Stadt, sondern eine ruhige, teilweise an die Vorwendezeit erinnernde Atmosphäre. Dazu passt nicht nur das Gebäude der ehemaligen Poliklinik -heute ein Ärztehaus- auch die eher zurückhaltenden Auslagen und Dekorationen der Geschäfte sowie das vietnamesische Textilgeschäft tragen zum „Ost-Flair" Vachas bei.

Manch einer mag dies anders sehen. Am besten, man bildet sich selbst ein Urteil und unternimmt eine kleine Stadtrundfahrt. Von der Werrabrücke aus fährt man über das „Untertor" leicht ansteigend in die Stadt bis zur ersten Kreuzung. Links liegt die Burg Wendelstein, rechts geht es zur Stadtkirche. Wir fahren zur Kirche, wo wir links in die Marktstraße einbiegen. Die Markstraße geht in den Marktplatz über, an dessen oberem Ende sich linker Hand die „Widemark" befindet. Der prächtige Fachwerkbau trägt den Namen eines Amtmannes,

Störche auf dem Turm der Vachaer Stadtbefestigung

der das Haus 1613 von einem Hersfelder Baumeister hat errichten lassen. In dem mit filigranem Fachwerk verzierten Gebäude kommt der Stellenwert zum Ausdruck, den Vacha früher einmal innehatte. Seit dem Jahr 1911 ist die „Widemark" das Rathaus der Stadt.

In der Eingangshalle des Gebäudes überraschen große Wandgemälde, auf denen die Historie Vachas dargestellt ist, unter anderem der Brückenbau. Geradeaus geht es über knarrende Holztreppen zur Stadtverwaltung. Links führt eine Tür in das Restaurant „Ratskeller", in dem Napoleon am 27. Oktober 1813 auf seiner Flucht nach der Völkerschlacht bei Leipzig einkehrte. In der Stadt erzählt man sich, dass ihm die Kosaken so dicht auf den Fersen waren, dass er das Abendessen unterbrechen musste und über eine Wendeltreppe blitzschnell nach oben verschwand. Diese Treppe existiert noch immer, allerdings

endet sie heute unter der Decke. Als Napoleon-Souvenir hat man sie beim Umbau der „Widemark" zum Rathaus nicht abgerissen.

Vor dem Rathaus plätschert der St.-Vitus-Brunnen mit einem in Sandstein gehauenen Ritter. Mit seiner Rechten stützt er sich auf eine Lanze, in seiner Linken hält er ein Gefäß, aus dem ein Männlein herausguckt, das „Vietche im Töpfche". Dem alten Vachaer Hirten Bachmann zufolge soll es sich bei dem Männlein um einen Nachtwächter Vachas handeln, der sich, als die Stadt wieder einmal belagert wurde, zum Feind schlich, um ihn auszukundschaften. Er wurde ergriffen und in einen Topf mit siedendem Öl geworfen, aber durch die Gnade des Heiligen Vitus am Leben erhalten. Zum Andenken an dieses Wunder ließ die Stadt den Brunnen bauen und nahm den heiligen Vitus in das Stadtsiegel auf.

Stolz sind die Vachaer auf den Storchenturm in der Widemarkter Straße / Ecke Turmstraße, einem Turm der Stadtmauer, auf dem seit alters her Störche brüten. Im Jahr 2004 zog ein Storchenpaar hier 4 Junge groß. Zu den Störchen gelangt man, indem man zwischen Rathaus und Gasthof Adler hindurchfährt und dann links der Widemarkter Straße folgt. Vom Storchenturm fahren wir über die Turmstraße zurück zum „Untertor", wo man der Burg Wendelstein einen Besuch abstatten sollte. Von den alten Gemäuern ist bis auf einen Turm und Reste der Stadtbefestigung nicht viel erhalten. Das Burggebäude ist ein Neubau, doch es beherbergt ein Puppenmuseum, in dem sich „Größen" des DDR-Fernsehens wie das Sandmännchen, Pittiplatsch der Liebe, Frau Elster, und Herr Fuchs befinden (km 32,9). Über die Brücke der Einheit (km 33,0), wie der Werraübergang heute genannt wird, verlassen wir Vacha.

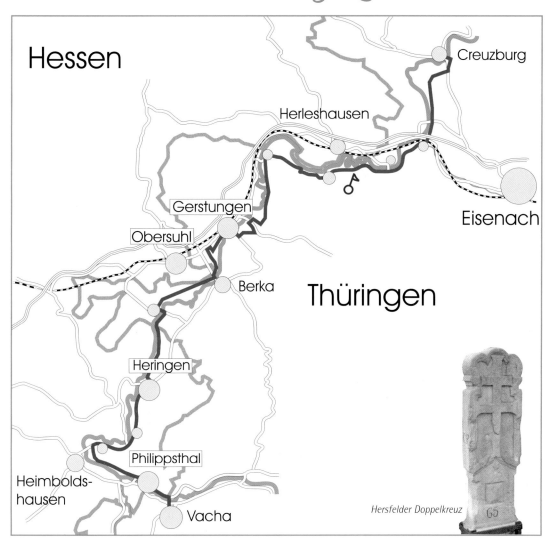

Hessen

Creuzburg

Herleshausen

Gerstungen

Obersuhl

Eisenach

Berka

Thüringen

Heringen

Philippsthal

Heimbolds-
hausen

Vacha

Hersfelder Doppelkreuz

Strecke: 51 km
Höhenprofil: Vacha 225 m -
Creuzburg 195 m

Die Werrabrücke von Vacha ist seit der Wiedervereinigung für Fußgänger und Radfahrer reserviert. Heute kann man sich nur schwer vorstellen, dass vor nur 1 1/2 Jahrzehnten Stacheldraht und Stahlgitterzaun über die Brücke verliefen.

Das Haus auf der Grenze

Noch weniger kann man nachvollziehen, dass die Grenze am nördlichen Brückenkopf mitten durch das Haus der Hoßfeldschen Druckerei verlief. Das Gebäude war 1924, aus steuerlichen Gründen, über die Grenze nach Thüringen hin erweitert worden. Elf Zwölftel des Familienbetriebs befanden sich danach im „Westen", ein Zwölftel in der DDR. Da der Eingang des Hauses im Ostzwölf-

tel lag, gehörte die Druckerei nach den Reglements der Alliierten insgesamt zur DDR.

Als sich abzeichnete, dass die Druckerei in „Volkseigentum" überführt werden sollte, schlugen die Hoßfelds den Organen der DDR ein Schnippchen. In der Nacht vom 1. zum 2. Januar 1952 mauerten sie die Tür zum östlichen Anbau zu und brachen im westlichen Teil eine neue Eingangstür durch die Wand. Zu gu-

Beim Mauerbau auf der Vachaer Werrabrücke, Blick von der Hoßfeldschen Druckerei

ter Letzt kappten sie den Telefonanschluss nach Vacha. Der DDR blieb nichts anderes übrig, als die neuen Verhältnisse zu akzeptieren und das geteilte Haus wurde zur Attraktion für Grenztouristen.

Schloss Philippsthal

Zur Orientierung: Hessen beginnt am linken Ende der Brücke, was durch einen alten Grenzstein mit dem Hersfelder Doppelkreuz markiert wird. Wir wenden uns links und fahren nach Hessen, zur nächsten Station, dem Schloss Philippsthal (km 2,0), in dem sich ein kleines Grenzmuseum befindet. Für Besichtigungen muss man einen Termin vereinbaren (Tel. 06620 - 1432). Die Führung dauert etwa eine Stunde und ist kostenlos. Ein Torbogen führt uns in den Hof des Schlosses, das der hessische Landgraf Philipp 1685 auf den Ruinen eines Benediktinerinnenklosters bauen ließ. An die Zeiten des Klosters erinnert

die Gaststätte „Klosterkeller", von deren Biergarten man den Schlosspark überblickt.

Vom Innenhof des Schlosses gelangt man durch den gegenüberliegenden Torbogen zum Marktplatz und zur Mühlstraße, über

die der Radweg entlang von Fachwerkhäusern bergab führt. Am Ende der Mühlstraße geht es rechts in die Parkstraße, in der sich ein Supermarkt befindet. (km 2,5). Der Werratalradweg, dem wir seit der Hoßfeldschen Druckerei folgen, führt nach links

Die Hoßfeldsche Druckerei

über die Werrabrücke und weiter entlang der stark befahrenen B 62, vorbei an den Werkshallen der Kaliindustrie und durch kilometerlange Vorortsiedlungen. Wir empfehlen den Werratalradweg „links liegen" zu lassen und den auf der rechten Seite des Tals verlaufenden Wanderweg zu nutzen. Fernab vom Verkehr geht es dort durch Wald und Wiesen. Nach knapp 4 km trifft man zwischen Heimboldshausen und Harnrode wieder auf den Werratalradweg. An der Einmündung der Parkstraße zur Brückenstraße hält man sich rechts und biegt 100 m weiter links in die Straße „Am Bad" ein. Es geht am Freibad vorbei und weiter geradeaus in den Wald.

Nach einer teilweise unbefestigten Strecke erreicht man die Siedlung „Am Rain" (km 6,1), an deren anderem Ende ein Weg im spitzen Winkel nach links zu einem aus dem Beginn des 20. Jh. stammenden Wasserkraftwerk der Kaliindustrie führt. Durch die Fensterscheiben kann man einen Blick in die Turbinenhalle werfen. Zurück auf den Siedlungsweg und weiter zur Straße Heimboldshausen-Heringen, wo wir wieder auf den offiziellen Werratalradweg treffen. Wir halten uns rechts und folgen bis Heringen (km 12,4) der Straße auf einem parallel führenden Radweg.

Heringen – „Hauptstadt" des Kalireviers

Über 7 Jahrhunderte war Heringen ein verschlafenes Bauerndorf. Das änderte sich schlagartig, als im Jahre 1905 der Kaliboom einsetzte. Heringen wurde zum Zentrum des hessisch-thüringischen Kalireviers und der aus dem Heringer Werk Wintershall hervorgehende Konzern zu einem „Glo-

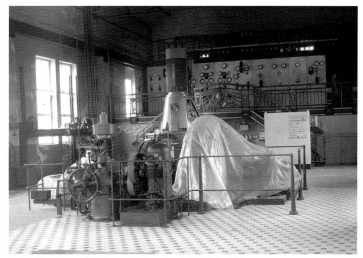
Im Turbinenhaus des Wasserkraftwerkes bei Heimboldshausen

bal Player" in der Kaliindustrie. Die Teilung Deutschlands hat das Kalirevier an der Werra stark getroffen. Heringen konnte seine Stellung jedoch behaupten. Im Jahr 1977 bekam der inzwischen 9000 Einwohner zählende Ort sogar die Stadtrechte verliehen. Auch bei dem 1990 einsetzenden Schrumpfungs- und Konzentrationsprozess in der Kaliindustrie Deutschlands ist Heringen glimpflich davon gekommen. Die Abraumhalde, das Wahrzeichen Heringens, wächst jedenfalls schneller als je zuvor. Doch das abbauwürdige Salz reicht nur noch für 20-30 Jahre. Und was kommt dann?

Die Entwicklung des Kalibergbaus und die damit verbundenen sozialen Änderungen werden im Heringer Bergbaumuseum überzeugend dargestellt. Auch die Umweltprobleme, die der Kaliabraum bereitet, werden angesprochen. Das Museum ist von April bis September Mo-So 10-12 und 14-18 Uhr geöffnet. Von Oktober - März Mo-Fr 10-12 und 14-17 Uhr, Sa u. So 14-17 Uhr.

Dickesstr.1
36266 Heringen
Tel. 06624-54141
tourismus@heringen.de
www.heringen.de

Hinter dem Museum, in der Dickesstr.3, befindet sich „Sam´s Café", in dem heimischer Apfelsaft und Most aus der Kuppenrhöner Kelterei ausgeschenkt wird (zur Kelterei siehe Seite 75)

Salzwiesen, Laubfrösche und Gelbbauchunken

Der Radweg führt auf der „Hauptstraße" durch die Ortsmitte von Heringen, wobei man direkt am Kalimuseum vorbei kommt. Man folgt der „Hauptstraße", bis links die Straße „Fuldische Aue" abzweigt. Auf ihr geht es durch Alt-Heringen hinunter in die Werrawiesen und dort auf einem Radweg entlang der Werra durch das Naturschutzgebiet Rohrlache. Links erhebt sich die Kalihalde Wintershall, rechts erstrecken sich die sumpfigen Salzwiesen der

In der „Altstadt" von Heringen

Werra jedes Jahr neu geschaffen wurden. In solchen flachen, vegetationsarmen „Pfützen" wird das Wasser schnell warm und die kleinen Kaulquappen entwickeln sich rasch. Die Verwandlung zur Unke erfolgt meist, bevor das Gewässer austrocknet. Die Fressfeinde der Unken, wie Gelbrandkäfer und Libellenlarven, haben in diesen temporären Gewässern keine Überlebenschance. Grund genug für die Unken, immer wieder in solchen Pfützen abzulaichen, auch auf die Gefahr hin, dass mal etwas schief geht. Wenn der Laich einmal vertrocknet, ist dies auch keine Katastrophe. Die Unken werden bis zu 30 Jahre alt. Es bleibt also genügend Zeit, um für Nachwuchs zu sorgen.

Hochwasserrückhaltebecken, Begradigungen und Uferbefestigungen haben die Werra gezähmt. Zwar tritt sie bei Hochwasser noch immer aus ihrem vorgefertigten Bett, doch Auetümpel vermag sie nicht mehr zu schaffen. Die Unken haben nur dort überlebt, wo ihnen der Mensch künstliche Laichhabitate bietet, wie in den Auegräben des Grünen Bandes bei Widdershausen, das wir bei km 16,6 überqueren.

Rohrlache. Ob der hohe Salzgehalt des Bodens natürliche Ursachen hat oder eine Folge der Werraversalzung ist, hat man bisher nicht eindeutig geklärt. Auf jeden Fall haben sich in der Rohrlache Pflanzen angesiedelt, die in den Salzwiesen der Nordsee zu Hause sind, ein Grund für die Unterschutzstellung der Flächen. Darüber hinaus brüten hier bedrohte Wiesenvögel, das Blaukehlchen, die Rohrweihe und weitere seltene Vogelarten. An einer sumpfigen Stelle wird der Radweg über einen Bohlensteg geführt. Hier befinden sich eine INFO-Tafel und ein Beobachtungsstand.

Nach der Überquerung der Straße Widdershausen-Leimbach (km 15,2) führt der Radweg durch Kiesabbauflächen. An sich wären die aufgelassenen Kiesseen geeignete Laichplätze für Amphibien. Doch das Wasser ist so salzig, dass die Kaulquappen keine Überlebenschance haben. Frösche, Kröten und Unken müssen mit den Wiesengräben vorlieb nehmen. Eine Besonderheit stellt das Vorkommen der nur vier cm großen Gelbbauchunke dar, einer vom Aussterben bedrohten Art. Ursprünglich befanden sich die Laichhabitate der Unke in Auetümpeln, die vom Hochwasser der

Von der Grenze blickt man auf das thüringische Dankmarshausen, das sich auf einem Steilabbruch über der Werra erstreckt. Über eine Werrabrücke geht es nach Dankmarshausen (km 17,8). Der Radweg führt jedoch nicht ins Ortszentrum, sondern folgt dem rechts abbiegenden Verbindungsweg Dankmarshausen - Berka. Dankmarshausen hat neben Obersuhl und Bosserode Anteil am Rhäden, dem bedeutenden Vogelschutzgebiet am Grünen Band Hessen-Thüringen. Zum Rhädenrundweg mit seinen Beobachtungsständen, die mit Fern-

Laubfrosch

Gelbbauchunken

schreibung des Rundweges auf Seite 83).

Auf dem Weg von Dankmarshausen nach Berka fährt man ein längeres Stück parallel zum Grünen Band, das sich linker Hand unmittelbar hinter der Bahnlinie verbirgt. Der ehemalige Grenzstreifen verläuft durch die Auewiesen von Obersuhl, einem für bedrohte Vogelarten besonders interessanten Naturschutzgebiet. Auf den Feuchtwiesen suchen die Berkaer Störche nach Nahrung, in dem sumpfigen Wäldchen brütet die Beutelmeise und an den Flachufern der Weiher stochern seltene Watvögel nach Kleingetier. Daneben hat man periodisch unter Wasser stehende Tümpel geschaffen, in denen sich die Gelbbauchunke wohl fühlt.

Thüringer Storchenorte

Der Radweg steuert auf die Berkaer Werrabrücke zu, über die früher die „Kurze Hessen" führte, eine Variante der historischen Handelsstraße Frankfurt - Leipzig. Berka hat wie Vacha vom Werra-

übergang profitiert, davon zeugen die Fachwerkhäuser im Ortskern. Doch Stadtrechte erhielt der 1200-jährige Ort erst 1847, zu spät, als dass man noch an den Bau einer Stadtmauer gedacht hätte. Dafür brüten in der Stadt en miniature seit langem Störche. Vor dem Krieg befand sich der Horst auf dem Dach der Bäckerei Lindner am Markt. Heute krönt das Nest den Schornstein der ehemaligen Brauerei.

Der Radweg führt nicht nach Berka hinein, sondern kreuzt vor der Werrabrücke die Landstraße (km 21,5), um zunächst weiter am Bahndamm entlang zu führen. Dann wird die Bahn gequert, wobei es die Warnsignale der Kalizüge zu beachten gilt. Nächste Station ist Untersuhl, wo inmitten dicht gedrängt stehender Fachwerkbauten eine originelle Rundkirche auf uns wartet (km 23,3). Im Mittelalter stand hier eine Warte, von der aus man den Verkehr auf der „Kurzen Hessen" zum Berkaer Werraübergang observierte. Den unteren Teil des Turms nutzte man, praktisch wie man

gläsern ausgerüstet sind, gelangt man, indem man am Abzweig nach Berka der Hauptstraße ein kurzes Stück weiter folgt und in der folgenden Linkskurve von der Hauptstraße geradeaus „abbiegt". Auf einer Nebenstraße fährt man unter der Kalibahn hindurch bis zur ehemaligen LPG, wo man auf den Rhädenrundweg trifft (Be-

Blick über das Grüne Band auf Dankmarshausen

Werraaltarm am Grünen Band bei Untersuhl

war, als Kirche. Ende des 17. Jh., als die Warte ihre Funktion eingebüßt hatte, wurde der Turm neu gestaltet und mit einem Kuppelaufbau versehen. Besichtigungen

Die Kirche von Untersuhl

in Absprache mit Gerd Börner, Hintergasse 60 in Untersuhl, Tel. 036922-20302.

Der Ortskern von Untersuhl bildet ein geschlossenes, intakt erscheinendes Dorfensemble. Doch die Idylle ist eine Insel, die von Gewerbegebieten und Neubausiedlungen umgeben ist und überdies von 2 Eisenbahnlinien, 2 Landstraßen und einer Autobahn eingezwängt wird. Seine Selbständigkeit hat Untersuhl, das unmittelbar an der Grenze lag, bereits 1959 verloren, nachdem der Ort mit dem benachbarten Gerstungen zusammengewachsen war.

Über die Hintergasse geht es wieder hinunter in die Werraaue und dort links auf einen Schotterweg. Man radelt nun entlang dem Naturschutzgebiet „Werraaue bei Berka und Untersuhl". Um das Gebiet aufzuwerten, hat man Ackerland in Grünland umgewandelt, das man durch robuste Rinder nahezu ganzjährig beweiden lässt. Zudem wurde die in die Werra mündende Suhl aufgestaut, womit man Gräben vernässt und

Blänken geschaffen hat. Blänken sind flache Wassertümpel, die während der trockenen Sommermonate teilweise oder ganz austrocknen. Dabei entstehen flache, schlammige Uferzonen, in denen Watvögel nach Würmchen und anderem Kleingetier stochern können. Auf den Weiden sucht der Gerstunger Storch nach Nahrung. In den Gräben und Altarmresten quaken im Sommer tausende Frösche. Hier brüten Wiesenvögel und Schilfbewohner und im Frühjahr und Herbst rasten im Gebiet die Zugvögel. Das bis an die Häuser Untersuhls reichende Schutzgebiet ist neben der Rohrlache, dem Rhäden, dem Seulingssee und der Aue bei Obersuhl die fünfte Perle im Auensegment des Grünen Bandes. Ein Weg, auf dem zahlreiche Einwohner aus Untersuhl und Gerstungen ihren Abendspaziergang machen, führt mitten durch das artenreiche Schutzgebiet. Mensch und Natur passen zusammen.

Über eine kleine Steigung geht es wieder in den hochwassersicheren Bereich und damit in die Ortslage von Gerstungen. Der Radweg führt über die Jahnstraße und die Friedhofsstraße bis auf die Gerstunger Hauptverkehrsachse, der man ohne die Richtung zu ändern ca. 50 m folgt, um dann rechts in die Löbersgasse einzubiegen. Der Radweg biegt an der nächsten Straße rechts ab und führt über die Gerstunger Werrabrücke in die Aue. Man sollte Gerstungen jedoch nicht verlassen, ohne dem Schloss und dem Marktplatz einen Besuch abgestattet zu haben. Anstatt rechts abzubiegen, hält man sich geradeaus und fährt über die Gasse „Im Brühl" auf die Dorfkirche zu, die sich durch einen achteckigen Fachwerkturm auszeichnet. An der Kirche geht es links vorbei zum Schloss, das im

17. und 18. Jh. auf den Grundmauern einer Wasserburg errichtet wurde. Im Schloss befindet sich das Heimatmuseum, in dessen zahlreichen Räumen man alles über die Geschichte Gerstungens erfährt, zum Beispiel, dass Gerstungen früher zum Kloster Fulda gehörte. Finanzielle Nöte zwangen die Fuldaer Äbte im Jahre 1402, Gerstungen an die Landgrafen von Thüringen zu verpfänden. Da das Pfand nie eingelöst wurde, blieb Gerstungen bei Thüringen.

Auf dem Dach des Schlosses brütet seit Urgedenken der Storch. Selbst der Bau des Gerstunger Güterbahnhofs, ein Umschlagplatz der Kaliindustrie, und die sich neuerdings ausbreitenden Gewerbegebiete haben den Storch bisher nicht vertrieben. Die hessische Nachbargemeinde Obersuhl, die sich als Krönung des Rhäden immer ein Storchenpaar gewünscht hat, schaut in dieser Hinsicht neidisch nach Gerstungen. Ob Vacha, Berka, Gerstungen oder das flussabwärts gelegene Dorf Lauchröden, die Störche des Werratals brüten immer hart hinter der ehemaligen Grenze in den thüringischen Orten. Ein Trost für die hessischen Storchenanrainer: Die Altstörche fliegen regelmäßig zu den „Westwiesen" um dort

Nahrung für ihre Jungen zu suchen.

Vom Schloss geht es zurück zur Kirche und dort links auf den von Fachwerkhäusern umgebenen Markplatz (km 25,4). Vor dem schönsten Haus am Markt, der ehemaligen Apotheke, plätschert ein Brunnen, der von einem in Metall gegossenen Storch verziert wird. Adebar steht zudem, im Schnabel eine Ähre tragend, im Zentrum des Gerstunger Wappens, was zeigt, wie hoch der Storch in der Gunst der Bevölkerung steht.

Wir verlassen Gerstungen über die in Richtung Berka führende Brückenstraße. Hinter der Werrabrücke biegen wir links ab und radeln auf einem Wirtschaftsweg durch Wiesen bis zu dem hohen Damm der 1993 stillgelegten Bahnlinie Gerstungen - Förtha - Eisenach. Auf dieser steigungsreichen Strecke verkehrten zu DDR-Zeiten die Transit- und Interzonenzüge. Die Strecke wurde 1961 gebaut, weil man die Werratalbahn zwischen Gerstungen und Eisenach stillgelegt hatte. Der Grund: Bei Herleshausen verlief die Trasse der Werratalbahn 7 km lang durch die BRD, was der DDR zu risikoreich erschien. Seit einigen Jahren braust nun der ICE über die wieder eröffnete Werratalbahn. Die Bergtrasse erübrigte sich und wurde stillgelegt.

Der Radweg folgt dem Bahndamm bis zu einem Brückendurchlass. Danach geht es quer durch die Aue zum östlichen Talrand. Eine stille Wiesenlandschaft breitet sich vor uns aus, durch die die Werra in großen Schleifen zieht. Im Hintergrund schauen die Höhen des Ringgaus hervor. Rechts dehnt sich der Wald des Naturschutzgebietes Böller, das

Wappen von Gerstungen

zu DDR-Zeiten als Truppenübungsplatz diente. Auch die Auewiesen sind geschützt. Mit Werraschleifen und einem Werra-Altarm bildet das NSG die sechste Perle im Reigen der Werraauenschutzgebiete. Der Radweg verläuft bis Sallmannshausen am Rande des Waldes entlang, der hier bis ins Werratal reicht. Auf halber Strecke lädt ein kleiner Pavillon zur Rast ein.

„Lebendige Werra"

Ab Sallmanshausen (km 31,9) folgt der Radweg der Landstraße nach Lauchröden. Die Aue weitet sich und die Werra ändert ihre Fließrichtung von Nord auf Ost. Auf den nächsten 11 Flusskilometern verlief die deutsch-deutsche Grenze mitten in der Werra. Die auf der gegenüberliegenden Seite des Tals liegenden Orte Wommen und Herleshausen gehören also zu Hessen.

Auf der Fahrt nach Lauchröden fährt man an einer riesigen Ackerfläche vorbei, die den 5 km langen Bogen einnimmt, den die Werra hier beschreibt. 170 Hektar ist der Acker groß, eine für hessische Verhältnisse kaum vorstellbare Wirtschaftsfläche. Am östlichen Ende des Feldes befand sich früher ein Altarm, der auf Initiati-

Wehr bei Sallmannshausen

ve der „Lebendigen Werra" demnächst wieder hergestellt wird. Auf der gegenüberliegenden Seite hat die Hessische Gesellschaft für Ornithologie und Naturschutz mit finanzieller Unterstützung der Zoologischen Gesellschaft Frankfurt Wiesenflächen gekauft, um sie extensiv zu bewirtschaften und um einen Korridor zu schaffen, in dem man die Werra renaturieren kann. Die Lebendige Werra hat erreicht, dass man auch auf der hessischen Seite die Ufer renaturiert und eine Flussaufspaltung in Angriff nimmt, was für die Tier- und Pflanzenwelt ein großer Gewinn wäre. Das thüringische und das hessische Projekt harmonieren gut und werden als Auenperle Nr. 7 zur Festigung des Grünen Bandes beitragen.

In Lauchröden führt eine Fußgängerbrücke über die Werra (nach der Kirche dritte Straße links) **(km 36,6)**. Sie wurde 1989 an Stelle der in den letzten Tagen des zweiten Weltkriegs gesprengten Straßenbrücke gebaut. Dass man die alte Straßenverbindung zwischen Lauchröden und Herleshausen nicht wieder hergestellt hat, geht auf das „Konto" der bereits erwähnten Hessischen Gesellschaft für Ornithologie und Naturschutz. Am Werraufer von Lauchröden brüteten über Jahrzehnte Störche. Eine Straße hätte den im Hessischen liegenden Nahrungsraum der Störche zerstört. Aus der Tatsache, dass das Straßenprojekt gestoppt wurde, kann man folgern, dass den Lauchrödern und auch den Herleshausenern die

Störche mehr Wert waren, als eine schnelle Verbindung nach drüben.

Werramäander unter der Brandenburg

Wir bleiben zunächst auf der thüringischen Seite und radeln auf der gepflasterten Landstraße Richtung Göringen. Nach 200 m biegt ein Weg rechts ab, auf dem man zur Brandenburg gelangt. Der 2 km lange Abstecher lohnt sich, zumal man nur einen Höhenunterschied von 70 m überwinden muss. Über einen Schotterweg geht es in vertretbarer Steigung bis zu der imposanten, aus hellem Kalkgestein errichteten Festung, die zwei Burgen um-

Die Brandenburg

seum eingerichtet, das sehr stimmig ist. Über der Kemenate befindet sich die Aussichtsplattform, von der aus man den Verkehr im Werratal bestens beobachten kann. Dies hat auch die Ritter veranlasst, den Turm zu bauen. Was die Ritter sicher weniger interessiert hat, ist der fantastische Blick auf die Werraschleifen unterhalb der Burg. Mäandrierende Flüsse waren in ihrer Zeit ja auch etwas Normales. Heute sind die Werraschleifen eine Besonderheit, die uns ein Bild vom natürlichen Flusslauf vermittelt. Thüringen ist

fasst: Die Ost- und die Westburg. Beide stammen aus dem 12. Jh. und waren durch tiefe Gräben und Felsen voneinander getrennt. Die Ostburg ist die besser erhaltene Anlage. Hier stehen noch ein viereckiger und ein sechseckiger Turm, Teile der Befestigungsanlage und die Mauern weiterer Gebäude. Von der Vorderburg sieht man einen Rundturm und die Reste der Mauer. Mit dem Dreißigjährigen Krieg begann die Brandenburg zu verwahrlosen, was die

Einwohner der umliegenden Dörfer animierte, die Ruine als Steinbruch zu benutzten. Heute kümmert sich ein rühriger Geschichtsverein um die Burg. Viele freiwillige Helfer sind bemüht, die Burganlage vor weiterem Verfall zu bewahren, allen voran Rudi Rimbach aus Lauchröden. Von April bis Oktober kann man an Sonntagen zwischen 10 und 17 Uhr den viereckigen Ostturm besteigen. Im Obergeschoss des Turms hat der Geschichtsverein ein Burgmu-

Rudi Rimbach am Ostturm der Brandenburg

daher bemüht, die Werraschleifen als Naturschutzgebiet auszuweisen.

Auch das Gelände um die Burg ist schützenswert. In den Wacholdertriften und Streuobstbeständen des Burgbergs blühen Orchideen, gaukeln Schmetterlinge, auf dem hellen Kalkgestein sonnt sich die Kreuzotter und von den Hecken späht der Neuntöter nach fetten Heuhüpfern und Käfern. Daneben gibt es auf der Brandenburg Turmfalken und Fledermäuse. Die einen gehen tagsüber, die anderen während der Nacht auf Jagd.

Magerrasen unter der Brandenburg

Wendet man den Blick nach Süden, zum gegenüberliegenden Hang, dann erkennt man einen kleinen Pavillon. Was man vom Turm aus nicht sieht, ist der verlassene Beobachtungsstand unter dem Objekt, von dem aus die sowjetischen Soldaten das Werratal und die im Westen liegenden Höhen observiert haben. Über einen Pfad erreicht man den Beobachtungsbunker in wenigen Minuten.

Zu Weiterfahrt empfiehlt es sich, nach Lauchröden zurückzukehren und den Radweg über Herleshausen zu nutzen. Die Landstraße Richtung Eisenach ist auf den

Entlang der Strecke Lauchröden - Wartha bieten sich drei kleine Abstecher an. Zunächst sollte man Herleshausen einen Besuch abstatten. Vielen ist dieser Ort als Grenzübergang im Gedächtnis. Andere verbinden mit Herleshausen eine Autobahnabfahrt und einen Rastplatz. Doch Aral, McDonalds und die Autobahn, das ist nur die eine Seite von Herleshausen. Der eigentliche Ort ist von denkmalgeschützten Fachwerkbauten geprägt, die mit ihrem Stil die Zugehörigkeit zum Ringgau verraten. Zudem verfügt Herleshausen über eine mittelalterliche Wehrkirche und über ein Schloss

nebst Schlosspark. Auf dem Schloss, das den Namen Augustenau trägt, hat früher ein Storchenpaar gebrütet. Das Nest wurde am Ende des Krieges von Amerikanern heruntergeschossen. Selbstverständlich gibt es in Herleshausen nicht nur Fast Food amerikanischer Art, sondern auch italienische Pizza und hessische Hausmannskost.

DDR-Flusssperre

Der zweite Abstecher führt von der Straße Herleshausen - Wartha über den ehemaligen DDR-Grenzweg zu einer 300 m entfernt gelegenen Fußgängerbrücke über die Werra (km 39,8). Flussabwärts gehörten beide Ufer zur DDR, flussaufwärts verlief die Grenze in der Mitte der Werra. Um zu verhindern, dass jemand schwimmend, tauchend oder mit dem Boot das BRD-Ufer erreichen konnte, hatte man an dieser Stelle ein Flusssperrwerk gebaut, das die Werra mit Hilfe absenkbarer Gitter bis auf den Grund abriegelte. Nur bei Hochwasser wurde das Gitter hochgekurbelt. Außerdem wurde das Sperrwerk Tag und Nacht von den Grenztruppen bewacht. Von der Straße Lauchrö-

Pavillon am „Russen-Bunker"

nächsten Kilometern gepflastert. Von Lauchröden aus fährt man über die Radler- und Fußgängerbrücke und geradeaus weiter durch die Herleshausener Aue, bis kurz vor die Werratalbahn. Hier biegt der Radweg rechts ab und führt auf einem asphaltierten Wirtschaftsweg zwischen Werra und Bahn zur Straße Herleshausen - Wartha. Auf der Warthaer Straße geht es zurück ans thüringische Werrraufer und zur Landstraße Richtung Eisenach. Diese Alternativstrecke ist nur 0,8 km länger als die Straßenroute.

Grünes Band an der Werra bei Göringen/Wartha

den - Göringen war das Werraufer durch den 2 m hohen Signal-
zaun und den 3 m hohen Haupt-
grenzzaun abgeriegelt. Zwischen
den Zäunen hatte man ein Hun-
delaufseil angebracht, an dem
Schäferhunde patrouillierten.
Wartha und der am gegenüber
liegenden Ufer gelegene Ort Gö-
ring sind bemüht, die Brücke am
ehemaligen Sperrwerk zu erhalten. Indem Sie den Brückenzoll
von 5 Cent entrichten, unterstüt-
zen Sie die Gemeinden bei den In-
standhaltungsarbeiten.

Hofportal in Wartha mit Dachkraut

Das Dachkraut von Wartha

Der dritte Abstecher führt in das
ehemalige Grenzdorf Wartha.
Wartha muss man gesehen haben, nicht nur weil es einem Tran-
sit-Übergang den Namen gegeben hat, sondern weil das an der
Werra gelegene 100-Seelen-Dorf
noch immer in dem erstaunlichen
Zustand eines geschlossenen Ortes verharrt, ganz ohne Neubauten und Dorfverschönerungen.
Wartha hat eine eigene gestalte-
rische Besonderheit zu bieten:
steinerne Torbögen, auf deren
Pfeilern Sandsteinkugeln ruhen.
Zwischen den Kugeln wächst das
„Dachkraut", wie die Einwohner
von Wartha diese Sempervivum-
Art nennen. Natur und Kleinkunst
bilden eine perfekte Einheit. Zudem darf das Eiscafé von Wartha
nicht unerwähnt bleiben, in der
man außer Di und Do nachmit-
tags bis in den späten Abend hinein bedient wird. Sa nur bis 19
Uhr.

Zur Weiterfahrt geht es über die
Werra (km 41,4) und auf der Straße in Richtung Eisenach. Das auf
dem Weg liegende Neuendorf
(km 41,8) soll erwähnt werden,
weil es ein neugotisches Schloss
mit Schlosspark und eine Gaststätte mit Biergarten aufzuweisen

hat. Das Alleinstellungsmerkmal
des benachbarten Ortes Hörschel
(km 43,5) ist der Rennsteig, ein
beliebter Weitwanderweg, der
hier seinen Anfang nimmt. Informationen rund um den Rennsteig
kann man sich im Hörscheler
Rennsteighaus verschaffen. Hörschel liegt zudem an einer landschaftlichen Wendemarke. Die
Werra ändert erneut ihre Fließrichtung, dieses Mal von Ost auf
Nord, und durchbricht einen steil
aufragenden Höhenzug. Die Autobahn A4 überspannt diese Engstelle in Form einer 90 m hohen
Brücke. Die Bahn und Landstraße
nach Eisenach folgen dagegen

dem Tal der Hörsel, die bei Hörschel in die Werra mündet.

Das nur 9 km entfernte Eisenach
ist über den Radweg „Thüringer
Städtekette" in gut einer halben
Stunde zu erreichen. Dennoch
sollte man für einen Abstecher in
die rund 44.000 Einwohner zählende Wartburg-Stadt einen Tag
einplanen, denn alleine die Besteigung und Besichtigung der
hoch über der Stadt thronenden
Wartburg, auf der einst Martin
Luther die Bibel ins Deutsche
übersetzte, erfordert 3-4 Stunden. Für die Rückkehr zum Werratalradweg empfiehlt sich wieder

Wartburg

der Radweg „Thüringer Städtekette", da man auf ihm über das Hörseltal nahezu steigungsfrei zur Werra gelangt.

Wilhelmsglückbrunn – Saline im Werratal

Hinter Hörschel verlassen wir die Eisenacher Landstraße und fahren unter der hohen Autobahnbrücke hindurch nach Spichra, einem ehemaligen Fischerdorf (km 45,6). In Spichra endet die Straße. Auf einem Schotterweg geht es zum Gut Wilhelmsglückbrunn (km 47,9), das mit dem Landcafé „Saline" inmitten der weiten Werraaue von Creuzburg liegt. Der Name des Cafés erinnert daran, dass hier vom 17. bis in das 19. Jh. Salz gewonnen wurde. Als man die Salzproduktion wegen mangelnder Wirtschaftlichkeit einstellte, nutzte man die Sole für therapeutische Zwecke. Ab 1830 konnte man in Wilhelmsglückbrunn in Solebäder steigen und salzhaltige Luft inhalieren. Der

Versuch, das nahe Creuzburg in den Stand eines Kurbades zu erheben, scheiterte jedoch, was den Badebetrieb in Wilhelmsglückbrunn nicht gerade förderte. Zu Beginn des 20. Jh. pumpte die Stadt Eisenach die Sole in ihre Wandelhalle am Karthausgarten. Wenige Jahre später (1938) ließ die Quelle nach und die Stadt stellte den Betrieb wieder ein.

Heutzutage interessiert sich der Naturschutz für die Salzquelle. In einem 77 Hektar großen Gebiet werden Salzpflanzen, die sich auf den Wiesen vor dem Café „Saline" etabliert haben, geschützt. Ein Grasweg führt zum dem kleinen Brunnenhaus, das an den Badebetrieb von Wilhelmsglückbrunn erinnert.

Auf einem asphaltierten Weg geht es weiter bis zur stark befahrenen B7, der man ein kurzes Stück Richtung Creuzburg folgt. Nach 350 m biegt man rechts ab, um zu einer der ältesten Steinbrücken Deutschlands zu gelan

gen, dem Werraaübergang bei Creuzburg.

Die Heilige Elisabeth und die Werrabrücke von Creuzburg

Die 1225 von dem Thüringer Landgrafen Ludwig IV, dem Ehemann der Heiligen Elisabeth, erbaute Werrabrücke verband die thüringischen Kernlande mit den westlich der Werra gelegenen Gebieten Thüringens. Creuzburg war für den Landgrafen in Hinblick auf seine nordhessischen Besitzungen ein wichtiger Brückenkopf. Hinzu kam, dass die „Lange Hessen", die nördlichste der drei Varianten der Handelsstraße Frankfurt Leipzig, über den Werraübergang bei Creuzburg verlief. Ludwig und Elisabeth weilten gerne auf der Creuzburg. Elisabeth gebar hier ihren ältesten Sohn Heinrich und die Tochter Gertrud. Und so pendelte die landgräfliche Familie zwischen ihrem Eisenacher Stammsitz, der Wartburg, und der Creuzburg.

Am östlichen Brückenkopf befindet sich eine aus dem Jahre 1499 stammende Kapelle, die aus dem gleichen gelblichen Sandstein gearbeitet ist wie die Brücke. Die Kapelle ist dem Heiligen Liborius geweiht, einem Bischof aus Le Mans, der sich im 4. Jh. für die Ausbreitung des Christentums in Gallien verdient gemacht hat. Da der heilige Liborius als Nothelfer für Nieren-, Gallen- und Blasensteine angesehen wurde, entwickelte sich die Liboriuskapelle rasch zu einem Wallfahrtsort. Dementsprechend wurde sie auch schon wenige Jahre nach ihrem Bau mit frommen Wandfresken ausgestattet, die an der Südseite einen Bilderzyklus aus dem Leben der heiligen Elisabeth zeigen.

Werrabrücke bei Creuzburg mit Liboriuskapelle

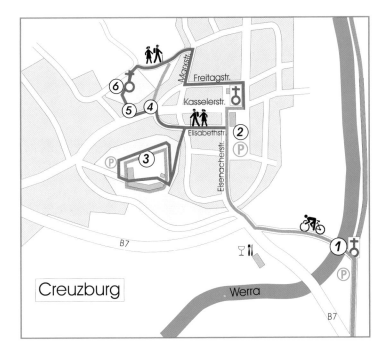

Creuzburg

Creuzburg - thüringischer Brückenkopf am Westufer der Werra

Die Brücke ist heutzutage Fußgängern und Radfahrern vorbehalten. Der motorisierte Verkehr wird über eine Betonbrücke geleitet, die im Jahre 1986 100 m flussab gebaut wurde. Ein Abstecher in die nahe gelegene Stadt lohnt sich, vor allem wegen der Burg und dem alten Friedhof. Von der Werrabrücke aus (1) folgt man den Wegweisern zur Innenstadt. Man wird auf den Marktplatz (2) geleitet, wo man das Rad am besten stehen lässt, denn der Weg auf die Burg ist sehr steil. Man braucht keine Angst vor großen Fußmärschen zu haben, Creuzburg ist recht klein. Vom Marktplatz bis auf den Burgberg sind es gerade einmal 200 m. Der Weg ist ausgeschildert. Man kommt zunächst durch die Elisabethstraße und steigt dann über einen steinigen Pfad zum Osteingang der Burg empor. Bevor man die Burg betritt, sollte man eine Verschnaufpause machen und die Aussicht auf die Stadt und die Werrabrücke genießen.

Durch ein altes Tor gelangt man in den überraschend großen Burghof (3), der von Gebäuden und einer hohen Mauer umgeben ist. Inmitten des Hofs, neben einer großen Linde, steht ein Kreuz, das an Bonifatius erinnert, der im Jahr 724 an dieser Stelle eine Kapelle zu Ehren des Heiligen Peter stifte-te. Wenig später (745) wurde auf dem Berg ein Benediktinerkloster gegründet, die Keimzelle für die Creuzburg, die sich im Hohen Mittelalter zu einer der wichtigsten Burganlagen Thüringens entwickelte. In den gut erhaltenen Gebäuden kann man die Kemenate der Heiligen Elisabeth bewundern und einen Folterkeller besichtigen. Im Burgmuseum erfährt man zudem, dass der Schöpfer des Liedes „Es ist ein Ros entsprungen...", Michael Praetorius, 1517 in Creuzburg geboren wurde. Das Museum ist von April-Okt. Di-So von 10-17 Uhr und von Nov.-März am Sa u. So von 10-16 Uhr geöffnet. Eine weitere Attraktion ist der 37 Meter tiefe Burgbrunnen, in dem sich dank der Beleuchtung das Wasser spiegelt. Wer Durst und Hunger hat, kann sich im Biergarten des Burg-Restaurants bedienen lassen. Bei schlechtem Wetter stehen die Gasträume im Palast der Burg zur Verfügung.

Wir verlassen die Burg durch den im Westen liegenden Haupteingang. Hinter dem Tor halten wir uns rechts, schlagen einen Halbkreis um die Burg und über unse-

Blick auf Creuzburg, im Hintergrund die Felswände des Werra-„Canyons"

An der Gottesackerkirche von Creuzburg

ren Aufstiegsweg gelangen wir wieder hinunter in die Stadt. Am ersten Haus halten wir uns links und queren den Parkplatz eines Supermarktes. Gegenüber der Einfahrt zum Markt befinden sich Reste der alten Stadtmauer (4), die sich in eindrucksvoller Breite und Höhe den Hang zum alten Friedhof empor zieht. Wir halten uns links und folgen der Kasseler Straße bis zu einem großen steinernen Portal aus dem Jahre 1642, das reich mit Ornamenten verziert ist (5). Vom Schlussstein des Torbogens schaut ein Löwenkopf auf den herunter, der eintreten will.

Eine Treppe aus Buntsandstein führt in vielen Stufen zum alten Friedhof empor (6). Oben angekommen bietet sich ein unerwartetes Bild. Alte Grabmäler stehen verstreut auf einer Wiese, die von mächtigen Bäumen überragt wird. Betrachtet man die Grabsteine genauer, so findet man einige, die mit Ornamenten der Renaissance und des Rokoko versehen sind. Auch die jüngsten Gräber sind bereits 100 Jahre alt. Ende des 19. Jh. fand hier die letzte Beerdigung statt. Ein Kiesweg führt auf die von Efeu überwucherte, turmlose Gottesackerkirche zu. Es ist die älteste Kirche Creuzburgs, die 1225 grundlegend erneuert wurde. Der Turm ist bei einem Stadtbrand im Jahre 1634 abhanden gekommen. 1945, nachdem die Stadtkirche den Kriegshandlungen zum Opfer gefallen waren, wurden hier wieder Gottesdienste abgehalten Heute hat man in der Kirche eine Ausstellung über den Naturpark Eichsfeld-Hainich-Werratal eingerichtet, eine Thematik die dem ehrwürdigen Charakter des Ortes durchaus entspricht. Die Ausstellung ist von April –Okt. Di-So von 10-17 Uhr geöffnet.

Wir gehen links an der Kirche vorbei und steigen hinauf zu einem oberhalb des Friedhofs entlang führenden Weg. Von hier hat man einen schönen Blick auf die Stadt, die von den hellen Kalkfelsen der Ebenauer Köpfe und der Nordmannsteine eingerahmt wird. Der Weg führt in einer Linkskurve weiter bergan. Wir halten uns rechts und steigen auf einem gezeichneten Pfad hinunter in die Stadt. Über die Marxstraße und die Freitagstraße gelangt man zu der fast 800 Jahre alten Stadtkirche St. Nikolai mit dem romanischen Turm, der von der Werrabrücke aus gesehen die Silhouette der Stadt prägt.

Im Verhältnis zu all diesen Sehenswürdigkeiten ist die Stadt, mit Ausnahme der Kirche, relativ arm an historischer Substanz. Nur selten trifft man auf einen Fachwerkbau. Die meisten Häuser spiegeln den schlichten Gebrauchsstil der fünfziger Jahre wider. Einen mittelalterlichen Kern sucht man vergebens. Der wurde im April 1945 bei Rückzugsgefechten der deutschen Wehrmacht zerstört. Die Wehrmacht sprengte auch die Werrabrücke, um die Alliierten Truppen aufzuhalten, was aber wenig geholfen hat, denn die Amerikaner bauten am flussabwärts gelegenen Spichra eine Pontonbrücke und drangen so unter Umgehung von Creuzburg in Richtung Eisenach vor. Dennoch, der Besuch von Creuzburg ist lohnend. Mit dem Wissen um die Ursachen der Zerstörung sieht man die Stadt mit völlig anderen Augen.

4. Etappe: Creuzburg – Eschwege

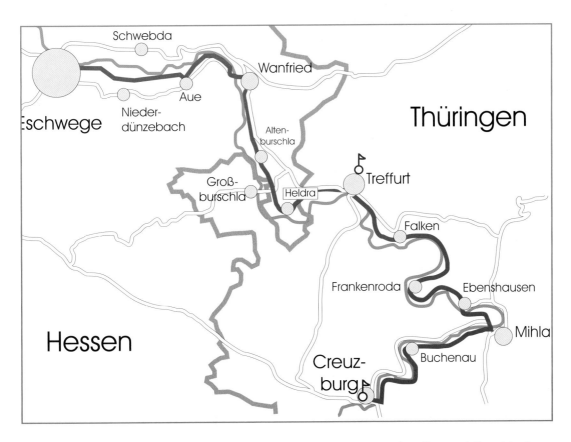

Strecke: *45 km*
Höhenprofil: *Creuzburg 195 - Eschwege 160 m*

Ein Blick von der Creuzburger Werrabrücke zeigt, was uns landschaftlich auf den nächsten Kilometern erwartet. Das Werratal wird eng und ist von beiden Seiten von steilen, mit Felsen durchsetzten Hängen umgeben. Links ragen die Ebenauer Köpfe empor, rechts wird das Tal von den Nordmannsteinen begrenzt. Im Laufe von 2 Millionen Jahren hat sich die Werra hier durch ein Kalkplateau gearbeitet und eine Art Canyon geschaffen.

Der Werra-Canyon bei Creuzburg

Wir steigen aufs Rad und folgen hinter der Liboriuskapelle einem schattigen Weg, der am rechten Ufer der Werra straßenfrei Richtung Mihla führt. Die Fahrt geht durch eine urwüchsige Landschaft mit dichten, bis an den Fluss reichenden Wäldern und kühlen Schluchten, denen auf der anderen Seite des Tals sonnendurchglühte Grashänge gegenüberstehen. Dazwischen fließt in großen Schleifen die Werra rasch und mit vielen Wirbeln dahin. Der Radweg führt auf zum Teil recht schmalen Wegen am Fuß der Nordmannsteine entlang. Zwi-

schen Berg und Fluss ist oft nur wenig Platz und so ist man mit sich, dem Rad und der Natur beschäftigt. An einer Flussbiegung ragt ein Brückenpfeiler aus der Werra, ein Überbleibsel der 1969 still gelegten Bahnlinie Creuzburg – Mihla, deren Trasse der Radweg von hier an nutzt. Wir sind nur wenige Meter auf der ehemaligen Bahntrasse entlanggeradelt, da wird die Idylle durch LKW- und Baggerlärm massiv gestört. Die Motorengeräusche dringen aus einem riesigen Steinbruch hervor, dem ein Teil der Nordmannsteine zum Opfer gefallen ist. Und obwohl diese einmalige Landschaft unter Naturschutz steht, geht der Abbau weiter. Man hat sich je-

Blick von der Liborius Kapelle auf die Ebenauer Köpfe

doch darauf geeinigt, keine weiteren Felsköpfe abzutragen, sondern die Grube bis auf Sohlhöhe der Werra auszubeuten und die Wunden in der Landschaft den Selbstheilungskräften der Natur zu überlassen. Zudem soll die Werra bei Hochwasser durch Röhren in das ehemalige Steinbruchgelände fließen und dort für die Entstehung eines Auenwaldes sorgen.

Industrie und Gewerbe lassen uns nicht los. Eine moderne Kleberfabrik zwingt uns, die Bahntrasse für gut einen km zu verlassen und mit einer Straße durch den Ort Buchenau vorlieb zu nehmen. Wir geben uns versöhnlich, denn die Fabrik hat wieder Leben in den alten Industrieort gebracht, ein wichtiges wirtschaftliches Standbein in dieser grenznahen und abgeschiedenen Region. Wieder hinauf auf die Bahntrasse und Mihla entgegen, dem Tor zum Nationalpark Hainich. Ein Besuch des Hainichs ist unumgänglich. Mit seinen großen, geschlossenen Buchenwäldern und den kilometerlangen, aufgelassenen Schießbahnen der Sowjettruppen, auf denen die Natur sich selbst überlassen ist, setzt der Nationalpark eigene, unverwechselbare Akzente. Der Nationalpark ist jedoch so vielfältig, dass er nicht nebenbei erkundet werden kann. Wer den Hainich kennen lernen will, muss eine separate Tour planen. Die Bilder auf der folgenden Seite, die Facetten des Hainichs zeigen, werden sicher zu einer solchen Nationalparktour anregen. Nähere Informationen unter www.nationalpark-hainich.de.

Unsere „Grüne-Band-Radtour" führt über die Werra und am Mihlaer Schwimmbad vorbei. Kurz darauf geht es nocheinmal über die Werra. Auf einer eigens für Radfahrer konstruierten Brücke werden wir in den Ort Ebenshausen geleitet (km 11,5). Hier gibt es noch wunderschöne Bauerngärten zu sehen und ein Gasthaus „Zur Deutschen Scholle", das nicht auf Fischgerichte spezialisiert ist, sondern mit seinem Namen an die Bedeutung des Bodens für die Volksernährung erinnert. Auf einer relativ ruhigen Straße geht es weiter bis in den

In Ebenshausen

Betteleiche

Baumkronenpfad

Kremserfahrt

Rast an der Betteleiche

Urwaldpfad

Ort Frankenroda, wo die Landstraße plötzlich endet (km 15,4).

Probsteizella – straßenfreies Werratal

Ein schmaler Wirtschaftsweg führt weiter durch das stille Tal. Doch Achtung! Der Weg ist für PKW frei gegeben und so kann es sein, dass uns doch ein Auto überholt. In der Mitte des Tals passieren wir eine zerstörte Brücke der ehemaligen Bahnlinie Mihla-Treffurt-Eschwege. Die deutsche Wehrmacht hatte beim Vorrücken der Amerikaner sämtliche Brücken gesprengt, und in der DDR wurde dieser Streckenabschnitt wegen der Grenznähe nie wieder aufgebaut. Wenige Minuten später erreichen wir Probsteizella, eine ehemalige Klosterzelle, die bis zur Reformation Bestand hatte (km 17,5). Heute ist in dem Anwesen ein Gasthaus mit Übernachtungsmöglichkeiten untergebracht (Tel. 036924-41976, zella@t-online.de). Auf der Wiese vor dem Hof befindet sich ein kleiner Zeltplatz, auf dem man direkten Zugang zur Werra hat. Hinter der Probstei Zella zwängt sich der Weg zwischen Felsen und Werra hindurch. Von einem Fels-Pfeiler, der die Form einer Kanzel hat, soll hier der große Bauernkrieger Thomas Münzer 1525 zum Aufstand gegen die Herrschenden aufgerufen haben. Das Tal wird wieder breiter, wir erreichen den Ort Falken und radeln auf der alten Bahntrasse dem thüringischen Städtchen Treffurt entgegen (km 23,8).

Zigarrenstadt Treffurt

Treffurt war wie Geisa und Vacha Grenzstadt, was für die wirtschaftliche Entwicklung dieser Orte nicht förderlich war. Doch

Treffurt und der Normannstein

man hatte sein Auskommen. Während die Vachaer von der Kaliindustrie lebten, fanden die Treffurter in einer Zigarrenfabrik und einem Metall verarbeitenden Betrieb Arbeit. Die Zigarrenherstellung hat in Treffurt eine bis ins Jahr 1848 zurück reichende Tradition, die auch in der DDR fortgeführt wurde. Die DDR-Führung verlieh den Zigarrenfabriken Treffurt sogar den Titel: "Betrieb der ausgezeichneten Qualitätsarbeit" und hielt im Wendejahr 1989 850 Mitarbeiter in Lohn und Arbeit. Nach dem Fall der Grenze ging die Zahl der Mitarbeiter drastisch zurück. Immerhin fand man in Dannemann ein Unternehmen, das den Betrieb weiter führt und heute noch 115 Mitarbeiter beschäftigt.

Ungeachtet dieses Aderlasses hat man sich in Treffurt mit Engagement der Restaurierung der Altstadt und des Treffurter Kleinods, der Burg Normannstein, gewidmet. Der Magistrat und die Einwohner versuchen damit, an die Zeiten vor dem Krieg anzuknüpfen, als zahlreiche Urlauber und Tagesgäste mit der Bahn in das idyllische Werrastädtchen kamen.

Zigarrenfabrik Z **Treffurt GmbH**

Zigarren und Zigarillos – aus Tradition gut
Für Kenner und Genießer ein Begriff

99830 Treffurt
Gartenstraße 2

Telefon: 5140
Telefax: 259
Telex: 34 09 31

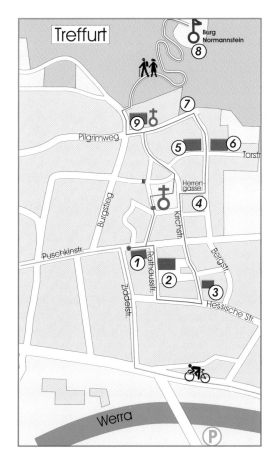

Eingang des Treffurter Rathauses

Zu DDR-Zeiten war dies nicht möglich, da sich Treffurt im Grenzgebiet befand.

Dass man in der DDR kein Geld für die Altstadtsanierung hatte, ist aus heutiger Sicht nicht unbedingt negativ. Vielleicht hätte man sonst den Stadtkern Treffurts mit Plattenbauten bereichert und die engen, bergwärts ziehenden Gassen und Treppensteigen verkehrsgerecht gestaltet. So ist das Fachwerkensemble geschlossen und das alte, unregelmäßige Kopfsteinpflaster im Original erhalten. Hinzu kommen viele kleine Accessoires, die in den rundum erneuerten westdeutschen Fachwerkstädten abhanden gekommen sind: Treppenaufgänge mit Schuhabkratzern, steinerne Wasserfänge, liebevoll gestaltete Hauseinfahrten, zum Fachwerk

passende Fenster und Oberlichter etc. In den gepflasterten Gassen gibt es noch viele Details zu entdecken, die man andernorts seit langem vermisst. Und wenn für einen Auftritt der Puhdys plakatiert wird, schwingt auch ein wenig DDR-Nostalgie mit.

Sicherlich gibt es in der Altstadt Treffurts auch Problemfälle. Das eine oder andere Haus steht leer und wartet seit langem auf einen Käufer. Doch man geht mit Bedacht Zug um Zug ans Werk, wovon man sich auf einem kleinen Stadtrundgang überzeugen kann. Die alte Zigarrenfabrik wurde restauriert und zu einem Bürgerhaus umgewandelt, in dem auch das Touristenbüro untergebracht ist (1) (Für den Stadtrundgang empfiehlt es sich, die Räder hier zu „parken", das Kopfsteinpflaster

und die steilen Gassen lassen sich besser zu Fuß bewältigen, ganz zu schweigen von dem Anstieg auf die Burg Normannstein.) Direkt neben der alten Zigarrenfabrik befindet sich das aus dem 16. Jh. stammende Renaissance-Rathaus, das mit seinem viergeschossigen Turm und seinen Säulenschnitzereien wieder das Zentrum der Stadt schmückt, ohne museal zu wirken (2). Um die Ecke, in der Hessischen Straße, und in der unteren Kirchstraße trifft man auf liebevoll renovierte Bürgerhäuser. In dem Haus der Kirchstraße 31 - Baujahr 1546 - ist man zudem um das originale Interieur bemüht (3). Hier hat jedermann Zugang, denn das Haus beherbergt eine Gaststätte und eine Pension. Man kann der Meinung sein, dass man hier beim Fassadenanstrich etwas über das Ziel geschossen ist. Aber

Die Treffurter Bergstraße *Schuhabkratzer*

in Treffurt setzt man nach Jahren der Gleichmacherei auf das Individuelle und nicht auf den Einheitsanstrich.

Von der Gaststätte, die den seltsamen Namen „Spellstom" führt, erreicht man in wenigen Minuten die aus dem 13. Jh. stammende evangelische Stadtkirche (4). Treffurt ist im Gegensatz zum benachbarten Eichsfeld den Lehren des Reformators treu geblieben, obwohl es über lange Zeit auch unter der Verwaltung des Mainzer Bistums stand. An der Kirche queren wir über die Herrengasse in die steile Bergstraße. Hier warten noch viele Häuser darauf überholt zu werden, was leider auch für den Hessischen und den Mainzer Hof zutrifft, zwei ehemals pracht-

volle Amtshöfe, die dem Verfall preisgegeben sind (5 und 6). Angesicht der wertvollen Substanz und der Geschichte, die mit diesen Höfen verbunden ist, eine Katastrophe! Aber Treffurt ist eben voller Gegensätze.

Die Amtshöfe gehen auf eine kriegerische Auseinandersetzung des Mainzer Bischofs sowie des hessischen und des thüringischen (sächsischen) Landgrafen mit den Rittern auf der Burg Normannstein zurück. Im Jahre 1336 wurden Treffurt und der Normannstein von den „Alliierten" eingenommen und die Ritter entmachtet. Treffurt wurde daraufhin in drei „Zonen" aufgeteilt und von je einem Amtmann der drei "Siegermächte" regiert. Wenige Meter

hinter den Amtshöfen sprudelt eine ergiebige Quelle aus dem Berg, die seit jeher für die Wasserversorgung Treffurts genutzt wird. Hier hält man sich links und folgt dem Quellbach, der in Steinen gefasst, offen neben der Straße entlanggeführt wird. Man passiert die aus neuerer Zeit stammende katholische Kirche und trifft auf den „Burgstieg", dem wir ein kurzes Stück bergwärts folgen. Man kommt dabei am Sächsischen Amtshof vorbei (7), hinter dem ein Fußweg in Serpentinen zum Normannstein führt (8). Für den Anstieg zur Burg benötigt man je nach Kondition 10-20 Minuten. Der Normannstein beherbergt eine Gaststätte und hat eine Totalsanierung hinter sich, bei der man auf die modernistischen Lampen und den Industriebalkon ohne weiteres hätte verzichten können. Fazit: Die Burg des unterlegenen Ritters ist in einem Top-Zustand, die Amtshäuser der Sieger verfallen langsam. Der Abstieg zur Stadt ist mit dem Aufstieg zur Burg identisch. Beim Abstieg durch die Stadt sollte man jedoch die Gelegenheit nutzen, weitere Ecken kennen zu lernen. Dazu folgt man am besten der oberen Kirchstraße, wobei man am ehemaligen Gefängnis und am ältesten Haus Treffurts vorbei kommt. An der Stadtkirche quert

man hinüber zur oberen Rathaustraße und gelangt dann über einen Treppenaufgang und enge Gassen zum Bürgerhaus, dem Ausgangpunkt des Stadtrundgangs.

Auf der Weiterfahrt Richtung Wanfried haben wir den Heldrastein mit seinen Felsen und dem pinselförmigen Aussichtsturm vor Augen. Das Grüne Band zieht sich unterhalb der Felsabbrüche entlang und quert vor den Toren Treffurts das Werratal.

Heldra - hessisches Grenzdorf unter dem Heldrastein

Bei km 26,7 des Tourenabschnitts Creuzburg-Eschwege passieren wir den ehemaligen Grenzstreifen und erreichen kurz darauf Heldra (km 27,9), ein kleines Dorf, das zu DDR-Zeiten ähnlich isoliert lag wie das benachbarte Großburschla. Beide Orte befanden sich in einem Grenzzipfel, Heldra in einem hessischen und Großburschla in einem thüringischen. Doch es gab einen entscheidenden Unterschied: in die Gemarkung Großburschla kam niemand ohne Spezialausweis oder Sondererlaubnis hinein. In Heldra konnte jedermann ohne Kontrolle ab- und anreisen. Dennoch, die Grenzlage war für die Entwicklung Heldras nicht förderlich. Das Ortsbild präsentiert sich daher bis heute relativ geschlossen, im Gegensatz zu Treffurt allerdings perfekt restauriert und ohne Ecken und Kanten. Schließlich hat man in dem Wettbewerb „Unser Dorf soll schöner werden" auf Landesebene in den oberen Rängen mitgespielt. Die Dorfmitte nimmt wie zu alten Zeiten der Anger ein. Gleich nebenan kann man es sich

an den Tischen der Wanderherberge „Kleegarten" bequem machen. Heldra war über 9 Jahre - von 1991-2001 - das einzige hessische Dorf an der Werra, das mit einem Storchenpaar aufwarten konnte. Derzeit ist das Nest verwaist. Doch die Heldraer haben die Hoffnung auf eine Wiederkehr der Störche nicht aufgegeben.

Der Bahnhof Großburschla - unerreichbare Haltestelle

Der Radweg führt zu einem weiteren Kuriosum der Grenzgeschichte, zum Bahnhof Großburschla (km 29,8). Das thüringische Großburschla liegt am Westufer der Werra, der Bahnhof befand sich auf der östlichen Talseite auf dem Territorium der „BRD". Die Grenze lief direkt an den Gleisen entlang und am Güterbahnhof reichte sie sogar auf einer Strecke von 320 m über die Gleise hinaus. In den Verhandlungen mit der DDR wurde erreicht, dass die Züge ungehindert in den Bahnhof Großburschla einlaufen konnten. Doch für wen sollte die Bahn halten? Die Einwohner von Großburschla konnten sich allenfalls durch das Winken mit Taschentüchern bemerkbar machen. Und Heldra war bereits Anfang der 70er

Jahre vom Bahnverkehr abgehängt. Der Personenverkehr wurde also eingestellt, doch den Güterverkehr hat man bis zur Wende aufrechterhalten.

Wanfried, Endhafen der Werraschifffahrt

Über Altenburschla (km 31,7), das im Wettbewerb „Unser Dorf soll schöner werden" gleich zwei Goldmedaillen gewonnen hat, geht es weiter nach Wanfried, wobei man ein längeres Stück auf der alten Bahntrasse entlangradelt. Mit Wanfried (km 35) fahren wir wieder in eine hessische Stadt ein, wenn auch in eine sehr kleine. Wanfried besaß jedoch bis in das 19. Jh. einen respektablen Hafen, der dem Ort nicht unbedeutende Geldeinnahmen brachte. Dies wird an den zahlreichen, reich ausgestatteten Fachwerkhäusern im Zentrum Wanfrieds deutlich. Es empfiehlt sich nicht, dem markierten Radweg zu folgen - der führt durch weniger interessante

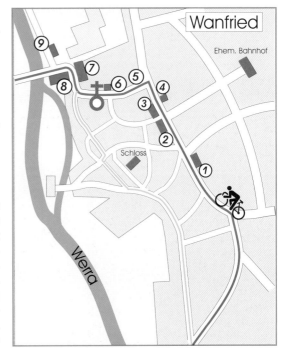

Haus des Hafenmeisters

Boot, aufwartet. In diesem Haus schnitt sich der in Bremen gebürtige Kaufmann Wilhelm Anton Harmes in der Nacht vom 16. zum 17. Oktober 1753 die Kehle durch, wohl weil er den Tod seiner jungen Frau nicht verkraften konnte. Um sein Ableben knüpften sich die abenteuerlichsten Gerüchte. Das Haus wurde lange Jahre hindurch gemieden und nicht bewohnt, da es hier spuken sollte. Auch heute steht das Haus noch leer, worüber Gardinen und mit Zeitschaltern versehene Lampen hinwegtäuschen.

Seitenstraßen- man sollte vielmehr auf der Bundesstraße (Treffurter Straße und Marktstraße) mitten durch den Ort fahren. Auf diesen Straßen haben wir es nur mit Lokalverkehr zu tun. Der Durchgangsverkehr nach Mühlhausen wird inzwischen über eine Umgehungsstraße geleitet. Am alten Abzweig Mühlhausen hält man sich links, Richtung Eschwege, und fährt durch die Marktstraße, in der sich zahlreiche, prächtige Gebäude aus der Blütezeit der Werraschifffahrt befinden, wie das Herrenhaus (1) (Ecke

Nixen im Gebälk des Harmes'schen Hauses

Marktstraße/„Vor dem Gatter"), das Hotel zum Schwan (2) oder das Rathaus, ursprünglich ein Handelshof der Kaufmannsfamilie Uckermann (3). Alle diese Gebäude wurden in der 2. Hälfte des 17. Jh., also wenige Jahre nach dem Ende des Dreißigjährigen Krieges, gebaut. Auch die schräg gegenüber dem Rathaus liegende Posthalterei (4), an die ein Emailleschild erinnert, stammt aus dieser Zeit.

Knapp 100 m hinter dem Rathaus biegen wir links in die Martinsgasse, in der sich das Harmes'sche Haus (6) befindet, das mit Schnitzereien aus der Zeit der Werraschifffahrt, zwei Nixen und einem

Die Martinsgasse geht in die Schlagdstraße über, die zum ehemaligen Hafen von Wanfried, dem Schlagd führt (km 35,7). Der Kasseler Landgraf Moritz, der 1601 die Fulda schiffbar machen ließ, gab auch die Anweisung für den Ausbau der Werra. Dabei wurde Wanfried zum Endhafen der Werraschifffahrt auserkoren, unter anderem weil hier die Straße zu der nahe gelegenen Hansestadt Mühlhausen abzweigte. In Wanfried wurden daher alle Waren mit den Schiffen von Bremen gelöscht, in Speichern der Stadt zwischengelagert und schließlich auf dem Landweg nach Thüringen, Sachsen und Franken transportiert. Bevorzugtes Handelsgut waren Kaffee, Zucker, Öl, Gewürze, Tabak, Wollwaren, Wein, Honig und Fisch. Der Warenumschlag war so bedeutend, dass Wanfried zum Börsenplatz avancierte. Wer dies nicht glauben mag, der sei auf das prächtige und reich verzierte Haus des Schlagdvogtes, des Hafenmeisters, verwiesen, das man 1678 in der Schlagdstraße errichtet hat (7). Am Hafen zeugen die großen Lagerhäuser vom regen Warenumsatz (8, 9). Die Speicher wurden im Jahre 1670 erbaut und gut 100 Jahre später, als die Lagerkapazitäten nicht

K. POST-EXPEDITION
UND
TELEGRAPHEN-STATION

Speicher am Wanfrieder Hafen

mehr ausreichten, nochmals erweitert.

Doch schon wenige Jahrzehnte später muss es um die Werraschifffahrt nicht mehr gut gestanden haben. 1806 wurden die Schlagdhäuser von der in Wanfried liegenden hessischen Garnison als Kaserne genutzt. 1815 kauften die Gebrüder Ungewitter die Häuser und errichteten in ihnen, in Konkurrenz zu Treffurt, eine Zigarrenfabrik. Der Tabak kam noch einige Zeit mit dem Schiff von Bremen. Doch mit dem Bau der Eisenbahnen ging es mit der Werra-Weser-Schifffahrt endgültig bergab. Der Wanfrieder Schlagdvogt wurde arbeitslos und die Stadt verkaufte sein Haus an einen gewissen Peter Israel. Der richtete in dem Gebäude eine

Steindruckerei ein und druckte ab 1861 Tüten und Banderolen für die benachbarte Zigarren-Fabrik. Ab 1927 stellte sich die Firma Israel auf Offsetdruck um und produzierte unter anderem die Etiketten für Beck's Bier Bremen.

Obwohl die Zeiten der Werraschifffahrt über 150 Jahre zurück liegen, ist die Werra bis Wanfried noch immer als Bundeswasserstraße ausgewiesen, was für den Fluss nicht ohne Folgen ist. Die Bundeswasserstraßenverwaltung in Hannoversch Münden hat nach wie vor den Auftrag, die Fahrrinne freizuhalten. Während an der mittleren Fulda, der Lahn oder der Nidda Millionen für die Flussrenaturierung ausgegeben werden, sorgen hier Beamte dafür, dass der Fluss nicht „verwildert". Kies

und Sandbänke, Uferabbrüche und Flussverbreiterungen passen nach den Vorstellungen des Wasser- und Schifffahrtsamtes nicht zu einer Bundeswasserstraße, selbst wenn es gar keinen Schiffsverkehr gibt. Begründet wird dieses anachronistische Vorgehen mit dem Kanutourismus. Dabei ist den Bootstouristen mit einem naturnahen Fluss weit mehr gedient als mit einem Kanal. Der Trethenner, der als Kunstobjekt am ehemaligen Hafen von Wanfried, hoch über der Werra in die Pedale tritt, zeigt, worin heute die Bedeutung der Werra liegt: in der Freude und dem Naturerlebnis, das der Fluss Radlern und Kanuten bietet.

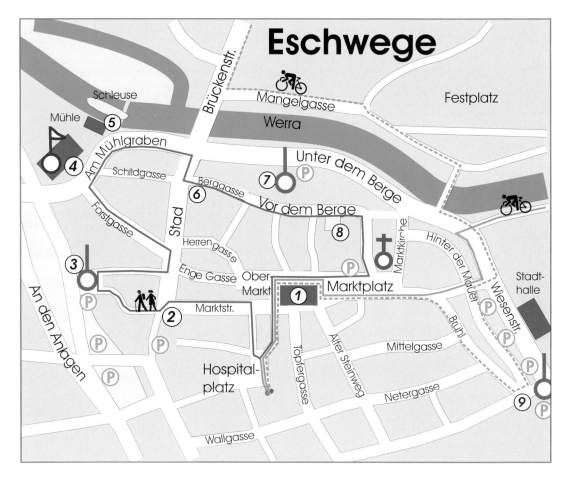

Eschwege

Eschwege – Fachwerkstadt am Fuße der Hessischen Schweiz

Der Radweg führt über die Werrabrücke auf die andere Seite des Tals und von dort über das Dorf Aue (km 39,6) nach Eschwege.

Schnitzerei am Raiffeisenhaus

Vor den Toren Eschweges führt eine Rad- und Fußgängerbrücke über die Werra zu dem 70 ha großen Werratalsee, der zum Baden, Segeln und Surfen freigegeben ist. Hier befindet sich auch der Eschweger Campingplatz. Der Radweg bleibt am linken Werrauferauf. An Sportstätten und der Jugendherberge vorbei geht es bis zur Tränenbrücke, über die Fußgänger und Radler von der Eschweger Innenstadt zu dem auf der anderen Seite der Werra liegenden Festplatz und den Freizeitanlagen gelangen (km 44,8).

Eschwege, die Kreisstadt des Werra-Meißnerkreises, ist die mit Abstand größte Ansiedlung, durch die wir auf unserer Radtour kommen. Mit 22.000 Einwohnern ist Eschwege aber noch immer eine

Flachschnitzerei am Eschweger Rathaus

Kleinstadt. Die Lage an der nur 4 km entfernten innerdeutschen Grenze hat die Entwicklung der Stadt über 5 Jahrzehnte erheblich gebremst. Sämtliche Verkehrsverbindungen nach Thüringen waren unterbrochen, darunter so bedeutsame wie die Bahnstrecke Eschwege - Heiligenstadt - Halle und die Fernstraße 279 in die

In der Eschweger Fußgängerzone

Es empfiehlt sich, das Rad in einer der Parkboxen am Hospitalsplatz abzustellen. Die Schlüssel dazu gibt es nebenan im Café Plüsch in der Gebrüderstraße 1. Zum Hospitalplatz gelangt man auf folgendem Weg: Von der Tränenbrücke aus folgt man ca. 50 m der verkehrsreichen Wiesenstraße und biegt dann links ab. Über die Straße „Marktkirche" gelangt man zum Marktplatz, an dessen Front sich das Rathaus befindet. Hinter dem Rathaus hält man sich links und folgt der Gebrüderstraße zum Hospitalsplatz (km 45,2).

Nachdem man die Räder abgestellt hat, geht es zu Fuß zurück zum Rathaus (1), das man einmal umrunden sollte. Das Haus besteht nämlich aus zwei unterschiedlich alten Teilen. Rechts, zum Marktplatz hin, befindet sich der aus dem Jahre 1660 stammende Renaissance-Fachwerkbau, an dem originelle Engel die Balken verzieren. Auf der linken, zum Obermarkt und der Marktstraße hin gerichteten Seite, schließt sich der eher strenge

50.000 Einwohner zählende Nachbarstadt Mühlhausen. Hinzu kam, dass Eschwege vom Netz der Bundesbahn abgehängt wurde. Wer die Stadt mit dem Zug erreichen will, muss im Bahnhof Eschwege-West, knapp 4 km vor den Toren der Stadt, aussteigen und auf einen Bus warten.

Eschwege hat sich dafür eine ausgesprochen sehenswerte Innenstadt bewahrt, für deren Erkundung man sich einige Stunden Zeit nehmen sollte. In der 40 Hektar umfassenden Altstadt, in die das Geschäftszentrum der Stadt eingebettet ist, stehen dicht gedrängt hunderte von Fachwerkhäusern, wobei der überwiegende Teil aus der Zeit nach dem Dreißigjährigen Krieg stammt. Während des Krieges hatte ein Brand die Stadt in Schutt und Asche gelegt. Der in der zweiten Hälfte des 17. Jh. stattfindende Wiederaufbau stand im Zeichen eines prosperierenden Gerber- und Tuchmacherhandwerks. Unter dem Einfluss der vermögenden Handwerker entwickelte sich in Eschwege ein eigener Fachwerkstil, der sich durch Ranken,

Ornamente und figürliche Darstellungen auszeichnet, die bei den Häusern der Wohlhabenden alle Balken der Fassade überziehen. Auch das 19. Jahrhundert hat seine Spuren in Form von Fachwerkbauten hinterlassen, vor allem im alten "Industrieviertel" zwischen den Werrabrücken und am Werraufer, wo Produktionsstätten und Lagerhäuser der Tuchmacher, Leder- und Tabakfabrikanten entstanden.

Die Altstadt Eschweges hat aber nicht nur Historisches zu bieten. In der Fußgängerzone und den übrigen Geschäftsstraßen herrscht Leben, und dies nicht nur in Form der üblichen Ladenketten und Textilgeschäfte. Die Eschweger Innenstadt bietet noch eine bunte Mischung aus Geschäften aller Art. Vom alteingesessenen Fischgeschäft über den Südfrüchteladen und den Philatelisten bis hin zu Karstadt und Woolworth ist alles vertreten. Daneben existiert eine große Zahl von Straßencafés und Restaurants, die den Stadtbummel attraktiv machen.

klassizistische „Neubau" aus dem Jahre 1845 an.

Über die Marktstraße gelangen wir zum „Stad", der Haupteinkaufstraße Eschweges, über die früher, von der Werrabrücke aus, der Verkehr in die Stadt flutete. Heute ist der „Stad" Fußgängerzone. An der Ecke Marktstraße - Stad (2) gibt es Kaffee und Kuchen, aber auch Kräftiges. Kalorien kann man bei der Besteigung des gut 100 m entfernten Nikolaiturms (3) abarbeiten, den man vom „Stad" aus über die links abbiegende Nikolaigasse erreicht. Dem aus dem Jahre 1445 stammenden Nikolaiturm ist vor 400 Jahren die Kirche abhanden gekommen. Sie war wesentlich älter als der Turm und ist wohl verfallen.

Zurück auf den „Stad", von dem wir nach knapp 100 m wieder links abbiegen. Wir folgen der

Das Raiffeisenhaus

Lagerhaus am Werraufer

Forstgasse bis an den Rand der verkehrsreichen Mühlstraße, auf deren gegenüber liegenden Seite sich das landgräfliche Renaissance-Schloss befindet (4). Da dort die Kreisverwaltung untergebracht ist, lohnt es sich nicht, die Straße zu queren. Von der sicheren Warte der Fußgängerzone aus hat man das Schloss und zu jeder vollen Stunde auch den Dietemann, Eschweges Symbolfigur, im Auge. Der Dietemann tritt nach dem Glockenschlag aus der Dachkammer des Schlosstürmchens heraus, bläst in sein Horn und verschwindet nach einer 90 Grad-Wende in einer anderen Tür der Dachkammer.

Im Sophiengarten, „Wäscheständer" des Tuchmachers

Wir folgen der Mühlstraße hinunter zur Werra und gelangen auf diesem Weg zurück zum „Stad". Direkt unterhalb des Landgrafen-Schlosses befindet sich die Stadtmühle mit den Schleusen für die Werraschifffahrt (5). Die Mühle wurde früher von 10 unterschlächtigen Wasserrädern angetrieben, eine bemerkenswerte Szenerie, die der 1973 verstorbene Eschweger Maler und Poet Ernst Metz in einem Bild rekonstruiert hat. Die Mühlräder gibt es schon lange nicht mehr. Heute surren hier Turbinen und in der Mühle sind die Stadtbücherei und das Jugendzentrum untergebracht.

An der Werrabrücke geht es rechts in den „Stad", wo wir auf den Lohgerberbrunnen treffen, der die Erinnerung an ein Handwerk wach hält, das in der wirtschaftlichen Entwicklung der Stadt eine wichtige Rolle gespielt hat. Wie bedeutend das Gerberhandwerk war und wie viel Geld man damit machen konnte, zeigt uns das Raiffeisenhaus an der Ecke Stad-Berggasse (6). Das überaus reich verzierte Haus wurde

1679 von einem Gerbermeister gebaut, der seinen Wohlstand nicht verbergen wollte.

Unser Weg führt nun über die Berggasse auf den Schulberg, der jäh zur Werra hin abbricht. Von hier geht der Blick über das alte "Industrieviertel" und die Werraaue bis hinüber zu den Bergen der Hessischen Schweiz, über die sich das Grüne Band zieht. Auf dem Schulberg (7) befinden sich zwei Baudenkmäler aus der Zeit vor dem großen Brand im Jahre 1637: der Karlsturm, auch schwarzer Turm genannt und das aus dem Jahre 1578 stammende Hochzeitshaus. Unbedingt sehenswert ist auch der unterhalb des Turmes, in einer Baulücke, gelegene Sophiengarten (8), den man über die Straße „Vor dem Berge" erreicht. Der Garten, der im 19. Jh. einem Tuchmachermeister zum Trocknen seiner Stoffe diente, stellt sich heute als Kräutergarten dar, der von einem Förderverein liebevoll in alter Tradition gepflegt wird. Jedes Kräutlein ist mit Namenschild aus Ton gekennzeichnet. Kieswege und mit Buntsandsteinmauern gestützte

Terrassen gliedern den Garten, in dem sich noch die alten Steine befinden, an denen der Tuchmacher seine Trocknungsleinen befestigt hatte.

Über die Kirchgasse gelangen wir zum Marktplatz und dem um die Ecke liegenden Hospitalsplatz, wo unsere Räder stehen. Mit dem Rad geht es dann zurück über den Marktplatz und im weiteren Verlauf auf der nach rechts führenden Straße „Brühl". Mit diesem kleinen Umweg kommen wir an dem sehenswerten Dünzebacher Turm vorbei (9), einst Teil der Stadtbefestigung. Hinter dem Turm treffen wir wieder auf die Wiesenstraße. Wir halten uns links und folgen der verkehrsreichen Straße zur Tränenbrücke, über die wir die Altstadt Eschweges verlassen. Hinter der Brücke geht es auf dem markierten Werratalradweg links über die Mangelgasse und dann rechts auf der Brückenstraße zur Stadt hinaus.

5. Etappe: Eschwege–Eichenberg

Strecke: 44 km
Höhenprofil: Eschwege 160 m –
Unterried 143 m–
Eichenberg 255 m

Nach dem Eschweger Stadtrundgang ist wieder Natur angesagt. Aber nicht die vor uns liegende Wald- und Felslandschaft der Hessischen Schweiz ist das Ziel. Die steil aufragenden Berge vor den Toren Eschweges eignen sich eher für Wanderungen, die im Kapitel über das nördliche Werrabergland beschrieben sind. Auf der Radtour bleiben wir bis Witzenhausen dem Werratal treu, das mit vergleichbaren Naturschönheiten aufwartet. Der Fluss windet sich in großen Schleifen zwischen den bewaldeten Hängen des Werraberglandes und den Vorbergen des Meißners hindurch. Zahllose Kirsch- und Apfelbäume säumen den Weg. Man kommt durch kleine Dörfer, fährt an Burgen vorbei und blickt auf die hoch in den Bergen gelegenen Klippen, an denen das Grüne Band entlang läuft.

Zunächst geht es auf einem Radweg nach Grebendorf **(km 2,0 ab Tränenbrücke)**, wo man am Ortseingang links zu einer Baggersee-Freizeitanlage geleitet wird. Der Radweg umgeht die Anlage links und führt weiter nach Jestädt **(km 5,7)**, das sich durch einen schönen Dorfanger und ein Renaissance-Schloss mit barocker Fassade auszeichnet. Der Werratalradweg führt hinter dem Dorfanger links über die Werrabrücke zum Eschweger Vorort Niederhohne und von dort entlang der Eisenbahnlinie Bebra-Göttingen und

der B 27 nach Albungen. Auf dieser 6,2 km langen, verkehrsnahen Strecke wird zweimal die vierspurige B 249 gequert, auf einer Brücke und mit Hilfe einer Unterführung. In Albungen wechselt der Radweg wieder ans rechte Werraufer.

Der Weinberg von Jestädt

Bleibt man am rechten Werraufer, radelt man abseits der Verkehrswege und gelangt nach nur 3,0 km zur Albunger Fußgängerbrü-

cke. Einziger „Nachteil" dieser Strecke: der Weg ist teilweise nicht befestigt. Einheimische nutzen den kürzeren und zugleich schöneren Weg, der vom Dorfanger aus links am Schloss Jestädt vorbeiführt. Nach knapp 1 km erreicht man das herausragende Naturschutzgebiet „Jestädter Weinberg". Früher wurde hier tatsächlich Wein angebaut. Doch das ist lange her. Während der letzten Jahrzehnte diente der steile und nach Süden gerichtete Kalkhang als Schafweide und als Stein-

Schloss Jestädt

cherer Warte aus den Werrazoll zu überwachen. Die Stammburg der Bilsteins stand auf einem hohen Felsen des Höllentals, das auf der gegenüberliegenden Seite des Werratals abzweigt. Der Sage nach hat sich der Graf, als seine Burg vom Thüringer Landgraf belagert wurde, wegen seiner aussichtslosen Lage mit Tochter und Gemahlin in einem mit Pferden bespannten Wagen vom Burgfelsen gestürzt.

Ein paar Minuten hinter Albungen erreicht man eine Stelle, an der ein hoher Felsriegel quer zur Flussrichtung verläuft und Fluss und Radweg in eine Linkskurve zwingt. Die Werra nagt zwar ständig an dem Berg, der sich ihr entgegen stellt, den Durchbruch hat sie aber 500 m weiter westlich geschafft. Durch die 200 m breite Engstelle „drängeln" sich der Fluss, die Eisenbahn, die B 27 und der Radweg. Das bayrisch anmutende Kirchlein, das an der Talenge rechts über uns am Hang steht, ist die Andreaskapelle. Sie dient den Menschen von Kleinvach, dem nächsten Ort, als Friedhofskapelle.

Unter der Hörne

Das Tal weitet sich wieder und man blickt auf einen hoch aufragenden und ganz mit Wald bedeckten Berg, die Hörne, einen Aussichtsberg nahe dem Grünen Band, dessen Besteigung in Kapitel „Hörneweg..." auf Seite 117 beschrieben ist.

Am Fuß der Hörne liegt der Ort Kleinvach, dessen Häuser sich um einen Gutshof und eine Kirche aus dem 16. Jahrhundert scharen (km 12,6). Hier lohnt es sich Rast zu machen. Der Ort liegt abseits der B27 direkt an der Werra, es gibt eine Einkehrmöglichkeit und

bruch. Inmitten blumenreicher Magerrasen stehen einzelne, frei aufragende Felsen, die von zahlreichen Löchern durchsetzt sind. Im Gegensatz zu den bröseligen Muschelkalkfelsen, die wir im Ringgau und auf unseren Wanderungen durch die Hessische Schweiz kennengelernt haben,

handelt es sich hier um harten dolomitischen Zechsteinkalk. Die Löcher im Fels, die Kletterer zum „Fingerhakeln" verlocken, sind durch einen relativ einfachen chemischen Prozess entstanden. Calciumcarbonat wurde im Laufe der Jahrmillionen ausgewaschen und durch Magnesiumcarbonat ersetzt. Da die Magnesiumatome kleiner sind als die von Calcium, schrumpft der Fels und es entstehen Hohlräume.

Burg Fürstenstein und Andreaskapelle

Bei Albungen (km 8,9) wird das Werratal enger und die umgebenden Berge höher. Auf dem Steilhang über dem Dorf steht die Burg Fürstenstein. Die Burg stammt aus dem 13. Jh. und wurde von dem Grafen von Bilstein angelegt, um von hoher und si-

Dolomitfelsen am Jestädter Weinberg

Andreaskapelle bei Kleinvach

Meißner" zu fruchtig frischem Apfelsaft, süffigem Apfelcidre und mildem Apfelwein verarbeitet werden. Die Produkte der Initiative bekommt man im Hugo Getränkevertrieb Eschwege und Witzenhausen sowie in allen Bioläden des Werra-Meißnerkreises. Auch zwischen Bad Sooden-Allendorf und Witzenhausen fährt man immer wieder an großen Streuobstbeständen vorbei. Der Ausbau von Siedlungen und die Intensivierung der Landwirtschaft haben die Flächen der Obstwiesen inzwischen erheblich verkleinert. Die Streuobstinitiative hat sich auf die Fahnen geschrieben, diesen Trend zu stoppen. Schließlich

am Ortsausgang Richtung Bad Sooden-Allendorf einen Picknickplatz.

Die Werra fließt von Kleinvach aus direkt auf die nahezu 400 m über dem Tal aufragenden steilen Hänge der Hörne zu. Mit voller Wucht prallt der Fluss seit Jahrtausenden an diesen Berg, der sich nicht zuletzt durch die Arbeit des Flusses so steil präsentiert. Die Werra zieht sich noch gut einen km an dem Hang entlang, um dann in die entgegengesetzte Richtung nach Bad Sooden-Allendorf zu strömen. Auf einem zur Hörne hinauf ziehenden Höhenrücken erkennt man das Schloss Rothestein, einen 1891 errichteten neugotischen Bau, den man sich bei der auf den Seiten 117-120 beschriebenen „Grüne Band"-Wanderung aus der Vogelperspektive anschauen kann.

Nächste Station ist Bad Sooden-Allendorf (km 18,1), das sich schon weit vor den Toren durch Gärten und Streuobstwiesen ankündigt. Hier reifen Äpfel, die von der Streuobstinitiative Werra-

Werra und Schloss Rothestein, darüber Felsabstürze am Grünen Band

sind die Streuobstwiesen nicht nur Lieferant für gesunde Säfte, sondern sie bereichern darüber hinaus die Landschaft und bieten vielen Vogelarten, Siebenschläfern, Eidechsen, Sandbienen, Weichkäfern und Spinnen einen Lebensraum. An die 3000 Arten hat man auf einer einzigen Obstwiese gezählt. Wer Fragen zur Streuobstinitiative Werra-Meißner hat, wende sich an Herrn Rapp in Witzenhausen, Tel. 05542-71079.

Allendorf, durch Salzquellen zum Wohlstand

Das am rechten Ufer der Werra gelegene Allendorf bildet die beschauliche Hälfte der Doppelstadt. „Am Brunnen vor dem Tore, da steht ein Lindenbaum ...", so heißt es in dem allseits bekannten Lied des Dessauer Dichters Wilhelm Müller (1794-1827), das Franz Schubert in seinem Liederzyklus „Die Winterreise" vertont hat. Doch wer weiß schon, dass es der Lindenbaum vor dem Steintor in Allendorf war, der den Dichter zu diesen Versen inspiriert hat. Der alte Lindenbaum steht nicht mehr. Er wurde 1914 durch einen neuen ersetzt. Aber die Stimmung, die diesem Lied zugrunde liegt, kann man in Allendorf noch finden. Auf 600 mal 400 m Grundfläche steht ein Fachwerkhaus neben dem anderen, dicht gedrängt und von einer Stadtmauer umgeben. Das gut erhaltene Fachwerk zeugt von einem Wohlstand, dessen Quelle nicht in

Allendorf lag, sondern auf der anderen Seite des Flusses, in den Salinen von Bad Sooden.

Man sollte sich Zeit für die Erkundung der beiden wirtschaftlich und sozial eng mit einander verbundenen Orte gönnen, wobei man das Rad nicht stehen lassen muss. Es bietet sich an, mit einer Stadtrundfahrt durch Allendorf zu beginnen. Von der Werrabrücke aus fährt man ein kurzes Stück bergauf bis zu einer T-Kreuzung, von wo aus man links weiter ansteigend der Kirchstraße(1) zum Marktplatz folgt. In der Kirchstraße befinden sich viele Geschäfte und eine Reihe prächtiger Renaissance-Fachwerkhäuser mit zum Teil ausgefallenen Haustüren und überschwänglichen Verzierungen an den Balken. Frappierend ist, dass einige dieser Häuser unmittelbar nach dem großen Stadtbrand des Jahres 1637, also mitten im Dreißigjährigen Krieg, gebaut wurden. In Allendorf war man zu Geld gekommen.

Über den Marktplatz (2) und die Ackerstraße erreicht man das Steintor (3), hinter dem der so oft besungene Brunnen steht. Es wird jedoch empfohlen, nicht weiter als bis zu dem Tor zu fahren und nicht bis zu dem tatsächlich existierenden Brunnen vorzudringen. Man erhält sich so die romantische Vorstellung, die man mit dem berühmten Lied verbindet. Über die Stein- und die Kirchstraße geht es wieder hinunter zur Werrabrücke und über diese nach Bad Sooden, wo jenseits der B 27 und der Bahnstrecke Bebra-Göttingen das Herz der Doppelstadt schlägt.

Nachdem man Bahn und Bundesstraße mit Hilfe eines Fußgängerdurchgangs unterquert hat, steht man am Rande des Kurparks. Rechter Hand erstreckt sich das von hölzernen Laufstegen umgebene Gradierwerk (4), auf dem Kurgäste entlang wandeln, um salzhaltige Luft zu inhalieren. Ohne Unterlass tropft und rieselt Sole über eng gepackte und meterhoch aufgeschichtete Schlehdorn-Reiser, an sonnigen Tagen bis zu 25.000 Liter. Das salzhaltige Wasser stammt aus Brunnen, die sich in der Nähe des Gradierwerkes befinden.

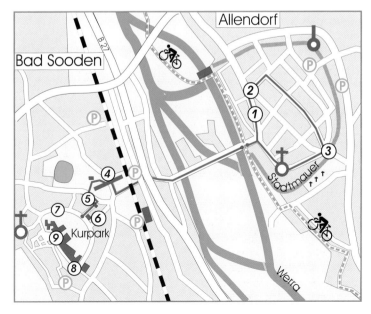

Patrizierhaus in der Kirchstraße

Die Salinen von Sooden

Dass nahe der Grenze zu Thüringen und dem kriegerischen (Nieder-)Sachsen ergiebige Salzquellen sprudelten, war bereits Karl dem Großen bekannt. In einer Schenkungsurkunde aus dem Jahre 776/779 verfügte er, dass das Kloster Fulda mit dem Ort „Westera", dem mittelalterlichen Vorgänger von Bad Sooden, auch die Salzquellen nebst Salzpfannen und dazugehörigen Salzsiedern erhalten solle. Salz war damals ein knappes und begehrtes Gut, das man vor allem durch Eindampfen von salzhaltigem Quellwasser gewann. Salzbergwerke wie das bei Reichenhall waren die Ausnahme.

In Sooden wurde das Salzwasser aus 7 m Tiefe empor gepumpt und zu Siedehütten geleitet, in denen fünf Personen beschäftigt waren: der Siedemeister mit zwei Knechten und zwei Frauen aus der Familie des Siedehütten-Betreibers, dem so genannten Pfänner. Die Pfänner, die zur wohlhabenden Schicht avancierten, ließen sich von ihrem Geld in Allendorf Häuser bauen. Die Siedemeister und Salzknechte wohnten dagegen in Sooden.

Für die Wälder der Umgebung war die Saline eine arge Belastung. Da der Salzgehalt der Sole bei nur 5 % liegt, musste man das Wasser mindestens sechzehn Stunden sieden, bis man Salz abschöpfen konnte. Abhilfe schaffte gegen Ende des 16. Jh. der Einsatz von Braunkohle, die man am Meißner zu Tage förderte. Zu Beginn des 17. Jh. kam eine weitere Neuerung hinzu. Man siedete nicht mehr die rohe Sole, sondern ließ das salzhaltige Wasser zuvor in Gradierwerken mehrmals über aufgeschichtete Strohballen "dröppeln". Da durch Wind und Sonneneinstrahlung große Mengen an Wasser verdampften, gradierte man die Sole bis zu 22 %, was eine erhebliche Ersparnis an Brennmaterial brachte. Von den 22 Gradierwerken, die damals in Sooden errichtet wurden, hat nur das Gradierwerk Nr. 5 das neue Jahrtausend erlebt. 2002 wurde auch die Nr. 5 abgerissen. Man hat das Gradierwerk jedoch originalgetreu wieder aufgebaut.

Mit Anschluss Nordhessens an Preußen, im Jahre 1866, fiel das Salzmonopol und die "Saline Allendorf an der Werra" kämpfte

Gradierwerk im Ortsteil Sooden

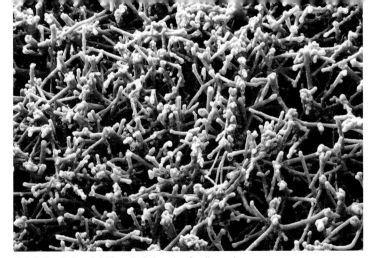

Sole beim „Dröppeln" über die Reiser des Gradierwerks

ums Überleben. Hoffung gab es durch den aufkommenden Badebetrieb. 1881 entstand das "Erste Sole-Badehaus". Gleichzeitig rationalisierte man die Salzgewinnung. Neue Brunnen wurden gebohrt und im Jahre 1890 wurde in Sooden die größte Siedepfanne Europas in Betrieb genommen. Doch die Investition war vergebens. Als zu Beginn des 20. Jahrhunderts die Kaliindustrie an der Werra ihre Produktion aufnahm und neben Kali große Mengen Steinsalz förderte, kam für den Soodener Salinenbetrieb das Aus. Am 1. April 1906 wurde die Salzproduktion eingestellt. Nur zum Brunnenfest, das alljährlich zu Pfingsten gefeiert wird, kann man Salzsieden noch einmal erleben. Dann wird mit Hilfe eines nachgebauten Gesödes Salz wie zu alten Zeiten hergestellt.

Das Kurbad Sooden

Der Kurbetrieb hat sich dagegen weiter entwickelt. Gleich hinter dem Södertor, dem Eingang zum zentralen Bereich des Kurparks, empfangen uns die Straßencafés. Bei einem Coppa Venezia kann man in Ruhe den Lauf der Sonnenuhr verfolgen, die am barocken Torgebäude angebracht ist.

Das Söder Tor (5) war der Durchlass, den alle Fuhrleute passieren mussten, wenn sie Salz aus dem eingezäunten und bewachten Salinenbereich abtransportieren wollten. Vor dem Tor befand sich das Zollamt, im Volksmund die Pfennigstube (6). Hier wurde die Ladung gewogen und die Zölle kassiert. In der Pfennigstube befindet sich heute das Verkehrsbüro der Stadt.

Ein paar Schritte weiter und man steht am großen Halbrund des Kurparks mit dem Kurhotel und dem Kurhaus im Zentrum. Se-

henswerter ist der Kurparkboulevard, die „Weinreihe" (7), mit der auf den Kurpark ausgerichteten Fachwerkfront. Hier reiht sich ein Gastbetrieb an den anderen, alle mit Freisitz und Blick auf den Kurpark. Auch ein Blick in die Kurhausstraße lohnt sich. Der Weg führt an Pensionshäusern aus der Gründungszeit des Kurbetriebs vorbei zum 1865 errichteten ehemaligen Kurhaus (8). Das hübsch gestaltete Fachwerkhaus wird von den gegenüber stehenden, klobigen Betonmauern des „modernen" Kurhotels fast erdrückt. Ein Lehrbeispiel über unterschiedliche architektonische Entwürfe und deren Zeitgebundenheit bietet auch der Vergleich des alten mit dem zu Beginn der fünfziger Jahre erbauten neuen Kurhauses (9).

Zur Weiterfahrt geht es zurück nach Allendorf, wo wir direkt hinter der Werrabrücke auf den Werratalradweg treffen. Der Radweg führt durch die romantische Fachwerkgasse „Fischerstad", an deren Ende man auf die Allendorfer Mühle trifft. Man quert den Mühlgraben und die Mühleninsel und fährt durch Wiesen und Gär-

Die Weinreihe, Soodens Flaniermeile am Kurpark

Die Fischerstad im Ortsteil Allendorf

ten straßenfrei zur Stadt hinaus, wobei man von einem Allendorfer Gartenmann verabschiedet wird.

Auf der alten Salzstraße Richtung Norden

Nach 1 km wird die Straße Allendorf – Wahlhausen erreicht, die an dieser Stelle die Grenze nach Thüringen passiert. Das Grüne Band hat uns wieder (km 22,4). Die ehemalige Grenze kommt von den Ausläufern der Hessischen Schweiz hinunter zur Werra. Über einige Kilometer verlief die Grenze zur DDR nun mitten im Fluss. Die Grenzbefestigungen befanden sich am rechten Ufer. Das Grüne Band ist auf dieser Strecke nicht mehr zu erkennen. Die Landwirtschaft hat den ehemaligen Grenzstreifen bis auf einen schmalen Uferstreifen, der als

Grünland bewirtschaftet wird, unter Pflug genommen. Über Wahlhausen geht es auf einer Landstraße nach Lindewerra (km 27,4), dem wir bereits auf der Erkundungstour Hanstein - Teufelskanzel einen Besuch abgestattet haben (siehe Seite 129). Lindewerra war wie die meisten thüringischen Grenzdörfer zu DDR-Zeiten völlig abgeschieden. Wer einkaufen wollte, musste kilometerweit über die Berge des Eichsfeldes bis nach Heiligenstadt fahren. Das zum Greifen nahe Allendorf war unerreichbar. Ein Aufatmen ging durch das Dorf, als nach der Wende die Grenze wieder passierbar war.

Hinter Lindewerra zieht sich das Grüne Band die steilen Werraberge hinauf, um wenige Kilometer weiter auf das Dreiländereck Thüringen-Hessen-Niedersachsen zu

treffen. Wir folgen vorerst der Werra, die entlang einem riesigen Prallhang eine 180-Grad-Schleife vollführt. Zwischen Hang und Werra geht es auf einem unbefestigten Weg bis zur Bahnlinie Bebra-Göttingen, die aus einem Tunnel kommend, auf einer hohen Brücke das Werratal quert. Hinter der Bahnbrücke weitet sich das Tal und der Blick fällt auf die Burg Ludwigstein. Besonders schön ist dieser Abschnitt zur Zeit der Kirschblüte.

Werleshausen, der nächste Ort, (km 31,9), gibt sich ländlich. Direkt am Radweg scharren, von einer Vogelscheuche bewacht, freilaufende Hühner. Hinter dem Lattenzaun blüht der Birnbaum. Und in der Dorfmitte befindet sich ein Platz, der den Stil vergangener Zeiten bewahrt hat. Gleich nebenan das Gasthaus „Lindenhof"

Freilaufende Hühner

oberhalb des Ortes bei der Burg Hanstein, der Nachbarburg des Ludwigsteins (siehe Kapitel „Teufelskanzel..." auf Seite 128).

Die letzen km der „Grüne Band"-Radtour sind angebrochen. Auf einer Nebenstraße geht es zwischen Felshängen und Werra zur B 27 und im Folgenden auf einem Radweg entlang der Bundesstraße bis nach Unterrieden. Der Blick nach links entschädigt für den Lärm der stark befahrenen B 27, zumindest während der Zeit der Kirschblüte. In dem am gegenüberliegenden Werraufer gelegenen Wendershausen wird das Werraobst ungeachtet der südeuropäischen Konkurrenz bis heute kommerziell vermarktet. In Unterrieden (km 36,2) verlassen wir den Werratalradweg, der über eine Holzbrücke die Werra quert und nach Witzenhausen führt.

hält was es verspricht. Hier kann man unter den Linden Bier oder Radler trinken. Das kleine Schloss mit dem großen Turm, das wir am Ortseingang passiert haben, ist auch ein „ländliches Produkt". Es wurde im 13. Jh. von einem freien Bauern errichtet und ist damit der strengen Definition der Historiker folgend kein Schloss, sondern ein

Gehöft. Der Turm diente der Kontrolle der Soodener Salzstraße und der Überwachung der Werrafischerei.

Das hessische Werleshausen gehörte bis 1946 zu Thüringen, was durch ein Schild an einem Haus in der Ortsmitte dokumentiert wird. Thüringen beginnt heute erst

Werleshäusener Vorgarten

„Gartenmann" in Allendorf

Zum Bahnhof Eichenberg - Endpunkt der „Grüne Band" - Radtour

Unser Weg führt geradeaus bis zur B 80, die wir vorsichtig queren. Dann wenden wir uns rechts und folgen einem parallel zur Straße führenden Wirtschaftsweg, wo uns nach 400 m ein Radwegweiser mit der Beschriftung „Eichenberg" links in die Feldflur leitet. Leicht ansteigend geht es unter der Bahnlinie Göttingen-Eichenberg-Kassel hindurch und weiter bergan bis in das Dorf Eichenberg (km 40,1). In der Dorfmitte kann man unter einer Pergola am alten Brunnen eine letzte Tourenrast einlegen. Danach folgt man den Radwegweisern über eine Nebenstraße zum 2 km entfernten Bahnhof Eichenberg (km 42,1). 200 m oberhalb der Gleise treffen die Grenzen von Hessen, Thüringen und Niedersachsen aufeinander. Hier endet das Grüne Band Hessen-Thüringen, hier beginnt das Grüne Band Niedersachsen-Thüringen. Wir sind am Ziel. Vom Bahnhof Eichenberg fahren Regionalzüge mit Fahrradmitnahme in alle Himmelsrichtungen.

Witzenhausen - alternativer Schlussakkord

Wem der gut 100 m hohe Anstieg vom Werratal zum Bahnhof Eichenberg zu anstrengend ist, kann auch in Witzenhausen in den Zug steigen. Hier beträgt der Anstieg nur 50 m und man hat zudem den Vorteil, dass man die Radtour in einer kleinen Stadt ausklingen lassen kann. Von Unterrieden bis zum Bahnhof Witzenhausen sind es nur 4,3 km. Man folgt dabei dem Werratalradweg bis zur Altstadt von Witzenhausen bzw. bis zur Witzenhäuser Werrabrücke.

Wer einen Blick in die Altstadt werfen möchte, der sei auf die Rad-Parkboxen hingewiesen, die sich direkt an der Werrabrücke befinden. Über die Brückenstraße gelangt man in wenigen Minuten zum Marktplatz. Von dort lohnt es sich einen Blick in die rechts abzweigenden Gassen mit ihren Fachwerkhäusern werfen, von denen es in Witzenhausen trotz eines großen Brandes zu Beginn des

Kirschblüte in Wendershausen

Bahnhof Eichenberg

19. Jh. noch erstaunlich viele gibt. Das 12 Jahrhunderte alte Witzenhausen hat aber nicht nur Historisches zu bieten. Mit einer Zweigstelle der Universität Kassel, dem Fachbereich Agrarwissenschaft, ist die Stadt der Zukunft zugewandt. An diesem Fachbereich ist neben dem Ökolandbau auch ein Forschungszweig vertreten, der sich mit der Nutzung nachwachsender Ressourcen zur Energieerzeugung beschäftigt. Auf dem Campus befindet sich ein Tropengewächshaus, das besichtigt werden kann. Den Campus liegt nur 200 m vom Marktplatz entfernt. Man erreicht ihn am besten über die Steinstraße.

Der Bahnhof der Kirschenstadt Witzenhausen liegt auf der anderen Seite der Werra, oberhalb einer Siedlung. Um dorthin zu gelangen, quert man die Werrabrücke und folgt der Straße „An der Bohlenbrücke", bis diese links abbiegt. Zum Bahnhof geht es weiter geradeaus, zunächst über eine Anliegerstraße, dann auf einem Fußweg bis zur „Nordbahnhofstraße", die in verträglicher Steigung durch Wohnblocks zum Nordbahnhof führt, dem derzeit einzigen Bahnhof der Stadt. Von hier aus fahren Züge in Richtung Kassel und Göttingen. Wer Richtung Bad Hersfeld oder Halle will, muss zum Bahnhof Eichenberg (nächster Bahnhof Richtung Göttingen) fahren und dort umsteigen.

Witzenhäuser Fachwerkdetail

Geführte Touren

Wer Spaß an den Touren „rund" um das Grüne Band gehabt hat und gerne mehr sehen, mehr wissen und mehr erleben möchte, dem seien die Exkursionen des BUND empfohlen.

Auskünfte unter der
E-Mail-Adresse:
Reiner.Cornelius@bund.net
sowie unter
Tel. 06625-919344 bzw. -5812.

Helfen Sie mit, das Grüne Band zu sichern!

Die einzigartige Natur entlang der ehemaligen innerdeutschen Grenze ist gefährdet. Auf 1.393 Kilometer Länge leben im Grünen Band über eintausend bedrohte Tier- und Pflanzenarten. Fischotter, Braunkehlchen und Lungenenzian gehören dazu. Doch Bewirtschaftung und Bebauung drohen den für Mitteleuropa einmaligen Lebensraumverbund zu zerstören. Wir tun etwas dagegen!

Mit Ihrer Spende erwerben wir wertvolle Flächen, üben Druck auf die Politik aus und setzen wichtige Naturschutzmaßnahmen um. Wir tun alles, um möglichst das gesamte Gebiet zu sichern.

Werden Sie symbolischer Anteilseigner oder machen Sie mit einem Anteilsschein lieben Menschen eine Freude!

Als Anteilseigner laden wir Sie und die Beschenkte(n) zu Exkursionen am Grünen Band ein. Dort können Sie persönlich den Einsatz Ihrer Spende in Augenschein nehmen. In unserer Spenderzeitung, dem „Aktionärs-Brief", informieren wir Sie regelmäßig über unsere Arbeit und Erfolge.

Bitte spenden Sie 65 Euro pro Anteilschein auf das Konto 232 der Sparkasse Köln Bonn, BLZ 370 501 98, Stichwort „Grünes Band" und vergessen Sie nicht uns Ihre Adresse zuzuschicken. Sie erreichen uns:

Online: www.dasgrueneband.info, Email: stephanie.neumann@bund.net,

per Post: BUND für Umwelt und Naturschutz Deutschland e.V. - Das Grüne Band, Stephanie Neumann, Am Köllnischen Park 1, 10179 Berlin,
Tel: 030 / 275 86 424, Fax: 030 / 275 86 440,

Vielen Dank für Ihre Mithilfe!

Vom Todesstreifen zur Lebenslinie – ein Überblick

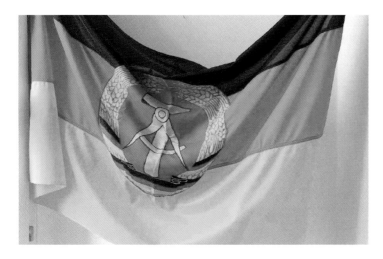

schließt daraufhin den Ausbau ihrer Westgrenze.

Grenzsicherung durch 1,5 m hohen Stacheldrahtzaun, 10 m breiten Kontrollstreifen (Todesstreifen), 500 m breiten Schutzstreifen und 5 km breite Sperrzone. Viele Menschen flüchten. Die DDR beginnt mit der Umsiedlung von Menschen aus dem Grenzbereich in das Hinterland. Die Grenze zwischen dem Ost- und den Westsektoren Berlins bleibt vorläufig offen.

1945

Die Siegermächte des 2. Weltkrieges (USA, Sowjetunion, Großbritannien und Frankreich) teilen Deutschland in vier Besatzungszonen auf.

Die Zonengrenzen sind durch Holzpfähle gekennzeichnet und relativ durchlässig.

1948

Währungsreform in den Westzonen und der Ostzone, Teilung Deutschlands , sowjetische Blockade der Berliner Westsektoren.

Die Grenze zwischen den West- und der Ostzone wird verstärkt.

1949

Gründung der Bundesrepublik Deutschland in den Westzonen sowie der Deutschen Demokratischen Republik in der Ostzone.

Durch Deutschland zieht sich eine Staatsgrenze, die zunächst nur schwach bewacht wird.

1952

Die Bundesrepublik tritt der Europäischen Verteidigungsgemeinschaft bei. Die DDR be-

1961

Mauerbau in Berlin. Die Grenzen in der geteilten Stadt werden für die Bürger Ostberlins und der DDR geschlossen. Verstärkung der Grenze zur Bundesrepublik.

Bau eines zweireihigen Zauns mit Betonpfählen. Im Bereich der

*Wälder werden breite Grenz-
schneisen geschlagen. Verlegung
von Minen. Bau von Beobach-
tungstürmen, Aufstellung von
Lichtmasten. Einrichtung von
Hundelaufanlagen. 1970 werden
Selbstschussanlagen installiert.*

1979

Kartierung der Vogelwelt entlang
des Grenzstreifens im Raum Co-
burg durch Kai Frobel vom Bund
Naturschutz in Bayern.

*Zahlreiche gefährdete Arten wer-
den im Bereich des „Niemands-
landes" (vorgelagertes Hoheits-
gebiet der DDR) festgestellt, unter ihnen Braunkehlchen, Raubwürger, Birkenzeisig, Ziegenmelker, Neuntöter und Bekassine.*

1983

Beginn des Abbaus von Minen
und Selbstschussanlagen im
Grenzstreifen. Im Gegenzug Per-
fektionierung der Sperranlagen.

1989

Die DDR bricht zusammen. Bis zu
diesem Zeitpunkt starben über
900 Menschen im Todesstreifen.
Am 9. November wird die Öff-
nung der DDR-Grenzen bekannt
gegeben.

*Kai Frobel sucht Unterstützung
für seine Idee vom Grünen Band.
Am 14. Nov. fordert Hubert
Weinzierl, 1. Vors. des BUND und
des BN Bayern, die Umgestal-
tung des ehemaligen Grenzstreifens zu einem grünen Streifen*

*des Friedens. Am 9. Dez. wird auf
einem gesamtdeutschen Treffen
von 4000 Natur- und Umwelt-
schützern, zu dem der BUND eingeladen hat, eine Resolution zur
Schaffung des „Grünen Bandes"
als Mitgift und Symbol der deutschen Einheit verabschiedet.*

1990

Die Grenzsperranlagen werden
abgebaut. Minensuchkomman-
dos durchkämmen den ehemaligen Grenzstreifen.

*BUND und BN beginnen mit Un-
terstützung zahlreicher gesell-
schaftlicher, kommunaler und
staatlicher Organisationen das
Grüne Band zu sichern.*

*Grünes Band bei Pferdsdorf –Spichra
(Ringgau) und Kai Frobel*

Eine Reise entlang dem Grünen Band Deutschland

Band 3:
Heide – Elbe – Küste – Berlin, Frühjahr 2007

Band 2:
Harz – Gipskarst – Eichsfeld, Herbst 2006

Band 1:
Hessen-Thüringen, vorliegend

Band 4:
Thüringen-Bayern – Vogtland, Herbst 2007

Bildnachweis

Luftbilder vom Grünen Band S. 4, S. 8 und S. 191:
Klaus Leidorf

Ausbau der DDR Grenzanlagen S. 7: BN Archiv/Projekt-
büro Grünes Band

Auerhahn S. 18: Ökologische Bildungsstätte Oberfran-
ken, Mitwitz

Fische S. 28, S. 139 und S. 146: Margret Bunzel-Drüke

Schwarzes Moor S. 31, Frauenschuh S. 109 und S. 123:
Hermann Cornelius

Heile Schern S. 50: Solztal-Musikanten

Grenzsignalzaun S. 63, Laubfrosch S. 159: Kai Frobel

Rotschenkel S. 72, Kampfläufer S. 84, Silberreiher S. 85
und Storch S. 161: Udo Becker

Apfelwein S. 75, Ausbacher Roter und Apfelkorb S. 76:
Klaus Gärtner

Walter Gräf S. 86: Familie Gräf

Luchs S. 88: Thomas Stephan/GEO, GEO-Tag der Artenvielfalt am Grünen Band

Ahle Wurscht S. 94: Gerhard Schneider-Rose

Fledermäuse S. 98 und S. 136: Marco König

Bau der Mauer auf der Vachaer Werrabrücke S. 156:
Grenzmuseum Philippsthal

Braunkehlchen S. 194: Arno Werner

Alle übrigen Fotos: Reiner Cornelius

Bund für
Umwelt und
Naturschutz
Deutschland

BUND
FREUNDE DER ERDE

BUND-Projektbüro Grünes Band
Bund Naturschutz in Bayern e.V.
Bauernfeindstraße 23
90471 Nürnberg
Tel. 0911-81878-0
Fax 0911-869568
lfg@bund-naturschutz.de
www.dasgrueneband.info

BUND Landesverband Hessen e.V.
Triftstraße 47
60528 Frankfurt
Tel. 069-677376-0
Fax: 069-67737620
bund.hessen@bund-hessen.de
www.bund-hessen.de

BUND Landesverband Thüringen e.V.
Trommsdorfstraße 5
99084 Erfurt
Tel. 0361-55503-10
Fax: 0361-55503-19
bund.thueringen@bund.net
www.bund.net/thueringen

Bezugsadresse „Grüne Band"-Bücher:
Auwel-Verlag
Dr. Reiner Cornelius
Schützenweg 9
36272 Niederaula
Tel. 06625-919344
Email: reiner.cornelius@online.de